◇普通高等学校通识课系列教材

人际沟通与公众表达

—Renji Goutong Yu Gongzhong Biaoda

主　编　郭　霖

副主编　张美华　曾　婧

　　　　胡晶晶　陈　晶

重庆大学出版社

内容提要

本书通过人际关系、沟通基础、突破人际沟通的障碍、人际沟通的应用、公众表达概述、公众表达的艺术、公众表达基础应用、公众表达的综合应用等方面的学习和实践,加深大学生对人际沟通与公众表达的了解,激发大学生人际沟通与公众表达的意识,启发大学生战胜自我、突破自我限制,乐于沟通、勇于沟通,表里一致地表达自己,建立和谐的人际关系。同时帮助大学生掌握有效沟通与公众表达的技巧,以适应未来不同工作场景的沟通表达要求,为事业成功和生活幸福打下良好的基础,成为建设社会主义的有用之材。

本书可作为高校就业指导类课程的教材,也可供从事就业指导工作的教师及社会相关人士参考。

图书在版编目(C I P)数据

人际沟通与公众表达/郭霖主编. — 重庆:重庆大学出版社,2018.8(2021.8重印)

普通高等学校通识课系列教材

ISBN 978-7-5689-1074-3

Ⅰ.①人… Ⅱ.①郭… Ⅲ.①人际关系学—高等学校—教材 Ⅳ.①C912.11

中国版本图书馆 CIP 数据核字(2018)第 088002 号

人际沟通与公众表达

主 编 郭 霖

副主编 张美华 曾 婧

胡晶晶 陈 晶

策划编辑:顾丽萍

责任编辑:李桂英 吴 薪　　版式设计:顾丽萍
责任校对:邹 忌　　　　　　责任印制:张 策

*

重庆大学出版社出版发行

出版人:易树平

社址:重庆市沙坪坝区大学城西路 21 号

邮编:401331

电话:(023)88617190　88617185(中小学)

传真:(023)88617186　88617166

网址:http://www.cqup.com.cn

邮箱:fxk@ cqup.com.cn(营销中心)

全国新华书店经销

重庆荟文印务有限公司印刷

*

开本:787mm×1092mm　1/16　印张:13　字数:277 千

2018 年 10 月第 1 版　　2021 年 8 月第 3 次印刷

印数:4 201—6 200

ISBN 978-7-5689-1074-3　定价:36.00 元

前　言

当今世界，知识更迭与产业升级的速度前所未有。随着时代的发展和科技的进步，人工智能逐渐取代了一些传统岗位和职业，使得从业人员往往不能只在一个岗位上，只从事一种职业。从业人员需要与时俱进，持续培养与提升自己的职业竞争力。这种竞争力是无法被人工智能取代的，它有别于通常的专业知识与技能，是一种非专业的要素，能够让从业人员在职业生涯中适应跨岗位、跨职业甚至跨行业的成长需求。如何培养大学生在未来职业发展过程中可持续的竞争力，以适应社会发展需求、企业发展需求以及大学生自身的成长需求，非专业能力系列课程应运而生。

非专业能力系列课程是在多年的教学实践、理论研究和企业调研的基础上进行研究开发，按照学生在大学不同阶段的发展需求来设计，相互之间有机衔接、密切联系，分阶段循序渐进、系统塑造，使学生顺利实现由校园人到职业人的转变。

非专业能力系列课程注重学生社会技能的培养，着力改变学生的心智模式，引导学生个性的充分发展，使学生作为一个健康而完整的个体，与环境和谐共存，去追寻职业发展的成功与人生的幸福。因此，学生在课程中不仅能感受到学习的快乐，更能感受到心灵的成长。这种成长帮助学生将关注的焦点从"环境的不利，他人的缺失"转移到"我能做什么"上面来。积极的心智模式为学生的专业能力培养与职业发展奠定了坚实的基础。在此基础上，培养学生具备处理人际关系的能力、公共关系能力、组织协调能力、交流合作能力、适应能力以及社会责任感等。

非专业能力系列课程注重方法技能的培养，培养学生自我管理与自我发展的能力、独立思考的能力、获取新知识新技能的能力、解决问题的能力、创新能力等。这些能力是学生在职业生涯中不断获取新知识与新技能、掌握新方法，使专业技能得到有效运用的重要基础。学生提升职业竞争力，踏上职场后能有效缩短职业适应期，成为高职商、高情商的职业人，从而实现稳定就业，提升就业质量。

本书是在课程试点的过程中逐步编写形成自编讲义，并在教学过程中不断完善后正式出版，旨在规范和加强本课程的建设。本书遵循以学生学习与发展成果为中心的原则，立足可读性与指导性，注重理论与实践相结合、普遍性与特殊性相结合、理论指导与技术指导相结合，体现了系统性、有效性和实用性的特点。本书可作为高校就业指导类课程的教材，也可供从事就业指导工作的教师及社会相关人士参考。

本书通过人际关系、沟通基础、突破人际沟通的障碍、人际沟通的应用、公众表达概述、公众表达的艺术、公众表达基础应用、公众表达的综合应用等方面的学习和实践，加深大学生对人际沟通与公众表达的了解，激发大学生人际沟通与公众表达的意识，启发大学生战胜自我、突破自我限制，勇于与陌生人沟通并表达自己的真实想法，同时帮助学生掌握有效沟通与公众表达的技巧,为将来的事业成功和生活幸福打下良好的基础。

本书由郭霖担任主编,张美华、曾婧、胡晶晶、陈晶担任副主编,各章节的编写工作由武汉工程科技学院楚商学院非专业能力教研室授课教师合力完成。

具体分工为:绪论,郭霖;第一章,李英;第二章,陈晶;第三章,叶舜;第四章,陈浩;第五章,程林;第六章,李毅;第七章,张美华;第八章,徐娅妮。统稿由郭霖承担,张美华、曾婧、胡晶晶、陈晶协助。

全书从创意、构思、写作直到出版面世,得到了诸多领导和老师的帮助和指导,在此表示诚挚的谢意!

此外,在写作过程中参考和借鉴了学术界同人的成果和观点,限于篇幅未能一一列出,在此一并表达真挚的敬意和感谢!

由于编者水平有限,书中不足之处在所难免,诚请读者批评指正,以便再版时修订。

编　者

2018 年 5 月

目 录 / CONTENTS

绪 论
第一节 人际沟通与公众表达课程中的心理学基础理论 ·············· 1
第二节 人际沟通与公众表达课程中与教育学习相关的基础理论
·············· 6

第一章 人际关系
第一节 人际关系的性质 ·············· 16
第二节 人际关系与人际沟通 ·············· 26
第三节 大学生人际关系特点 ·············· 30

第二章 沟通基础
第一节 沟通的含义与类型 ·············· 44
第二节 人际沟通的含义与类型 ·············· 58

第三章 突破人际沟通的障碍
第一节 沟通的障碍 ·············· 64
第二节 突破沟通的障碍 ·············· 70
第三节 如何用沟通化解人际关系的冲突 ·············· 76

第四章 人际沟通的应用
第一节 人际沟通的技巧与步骤 ·············· 83
第二节 人际沟通的职场应用 ·············· 93

第五章 公众表达概述
第一节 公众表达的内涵与意义 ·············· 109
第二节 公众表达的类型 ·············· 114

第六章 公众表达的艺术
第一节 公众表达的方法与步骤 ·············· 120
第二节 社交中公众表达的艺术 ·············· 133

第七章　公众表达的基础应用
　第一节　公众表达的基础练习 ……………………………… 136
　第二节　公众表达训练 ……………………………………… 158

第八章　公众表达的综合应用
　第一节　培训的基础理论 …………………………………… 169
　第二节　课程的设置开发 …………………………………… 179

参考文献 …………………………………………………………… 201

# 绪　论

　　沟通与表达,让我们与社会成为一个整体。人际沟通与公众表达能力是大学生生存与发展必不可少的能力。本书整合了相关学科的基础理论知识,并将之应用到人际沟通与表达能力和素质提升的各个方面,促进大学生在学习过程中实现知行合一,使大学生更深地了解自己,并思考个人与世界的关系,促成自身与世界的共存与融合。

第一节　人际沟通与公众表达课程中的心理学基础理论

　　沟通与表达是发生在人与人之间的互动,因此,对人性的了解和认识,是学好这门课程的基础,大家将在以下理论的支持下建立对人性与人际关系的基本共识。

一、人本主义心理学理论

　　人本主义心理学兴起于 20 世纪五六十年代的美国,由亚伯拉罕·马斯洛(Abraham H. Maslow,1908—1970)创立,以卡尔·兰塞姆·罗杰斯(Carl Ransom Rogers,1902—1987)为代表,被称为除行为学派和精神分析学派以外,心理学上的"第三势力"。人本主义和其他学派最大的不同是特别强调人的正面本质和价值,而并非集中研究人的问题行为,并强调人的成长和发展,称为自我实现。人本主义理论主要在以下方面对本课程有所启发:

　　(一)激发人内在的潜能,相信每一个人都可以成为最好的自己

　　马斯洛在其《心理学的依据和人的价值》(1968)一书中强调,人格的形成,源于人性的自我压力,"人最终不是被浇铸、塑造或教育成人的。环境的作用最终只是允许他和帮助他,使他自己的潜能现实化,而不是实现环境的潜能"。"文化是阳光、食物和水,但它不是种子"。由此,教育的作用在他们看来,仅仅是激发人的潜能,而并不是在人所固有的潜能以外增加什么。人本主义心理学对人的本质持积极乐观的态度,提倡教育目标应该是指向学生个人的创造性、目的和意义,是培养积极愉快、适应时代变化的心理健康的人。

　　(二)了解自我与他人的需求,是有效沟通与表达的前提

　　马斯洛 1943 年在《人类激励理论》论文中提到,人类需求像阶梯一样从低到高按层次分为五种,分别是生理需求、安全需求、社交需求、尊重需求和自我实现需求。同一时期,一个人可能有几种需求,但每一时期总有一种需求占支配地位,对行为起决定作用。任何一种需求都不会因为更高层次需求的发展而消失。各层次的需求相互依赖和重叠,高层次的需求发展后,低层次的需求仍然存在,只是对行为影响的程度大大减小。

（三）无条件的积极关注，促进积极人际关系的建立

卡尔·罗杰斯在心理咨询与治疗中倡导一种对当事人的热情关注，无条件地认为他是一个具有自我价值的人，不论他的状态、他的行为或者他的感受是什么。这意味着对他作为一个独立的人的尊重和欣赏，愿意看到他用自己的方式拥有自己的感受。这也意味着对他的态度的接纳和尊重，无论他的态度是消极的还是积极的，无论他过去所持的态度同别人是多么抵触。这种对当事人方方面面的接纳态度，会形成一种人际关系，使他感到温暖和安全；而作为当事人，受到他人喜爱和珍视的这种安全感在助益性关系中是一个极其重要的因素。这种积极关注的态度，不仅在心理咨询中非常重要，也同样适用于人际关系的建立与维护，对于沟通的效果起着重要作用。

二、个体心理学理论

阿德勒是奥地利著名的心理学家，建立了精神分析的个体心理学。个体心理学并不是单独应用于个人的心理学，它考虑的是个人、社会及他们相互间的关系。阿德勒认为，人是一个不可分割的实体，有自己的独特目的，寻求人生意义和追求理想，并且是一个与社会和他人不可分割的有机整体。他的理论主要在以下方面对本课程有所启发：

（一）追求优越的焦点由个人转向社会，才能获得更大的自信

阿德勒认为，追求优越是人们行为的根本动力，既是与生俱来的又是后天发展出来的。人在刚出生时，它只是作为潜能。但从 5 岁起，则开始确立优越的目标，以带动心理的发展。他认为，追求优越和自卑感是密切联系的，是对自卑感的补偿。自卑与补偿被看作追求优越的动力根源。他指出，自卑与补偿是与生俱来的。因为人在婴幼儿时期，在生理、心理和社会三方面都处于劣势，需要依赖成年人才能生存，他们由此必然产生自卑和补偿心理。当然，这种自卑与补偿心理在大多数情况下是正常的、健康的反应，可以驱使人们实现自己的潜能。但是，如果不能成功地进行补偿，就会产生自卑情结，导致心理疾病的发生。

阿德勒区分了追求优越的两种不同方法：一种是只追求个人优越，很少关心他人，其行为往往受过度夸张的自卑感驱使；另一种是追求一种优越、完善的社会，使每个人都获得益处。因此，将关注的焦点由自我转向集体与社会，构建持续发展良好人际关系的过程，对于建立自信是非常重要的。

（二）沟通在发展健康的生活风格与社会兴趣过程中起了重要作用

阿德勒把个人追求优越目标的生活方式称为生活风格，但有时他又给出其他定义，如一个人自己的风格、人格的统一体、个体性等。总之，生活风格是因人而异的。阿德勒认为，儿童在 5 岁左右便形成了生活风格，其家庭关系、生活条件和经验决定了他今后一生的生活特点。

社会兴趣是指对所有社会成员的一种情感，或对人类本性的一种态度。表现为为了社会进步而不是为了个人利益而与他人合作。阿德勒认为，社会兴趣是人类本性的一部分，植

根于每个人的潜能之中,因此,必须先发展起社会兴趣,才能形成有用的生活风格。阿德勒还把社会兴趣作为衡量心理健康的标准。

阿德勒指出,可以通过人们的职业选择、参与社会活动和爱情婚姻这三大任务的解决情况来衡量其社会兴趣的发展状况。三大任务的顺利解决反映了个体具有丰富的社会兴趣,反之则是缺乏社会兴趣。缺乏社会兴趣的人会产生两种错误的生活风格:一种是优越情结;另一种是自卑情结。他还根据人们所具有的社会兴趣表现的特点,把人划分为四种类型:一是统治—支配型;二是索取—依赖型;三是回避型;四是社会利益型。他认为,前三种类型的人的社会兴趣和生活风格都是错误的,只有第四种类型的人具有正确的社会兴趣和健康的生活风格,而这一切都是通过沟通来实现的。

(三)创造性自我的存在使每个人的自我塑造成为可能

阿德勒认为,每个人在形成自己的生活风格时并不是消极被动的,而是能够根据自己的经验和遗传积极地建构它。创造性自我能够使我们成为自己生活的主人,它决定了人的心理健康与否、社会兴趣正确与否。

阿德勒的创造性自我的思想与行为主义的"刺激—反应"模式是针锋相对的,他极其重视自我及其创造性在人格形成中的作用。这深深地影响了人本主义心理学家,他们的自我概念都强调人的主观能动性。

三、格式塔心理学理论

格式塔心理学(Gestalt Psychology)又叫完形心理学,是西方现代心理学的主要学派之一,诞生于德国,后来在美国得到进一步发展。该学派既反对美国构造主义心理学的元素主义,也反对行为主义心理学的刺激—反应公式,主张研究直接经验(即意识)和行为,强调经验和行为的整体性,认为整体不等于并且大于部分之和,主张以整体的动力结构观来研究心理现象。该学派的创始人是韦特海默,代表人物还有苛勒和考夫卡。该理论主要在以下方面对本课程有所启发:

(一)学习即知觉重组或认知重组

格式塔心理学家对学习的解释往往倾向于使用知觉方面的术语。学习意味着要觉察特定情境中的关键性要素,了解这些要素是如何联系的,识别其中内在的结构。所以,学习与知觉、认知几乎是同义词。通过学习,会在头脑中留下记忆痕迹,记忆痕迹是因经验而留在神经系统中的。但格式塔心理学认为,这些痕迹不是孤立的要素,而是一个有组织的整体,即完形。

(二)顿悟学习可以避免多余的试误,同时又有助于迁移

格式塔心理学家认为,通过对问题情境的内在性质有所顿悟的方式来解决问题,就可以避免与这一问题情境不相干的、大量随机的、盲目的行动,而且有利于把学习所得迁移到新的问题情境中去。韦特海默区别了两种类型的问题解决办法:一类是只有首创性的和顿悟

式的解决办法;另一类是不适当地应用老规则,因而不能真正解决问题的办法。顿悟学习的核心是要把握事物的本质,而不是无关的细节。

(三)真正的学习是不会遗忘的

通过顿悟获得的理解,不仅有助于迁移,而且不容易遗忘。顿悟将成为我们知识技能中永久的一部分。用现代认知信息加工心理学的术语来说,顿悟的内容进入了长时记忆,将永远保留在学习者的头脑中。

(四)顿悟学习本身就具有奖励的性质

真正的学习常常会伴随着一种兴奋感。学习者了解到有意义的关系,理解了一个完形的内在结构,弄清了事物的真相,会伴有一种令人愉快的体验。这是人类所能具有的最积极的体验之一。在没有其他诱因动机时,在不可能用顿悟的方式来理解学习时,也不妨使用一些外部奖励。一般而言,达到理解水平本身就具有自我奖励的作用。

(五)顿悟说及对尝试错误说的批判

学习是一种智慧行为,是一种顿悟过程,需要有理解、领会与思维等认识活动的参与,并且它是一种突现、速变、飞跃的过程。顿悟学习的特点可归纳如下:问题解决前尚有一个困惑或沉静的时期,表现出迟疑不决,有长时间停顿;从问题解决前到问题解决之间的过渡不是一种渐变的过程,而是一种突发性的质变过程;在问题解决阶段,行为操作是一个顺利的不间断的过程,形成一个连续的完整体,很少有错误的行为;由顿悟获得的问题解决方法能在记忆中保持较长的时间;由顿悟而掌握的学习原则有利于适应新的情境,解决新的问题。

(六)创造性思维

韦特海默曾对思维问题进行过系统的研究,他把顿悟学习原理运用到人类创造性思维探讨中,并建议通过把握问题的整体来训练这种思维。他认为要想创造性地解决问题必须让整体支配部分。即使在关注问题必要的细节时,也绝不能忽视问题的整体。必须把细节放在问题的整体中,把它们与整体结构联系起来加以考虑。这是一种自上而下、由整体到部分的思维。他认为要使人们顺利地解决问题,必须把问题的整个情境呈现出来,使之能对问题有大概的了解,绝不能像桑代克那样,有意地把解决问题的方法和途径藏起来,迫使被试者不得不去盲目试误。

在本课程中,教师在教学中首要的任务是帮助学生通览问题情境,使他们明白怎样去解决、为什么这样解决问题,争取在理解、领会问题的前提下产生顿悟。创造促进学生顿悟的氛围,掌握解决问题的原则,做到触类旁通、举一反三,促进沟通表达能力的提高。

四、沟通理论

(一)语言与意义

英国心理语言学家菲力普·约翰逊·莱尔德在他 1983 年的著作《心理模型》一书中,描述了人们是怎样根据他们在脑海中建立的心理模型来思考和理解这个世界的。沟通就成为约翰逊·莱尔德所谓的"意识表现形式的象征性转换",用于和其他人一起分享这些心理模型。所以交谈就成了一种交易活动,在这种活动中,心理模型以文字为主、非语言信号润色为表现形式,在人们之间互相传递着。如果说话者想就世界某一方面的事说点什么的话,他们首先要建立一个便于理解的心理模型,然后用一些听者了解的语言来描述。而听者则会分析这些语言,在讨论中建立有关这个话题的心理模型或是调整已有的心理模型。交谈时,双方不断地转换着角色,交换各自心理模型的思想,而且还相应地调整各自的模型。

(二)非语言沟通

虽然人们通过许多不同的非语言渠道进行沟通,但有一点很重要的是,它们都在传达着更多的有效信息。人类的肢体语言通常比他们的发型、所用的香水传递着更多的消息;说话的语气有时可能会比他们说的话包含的意义更多。所以比起其他类型,心理学家对于非语言沟通的方式研究得更多,比如身势语(肢体语言)、辅助性语言(说话人的语气或是影响语言理解的因素)、体距(人们相距的距离)。自 1970 年朱利·费司特的《非语言沟通》出版后,许多人知道了"肢体语言"。肢体语言同时也指运动,这里所说的运动包括了人类的基本动作,他们的姿势、面部表情、眼睛的活动、是否接触了他们身边的人或是使用了各种其他交流的渠道。一位参加工作面试的人会采用与在家中沙发上休息时完全不同的姿势;而比起工作伙伴,恋人则使用更开放、更有吸引力的肢体语言。

(三)神经语言程序学

神经语言程序学 NLP(Neuro-Linguistic Programming),也译为身心语言程序学,首创于 1970 年的美国。NLP 的发展源自它的创始人约翰·葛瑞德(John Grinder)与理查德·班德勒(Richard Bandler)对精神疗法和人类行为的兴趣。约翰·葛瑞德原为语言学博士,并在加州大学实习,早年也曾在美国联邦调查局驻海外机构服务,葛瑞德以其模仿语言及行为的能力而屡建奇功,数次获奖。理查德·班德勒主修计算机科学,却爱好心理学,业余时博览心理学类群书。实际上,心理学包含了传统的神经学、生理学、心理学、语言学与人脑控制学。但临床上,他们的早期研究对象是美国四位极为卓越的沟通及心理治疗大师。NLP 的学问便是借由不断探索"这些大师是如何做到这么卓越的效果"而发展出来的。从另一个角度看,NLP 是研究一个人的头脑如何运作,使人凭着了解自己大脑运作的模式而变得更成功、更快乐。

N(Neuro)指神经系统,译为身心,指我们的身心素质、结构与状态。

L(Linguistic)指语言,也指沟通。这里指的语言或沟通,都是广义的,这里的"语言"是指你与自己及外界沟通的各种方式。

P(Programming)是程序。它的意思是具体的、步骤清晰的方法。我们就是通过语言来影响自己与他人的身心。同样,他人也通过语言来影响我们。这个影响的过程,NLP 称之为程序。语言的交流系统是通过神经表象系统编码、排序,从而被赋予意义,建立在这样一种可操作的基础上:人类的一切行为是一种结构,这种结构是可以被模仿、学习、传授和重新改变的。

NLP 关心平衡,即要实现社会价值与个人价值的均衡发展,认为成功是以正面的方式实现有意义的目标的过程。

NLP 的目的在于复制卓越。即将卓越者获得成就的程序总结出来,精炼成一套明白可行的技术,让一般人可依之而行也能获得同样卓越的成就。该理论在诸多方面对本课程有所启发,最有助于学习本课程的是用 NLP 解决问题的思维工具与行动方法,即达成目标的"创造成果六步法":明确目的、了解现状、选择方式(心态、策略、资源与环境)、行动执行、检查调整、坚持不懈。

人生的困局往往来自头脑与心灵的抵触、理智与感情的冲突、意识与潜意识的矛盾。NLP 发现了思维和情绪的规律,促进理性与感性协调一致、身心合一。所以,用它来处理各种困局、突破发展瓶颈通常是有效的,它常常能迅速抓住问题的要害,以最短的时间解决问题。因此,在提升沟通能力的过程中,我们将引导学生演练创造成果的六个步骤,让学生与自我及外界沟通的成效不断提高,成为身心合一、知行合一的人。

第二节 人际沟通与公众表达课程中与教育学习相关的基础理论

本课程的教学注重发现学习、体验学习和以学生为中心的学习,调动多维度的资源,创造良好的学习情境,提升学生的表达与沟通能力,促成由知到行的转变。大家将在以下理论的支持下建立对学习的基本共识。

一、现代认知学习理论

1960 年,布鲁纳(J. S. Bruner)与米勒(G. Miller)一起创建了哈佛大学认知研究中心,受到世人的瞩目。他的认知—发现学说以及知识结构观点、发现学习观点与教学论原则等,被认为是认知学习理论的代表。该理论主要在以下方面对本课程有所启发:

(一)学习过程是一种积极的认知过程

他认为学习的实质在于主动地形成认知结构。学习任何一门学科,都有一连串的新知识,每个知识的学习都要经过获得、转化和评价这三个认知学习过程。布鲁纳曾经指出:"学习一门学科,看来包含着三个差不多同时发生的过程。"同时他又强调说:"不论我们选教什么学科,务必使学生理解该学科的基本结构。"

(二)提倡知识的发现学习

重视人的主动性和已有经验的作用,重视学习的内在动机与发展学生的思维,提倡知识的发现学习。他说:"发现不限于那种寻求人类尚未知晓的事物之行为,正确地说,发现包括用自己的头脑亲自获得知识的一切形式或方法。"他认为发现学习具有以下优点:①有利于激发学生的潜力;②有利于加强学生的内在学习动机;③有助于学生学会学习;④有利于知识的保持与提取。

二、冯忠良"结构—定向教学心理学"理论

冯忠良的"结构—定向教学心理学"作为具有中国特色的、密切联系我国教学改革实际的第一个教育心理学体系，在 1992 年以专著《结构—定向教学的理论与实践》的形式问世，并于 1998 年修订成《教学新论——结构化与定向化教学心理学原理》。它是建立在三十多年的教学改革实践基础之上而提出的教育心理学理论。

该理论认为，教学的根本目的在于构建学生的能力与品德的心理结构，而要加速能力与品德的构建，则必须依据学生的学习规律进行定向培养。这一体系的核心内容是三个基础理论和五个学习规律。三个基础理论：教育教学的经验传递说、学生学习的接受—构建说、能力与品德的类化经验说；五个学习规律：学习动机的培养和激发规律、知识的掌握规律、技能的形成规律、社会规范的接受规律、学习的迁移规律。

三、以学生为中心的教育理论

"以学生为中心"的观念源于美国儿童心理学家和教育家约翰·杜威（John Dewey，1859—1952）的"以儿童为中心"的观念。杜威极力反对在教学中采用以教师为中心的做法，反对在课堂教学中采用填鸭式、灌输式教学，主张解放儿童的思维，以儿童为中心组织教学，发挥儿童学习主体的主观能动作用，提倡在"做中学"。罗杰斯在 1969 年发表的《自由学习》一书中，认为自发学习是最持久深入的学习，大量的经验是通过"做中学"得来的。在教学法方面，罗杰斯提倡"以学生为中心"的教学法。这种教学法也叫非指导性教学法，或开放性教学。他认为教学应鼓励思考，重视接纳，不在于指导；在教师的作用问题上，罗杰斯认为仅仅是按自由学习的原则去促进学习，而不是给予什么，他建议用"促进者"这一称号来代替"教师"称号。

以学生为中心（Student-Centeredness，SC）本科教学改革运动始于 20 世纪 80 年代，席卷了美国所有高校，这场运动目前仍在继续。SC 本科教学改革的基本精神是用科学的方式培养未来的学生。它提出了新的教学范式，提高了学生的学习能力，促进了学生的发展，改善了美国的本科教育，为美国社会发展做出了贡献，并使美国成为很多国家本科教育改革的榜样。以学生为中心的教学改革推动了教育从老"三中心模式"到新"三中心模式"的转变。

老"三中心模式"即"以教材为中心、以教师为中心、以教室为中心"的传授模式，与之相对的是以学生为中心的教学模式。

SC 模式的三个基本特征：以学生发展为中心、以学生学习为中心、以学习效果为中心。具体解释如下：

（1）以学生发展为中心。有以下三层意思：①以学生当前状态为基础，以促进其发展为目的；②完成青春期特定发展任务；③发掘学生潜力，促进其全面发展。注意：这里的"学生"

是单数,意指每个学生自己的全面发展,而不是统一模式的全面发展。

(2)以学生学习为中心。有两层意思:①把学习作为教育的中心。教育的目的是学而不是教,不能本末倒置。让学生对自己的学习负责,培养其主动学习和自主学习的能力,是培养终身学习能力的必经之路。在这个框架下,学生是学习的主体,教师是学习活动的设计者、学习环境的营造者、学习过程的辅导者。②在学生所有活动中,学习是中心。要紧紧抓住这个中心,离开了这一点,学校就失去了存在的合理性。

(3)以学习效果为中心。有两层意思:①强调关注学习效果,把学习效果作为判断教学和学校工作成效的主要依据。学习效果包括直接效果和间接效果、短期效果和长期效果。②重视测量与反馈在学习中的作用,建立有效的及时反馈机制,使效果评价能有效帮助学生调整学习、帮助教师调整教学、帮助学校调整工作。

四、学习型组织理论

学习型组织(Learning Organization)是美国学者彼得·圣吉(Peter M. Senge)在《第五项修炼》(*The Fifth Discipline*)一书中提出的。书中提出企业应建立学习型组织,为应对外在环境的剧烈变化,组织应力求精简、扁平化、弹性因应、终身学习、不断自我组织再造,以维持竞争力。

(一)第一项修炼:自我超越

"自我超越"的修炼是学习不断厘清并加深个人的真正愿望,集中精力,培养耐心,并客观地观察现实。它是学习型组织的精神基础。精于"自我超越"的人,能够不断实现他们内心深处最想实现的愿望,他们对生命的态度就如同艺术家对艺术作品一般、全心投入、不断创造和超越,是一种真正的终身"学习"。组织整体对于学习的意愿与能力,植根于个别成员对于学习的意愿与能力。此项修炼兼容并蓄了东方和西方的精神传统。

然而自我超越的修炼,是以厘清我们真心向往的事情为起点,让我们为自己的最高愿望而活。

这里,最有趣的部分是个人学习与组织学习之间的关系、个人与组织之间的相互承诺,以及由一群"学习者"组成的企业所特有的精神。

(二)第二项修炼:改善心智模式

"心智模式"是根深蒂固于心中,影响我们如何了解这个世界,以及如何采取行动的许多假设、成见,甚至是图像、印象。我们通常不易察觉自己的心智模式,以及它对行为的影响。例如,对于常说笑话的人,我们可能认为他乐观豁达;对于不修边幅的人,我们可能觉得他不在乎别人的想法。在管理的许多决策模式中,决定什么可以做或不可以做,也常是一种根深蒂固的心智模式。如果你无法掌握市场的契机和推行组织中的变革,很可能是因为它们与我们心中隐藏的、强而有力的心智模式相抵触。

把镜子转向自己,是心智模式修炼的起步。借此,我们学习发掘内心世界的图像,使这些图像浮上表面,并严加审视。它还包括进行一种有学习效果的、兼顾质疑与表达的交谈能力——有效地表达自己的想法,并以开放的心灵容纳别人的想法。

(三)第三项修炼:建立共同愿景

如果说有任何一项领导的理念,几千年来一直能在组织中鼓舞人心,那就是拥有一种能够凝聚并坚持实现共同愿景的能力。一个缺少全体衷心共有的目标、价值观与使命的组织,必定难成大器。IBM 公司以"服务",拍立得公司以"立即摄影",福特汽车公司以"提供大众公共运输",苹果电脑公司以"提供大众强大的计算能力"为组织共同努力的最高目标。这些组织都在设法以共同的愿景把大家凝聚在一起。

有了衷心渴望实现的目标,大家会努力学习、追求卓越,不是因为他们被要求这样做,而是因为衷心想要如此。但是许多领导者从未尝试将个人的愿景转化为能够鼓舞组织的共同愿景。共同的愿景也常以一个伟大的领袖为中心,或激发自共同的危机。但是,如果有选择的余地,大多数人会选择追求更高的目标,而并非只暂时解决危机。组织所缺少的,是将个人的愿景整合为共同愿景的修炼——注意这里讲的不是一本按部执行的手册,而是一套引导学习的原则。

共同愿景的整合,涉及发掘共有"未来景象"的技术,它帮助组织培养成员主动而真诚地奉献和投入,而非被动地遵从。

(四)第四项修炼:团体学习

团体的集体智慧高于个人智慧,团体拥有整体搭配的行动能力。当团体真正在学习的时候,不仅团体整体产生出色的成果,个别成员成长的速度也比其他的学习方式要快。

团体学习的修炼从"深度汇谈"开始。"深度汇谈"是一个团体的所有成员说出心中的假设,而进入真正一起思考的能力。希腊文中"深度汇谈"指在群体中让想法自由交流,以发现远较个人更为深入的见解。有趣的是,"深度汇谈"在许多"原始"文化中仍然保存,例如在美洲的印第安人中,但是在现代社会中则几乎已完全丧失。今天,人们重新发现"深度汇谈"的原理与技巧,并使它更适合现代的需要("深度汇谈"与我们熟知的"讨论"或"对话"不同,我们在第十二章会详加介绍)。

"深度汇谈"的修炼也包括学习找出有碍学习的互动模式。例如"自我防卫"的模式往往根植于团体的互动中,若未察觉,则会妨碍组织学习。如果能以有创造性的方式察觉它,并使其浮现,学习的速度便能大增。

团体学习之所以非常重要,是因为在现代组织中,学习的基本单位是团体而不是个人。

(五)系统思考

企业和人类的活动是一种"系统",都受到细微且息息相关的行动所牵连,彼此影响着,这种影响往往要经年累月才完全展现出来。身为群体中的一小部分,置身其中而想要看清整体变化,更是加倍地困难。我们因而倾向于将焦点放在系统中的某一片段,但总想不通为什么有些最根本的问题似乎从来得不到解决。经过 50 多年的发展,系统思考已发展出一套思考的架构，它既具备完整的知识体系，也拥有实用的工具，可帮助我们认清整个变化形态，并了解应如何有效地掌握变化，开创新局。

把系统思考叫作第五项修炼，因为它是五项修炼概念的基石。所有的修炼都关系着心灵上的转换：

①从看部分转为看整体。

②从把人们看作无助的反应者转为把他们看作改变现实的主动参与者。

③从对现况只作反应转为创造未来。

如果没有系统思考，各项学习修炼到了实践阶段，就失去了整合的诱因与方法。

融合五项修炼对成就学习型组织是非常重要的，然而这是一件充满挑战的工作，因为要整合出一项新工具，比单纯个别应用这些工具难多了。但同时，这样做所得到的回报是无法衡量的。

这是为什么系统思考是以上所提修炼中的第五项，它是整合其他各项修炼成一体的理论与实务，防止组织在真正实践时，将各项修炼列为互不相干的名目或一时流行的风尚。少了系统思考，就无法探究各项修炼之间如何互动。系统思考强化其他每一项修炼，并不断地提醒我们：融合整体能得到大于各部分加总的效力。

譬如，如果缺少系统思考，我们的愿景将止于对未来不着边际的描述，而对各方力量该如何整合运用缺乏深刻的理解。这是为什么许多在近年抢搭"愿景列车"的企业，发觉单有美景却无法扭转实际命运。片段思考常使人们衷心相信愿望终将实现，却无法帮助我们探究隐藏在它背后的系统结构运作的巨大力量。

但是"系统思考"也需要有"建立共同愿景""改善心智模式""团体学习"与"自我超越"四项修炼来发挥它的潜力。"建立共同愿景"培养成员对团体的长期承诺；"改善心智模式"专注于以开放的方式体验我们认知方面的缺失；"团体学习"是发展团体力量，使团体力量超乎个人力量加总的技术；"自我超越"则是不断反照个人对周遭影响的一面镜子。缺少自我超越的修炼，人们将陷入"压力—反应"式的结构困境。

最后，系统思考可以使我们了解学习型组织最重要的部分，也就是以一种新的方式使我们重新认识自己与所处的世界：一种心灵的转变，从将自己看作与世界分开，转变为与世界联结；从将问题看作由"外面"某些人或事所引起的，转变为看到自己的行动如何造成问题。学习型组织是一个促使人们不断发现自己如何造成目前的处境，以及如何能够加以改变的地方。如同阿基米德所说的："给我一个支点，我可以撬起整个地球。"

（六）学习型组织的真谛：活出生命的意义

在过去数百年来的西方文化中，有一个单词很少被使用，但却可表达学习型组织的精神，这个词是 Metanoia，意思是心灵的转变，"体悟生命的真义"。

掌握 Metanoia 的意义，等于掌握"学习"的更深层的意义，因为学习也包括心灵的根本转变或运作。然而学习在目前的用法上已经失去了它的核心意义。在日常用语上，学习已经变成吸收知识,或者是获得信息,然而这和真正的学习还有好长一段距离。

真正的学习,涉及人之所以为人这一意义的核心。通过学习,我们重新创造自我。通过学习,我们能够做到从未能做到的事情,重新认知这个世界及我们跟它的关系,以及扩展创造未来的能量。

这就是学习型组织的真谛。对这样的组织而言,单是适应与生存是不能满足它的。组织为了适应与生存而学习,虽然是基本而必要的,但必须与开创性的学习结合起来,才能让大家在组织内从工作中活出生命的意义。

事实上,每个人都可以扮演领导者的重要角色,都可运用所习得的修炼来发挥自身的潜能。

以上关于教育与学习的基础理论对于本课程的教学理念、教材内容与组织形式有着非常重要的影响。

知识链接

NLP 创造成果六步法

创造成果的第一步:明确目标

明确目标有两个层次,一个层次是关于总的人生目标,一个层次是比较具体的事务目标。

第一层次:生命的目标

人生的目标,就是你想成为一个怎样的人,过上怎样的生活,做怎样的事。同时,因为你的这些选择,为他人与社会带来了什么贡献。人生的目标包含着个人价值与社会价值的和谐。

人生目标的确定,事实上也就是我们对自己理想中的生活形态与工作形态的定位。

那么,要怎么去找到自己的生命目标或者说是使命呢?你必须有一个决定,无论付出什么代价,你一定要找到生命目标。不是试试看,而是一定要。只有你认识到它是一件极其重要的事,你才会积极地去探索它。有了一个坚定的心态,下面的技巧才能给你带来一些帮助。

寻求人生目标的四个步骤:

1.要什么?

2.为何要?

3.所要的给你什么感受?

4.做什么事让你拥有愉悦感、满足感、成就感与力量感?

第二层次:事务的目标

在整个生命中,我们会有我们的目的,也许有的朋友会期望拥有一辆劳斯莱斯,也许有的朋友会期望常与家人一起开心地吃吃饭,也有的为人父母者期待孩子健康成长,并且活泼聪明……

同样的,我们在做一些具体的事务时,也会有一些具体的目的。如做一顿饭,我们希望这顿饭是做得香喷喷的,让人胃口大开的;又如与别人聊天,我们或许会希望是开心轻松的,又或是增长见识的。可以注意到的是,在我们做一些事情时,往往会有意无意地设定一些目标,这些目标帮我们明确了我们的方向。同时,如果我们只看到这些目标,而看不到我们要达成这些目标背后的用意时,我们可能会偏离我们真正想达到的效果而不自知。因此,我们需要对自己要达成的目的保持一份觉察。

创造成果的第二步:了解现状

如果说创造成果第一步是知己——"知道自己要什么"的话,那么第二步就是知彼——"知道面对的现状是什么?""彼"不一定是指别人或对手,也指自己要处理的问题、事务。

只有了解现在的状态,才可能有针对性的行动,而不是期待过去可行的方式现在与将来也一定可行。例如:你要为自己的花园建一个小木屋,了解现状代表着你要了解已经准备了多少木料,钉子够不够,工具有没有,木屋已经建了多少了,自己还有多少时间……了解了这些,你就清楚此刻你同自己的目标的距离了。同时,相应的做法就可以出炉了。这样你就可以迈向第三步:选择方式。

创造成果的第三步:选择方式

当我们了解了目的与现状时,在它们之间比较一下,差距或障碍就清楚了。这时,你拥有人生最大的力量:选择的力量。如果你认为事情是可以改变的,你就可以改变它;如果你改变不了事情,你还可以改变自己;即使改变不了一切,你还有一个选择:那就是坦然接受。

曾有人说过"成功一定有方法,失败一定有原因",这句话的含义就如同 NLP 前提假设中所说的"要么改变,要么接受",如果你不能接受你的现状,那么你得改变你的方式,因为是你的方式造成了你的结果。

改变方式有四种:改变目标、改变心态、改变策略、改变资源与环境。

一个运动员如果一开始就朝着一个错误的方向跑,那么,他跑得越快,离终点就越远。

一个渴望成为大企业家的学生如果没有大企业家的那种坚韧不拔、忠于诚信、勇于冒险的心态,那么无论他怎么努力,总是见效不大。

只有行动的策略,没有行动的心态,那是纸上谈兵。

只有行动的心态,没有行动的策略,那是有勇无谋。

只有行动的目标,没有行动的资源,那是有心无力。

只有行动的资源,没有行动的目标,那是浪费资源。

所谓失败,无非就是提醒我们方式不当的信号。当我们遇到障碍的时候,静下心来,进一步明确目标,选择适合自己的策略,改善心态,重建资源与环境,达成目标就只是时间问题。

创造成果的第四步:行动执行

有一个信徒,他希望自己能中彩票。结果他早上祈祷、中午祈祷、晚上祈祷,走也祈祷、坐也祈祷、吃也祈祷。祈祷万能的主能让他中头等奖。结果日子一天一天过去了,他心里越来越急,越来越怀疑。有一天,他终于忍不住生气了,他在祈祷中说:"万能的主啊,为什么你总不回应我的期望? 为什么你对我视而不见?"这时,他听到一个声音对他说:"我早就听到你的期盼了,也感受到你的诚意了,可是无论你怎么期盼中奖,你总得先买哪怕一张彩票吧?"

在我们拥有明确的目标与方法之后,随之要做的,就是行动,行动,行动!

创造成果的第五步:坚持不懈

英国首相丘吉尔有一次被邀请到大学演讲一个关于成功的话题。这件事轰动了欧洲,因为他本身就是一个顶尖的成功人士,而他演讲的话题是关于成功的秘诀。结果,会场被挤得水泄不通。演讲开始,院长宣布:"现在有请我们的首相丘吉尔!"

全场掌声雷动。丘吉尔缓缓上台说:"我成功的秘诀是……",说到这里就是沉默,场下的人纷纷做记录。

"第一,决不放弃!"丘吉尔坚定有力地说。

精练! 全场震动。丘吉尔停了一会儿后继续说:"第二个要点是:决不、决不放弃!"

又停了一会儿,人们都屏息以待。全场寂然无声。

丘吉尔用尽力气说:"第三个要点是:决不、决不、决不放弃!"说完转身就走了。

全场愕然,好一会儿才醒悟过来,响起最热烈的掌声。

创造成果的第六步:检查调整

一艘轮船要驶向目的地,它需要不断地检查自己的方向、位置,并调整自己的航向。同样,人生的巨轮要达成目标,也需要不断地检查与调整自己的方向与方式。

我们不能期望一切事情都是一蹴而就的,环境也会不断变化,有时,我们需要调整行动策略,才能更准确地向我们的目标前进。

在 NLP 中,我们要求以不同的方式来行动。让我们重温 NLP 创造成果六步法:明确目的、了解现状、选择方式(心态、策略、资源与环境)、行动执行、坚持不懈、检查调整。

简单来说,为人处世,清晰我们的目的、了解现有的情况、选择有效的方式、行动、检查、坚持,是六个可行的步骤,我们可以用这六个步骤去思考我们所做的各种各样的事,这样我们就可以感受到我们的思路更清晰了,行事也更果断有力且灵活了。

作业:明确人生目标的练习

你是真的希望自己有所不同吗? 检验你决心的时候到了,这时你是把下面这篇文字当小说看呢,还是拿起你的纸与笔开始动手描绘人生呢? 人生没有借口建成的伟城,只有行动筑成的高山,你还在等什么?

第一步,首先,找一个平静的地方,不受打扰。然后,闭起双眼,回想一下你从小的成长过程。

想想从你小时候开始,你有过什么梦想?

你希望自己成为一个什么样的人?

你希望自己过上什么样的生活?

你觉得什么人的能力最让你敬佩,或他过的生活最让你向往?

你是否曾想过成为一个教师、一个老板、一个飞行员、一个军官、一个音乐家……

静下心来,花几分钟时间来想一想这些对你来说很重要的问题。

不要限制自己,无论自己的梦想多么遥不可及,都不要紧。只要去想就好。在这一刻,你无须担心怎么去实现,你只要去想就好。

第二步,现在,问一问自己,我为什么当初会想要成为那样的人?为什么会希望过上那样的生活?为什么我会想要做那样的事?

第三步,问一问自己,成为那样的人,过那样的生活,做那样的事,会给我带来什么样的感受?

第四步,想一想,在过去的生活中,是否曾发生过这样一件事:

你在做这件事的过程中,感觉到一种前所未有的成就感?

你感觉自己在做这件事的过程中轻松快乐,而且富有成效?

你觉得这件事即使不给你钱你也愿意做?

你觉得每天做这样的事,过这样的生活是一件很棒的事?

你是否有过这样的经验呢?静静地去回忆,如果你能找到这样的一件事,你让自己进入那个回忆中。

你看到了些什么?

你听到了些什么?

你体会到了些什么?

是一份怎么样的感觉呢?不要轻轻掠过,请细细地体会一下。

是成就感吗?是力量感吗?是温情?是快乐?是交流的愉悦?是奉献的喜悦?还是创造的狂喜……

请体会这一份感觉,它意味着你生命的使命。

有的人说,他生来的使命就是成就。辉煌是他唯一的选择。

有的人说,他生来的使命就是如流云般自由地去拥有生命、体会生命。

有的人说,他生来的使命就是奉献,如火般照亮他人。

……

你呢,同学?

你的人生的使命是什么?你来到这个世界上是为了什么?

也许,你不能马上得到答案。

没关系,给自己一点时间,去思考,去体会,你会得到答案。

当得到答案的那一刻,你就得到了人生的方向!

本章小结

    本章对构成人际沟通与公众表达的课程体系的基础理论进行了阐述,通过人本主义心理学、个体心理学、格式塔心理学、心理模型、非语言沟通、神经语言程序学等心理学相关理论的解读,让我们对人性有了更深入的了解,对与沟通相关的心理规律有了更清晰的认识。通过对认知学习、结构—定向教学心理学、以学生为中心、学习型组织等教育学习相关理论的解读,有助于师生对教学的形式与内容达成共识,更加积极地投入本课程的学习,提升教学效果。

第一章 人际关系

生活就是一面镜子,你对它笑,它就对你笑;你对它哭,它也对你哭。人际关系也是如斯。

人与人的友谊,把多数人的心灵结合在一起,这种可贵的联系是温柔甜蜜的。

——圣·奥古斯丁

世上难事千千万,最难的还是人际关系,这个问题困扰着成千上万的人。人际关系是人类最关心的基本问题之一,它无处不在,只要有人的地方就有人际关系,而人际关系是否和谐,对一个人的事业发展与生活质量起着至关重要的作用。

人际关系是否和谐取决于人们在交往过程中对沟通技巧的运用,其基础是彼此间的相互重视和支持。良好的沟通法则在于充满爱,唯有建立在爱的基础上的关系才能长久。

大学生处于一种渴求交往、渴求理解的心理发展时期,营造良好的人际关系是他们心理正常发展、个性保持健康和具有安全感、归属感、幸福感的必然要求。大学生建立良好的人际关系并非只是一个目标和终点,而是在这个过程中学习什么是爱,如何爱,这样才能有效地避免人际冲突,营造一种充满和谐的人际关系。

第一节 人际关系的性质

【引言】

一个人事业上的成功,只有15%是由于他的专业技术,另外的85%要依赖人际关系、处世技巧。软与硬是相对而言的。专业的技术是硬本领,善于处理人际关系的交际本领则是软本领。

——戴尔·卡耐基

案例故事1

青蛙和蜘蛛是一对好朋友,有共同的爱好,即吃飞虫。年轻时,青蛙体健貌端,身手敏捷,水陆两栖过得很自在。蜘蛛很羡慕。暮年时,情况发生了逆转。

老青蛙对老蜘蛛大吐苦水:"我一生辛劳,只勉强糊口。现在年老力衰,将要饥饿而死。而你如今却衣食丰足,这世道真是不公!"老蜘蛛说:"你之所以艰辛,是因为你靠4条腿生活,而我是靠编织一张网。"

案例讨论：

1. 什么是人际关系？

2. 建立人际关系的意义有哪些？

案例故事2

一个小伙子惧怕人际交往，于是异想天开："这地球上如果只留我一个人那该多好！再也没有与别人打交道的烦恼了，多么自由自在！"

有好事者问："没有老婆不寂寞吗？"

"那就留一个女人做老婆——比翼双飞多快乐！"小伙子美滋滋地说。

"快乐不会太久的，没人给你烤面包！"好事者冷冷地说。

"那再留一个面包师。"小伙子拖腔应答。

"没人给面包师提供面粉，他烤不了面包！"好事者友情提醒。

"再留一个农夫！"小伙子不耐烦地说道。

"没人给他打农具！"好事者不紧不慢地说。

"留铁匠！"小伙子吼道。

"没炭！"

……

"好了！好了！别说了！"

"——全留下吧！真没办法！"

美梦终究不成，不与人打交道是不行的。

案例讨论：

你认为，现实生活中的"鲁滨逊"有可能存在吗？

一、人际关系的定义

（一）人际关系的概念

人与人之间的关系是一个较为复杂的社会现象，不同的学科对人际关系的理解是不相同的。社会学认为，人际关系指在社会关系总体中人们的直接交往关系；社会心理学认为，人际关系指人与人之间的心理上的关系，表示的是心理距离的远近；行为科学认为，人际关系是指人与人之间的行为关系，体现的是人们社会交往和联系的状况。本书中的人际关系是指人们在社会生活中，通过相互认知、情感互动、交往行为所形成和发展起来的人与人之间的相互关系。在此意义上理解，人际关系的前提是相互认知，手段是交往行为，特征是情感互动，本质则是人与人之间的心理关系和距离，核心是和谐友爱。从这个简短的定义中，我们可以引申出如下几点：

第一，人际关系的成分不是单一性的，它通常由认知成分、情感成分和交往行为成分三个相互联系的成分所构成。认知成分主要涉及认知活动有关的心理过程，比如交际双方的相互感知和理解。情感成分指人们彼此之间在思想感情上的距离，这种情感上的距离取决于交往双方需要满足的程度，它涉及交往中各方的情感状态的交互关系，以及对自我、对方以及双方心理情感状态的评价态度。交往行为成分是能表现一个人个性的所有外显行为的总和，可以说，交往行为是人际关系的一种动态表现，而人际关系则是人际交往的静态形式。

第二，人际关系作为个体与个体之间的心理联系，它是社会关系的具体体现。社会关系是一个相当广泛的范畴，它通常被区分为如下三个层次：生产关系、角色关系和人际关系。人际关系作为社会关系的具体体现，不同于生产关系和角色关系。首先，人际关系具有高度个性化的特点，人际关系中的交往是个体之间的交往；而生产关系和角色关系则分别由双方在社会生产中的地位或社会生活中的地位和身份所决定。

第三，人际关系作为人与人之间心理上的关系，体现了个体之间的情感交流，反映了人们彼此寻求满足需要的心理状态。人际关系最重要的特征是具有情感基础，组织中的人际关系根源于结合性的情感和分离性的情感。因此，心理距离的接近与疏远，情绪状态的积极与消极，交互作用的冲突与融洽，评价态度的满意与不满意等，是人际关系学的重要范畴。

第四，良好的人际关系通常表现为交际双方的相互认同、情感相容和行为近似。相互认同是通过知觉、表象、思维等认识活动而实现的，它是形成良好人际关系的最基本的、首要的心理成分。情感相容是以相互喜爱、同情、亲切、友好的形式表现出来的，结合性情感越多，彼此之间越相容。行为近似是指彼此在言谈举止、风度仪表等行为模式方面的类同性。它也是构成良好人际关系不可或缺的重要方面。

（二）人际关系的因素

任何人际关系都离不开认知、情感和行为三个因素。具备了这三个要素的任何一种心理倾向就是态度。从人际沟通角度看，这也是交际态度的三个要素。交际态度对于人际关系有着极其重要的意义。

1. 认知是人际关系的前提条件

人际关系是在人与人的交往过程中，通过彼此相互感知、识别、理解而建立的关系。人际关系总是从对人的认知开始的，彼此根本不认识、毫无所知，就不可能建立人际关系。人际关系的调节也是与认知过程分不开的。

2. 情感是人际关系的主要调节因素

人际关系在心理上总是以彼此满意或不满意、喜爱或厌恶等情感状态为特征的。假如没有情感因素的参与调解，其关系是不可想象的。情感因素是指与人的需要相联系的体验，对满足需要的事物产生积极的情绪体验，而对阻碍满足需要的事物则产生消极的情绪体验。人际关系中的情感因素主要体现为在沟通交往过程中是否有爱，只有友善的、正面的情感才能使人产生积极的情绪体验，从而建立和谐的人际关系。

3.行为是人际关系的沟通手段

在人际关系中，无论是认知因素还是情感因素，都要通过行为表现出来。行为是指言语、举止、作风、表情、手势等一切表现个性的外部动作，它是建立和发展人际关系的沟通手段。一般来说，由于人际关系的不同，对人的认识和理解、情绪体验以及各种外显行为等都可能会有所不同，而这种不同又会影响彼此之间的人际关系。

富兰克林曾说："留心你的思想，思想可以变成言语；留心你的言语，言语可以变成行动；留心你的行动，行动可以变成习惯；留心你的习惯，习惯可以变成性格；留心你的性格，因为性格可以决定命运。"因此，人际关系的三种因素是相互联系的，不是割裂开来而孤立存在的。认知的水平高低与正确与否决定情感的健康与否，并确定行为的导向。

（三）人际关系的类型

人际关系自古有之，类型多样，许多口语、成语、典故、诗词都体现出人际关系的含义，如"老乡见老乡，两眼泪汪汪"，就是体现了老乡之间的深情厚谊；"三顾茅庐"就是体现出领导求才心切的心理；"孟母三迁"就体现了邻里关系的重要性；"召父杜母"表达了古代老百姓对管理者的期望；"高山流水"表达了知心朋友之间的默契与可贵；白居易的一句"同心一人去，坐觉长安空！"表达了友人之间的情谊；陶渊明的《桃花源记》更是由于描写了一种理想的人际关系而得以千古传诵，上述种种情景也显示出人际关系有不同的类型。

区分人际关系的类型有着重要的现实意义，因为一种人际关系总是代表一种期望的人际心理。如母子关系，就意味着母亲对子女有着伟大的母爱，而子女对母亲则有着永远的孝心；师生关系就意味着教师对学生尽心给予关心培养，而学生对教师则报之以尊重等。

人际交往关系错综复杂，导致人际关系的类型可以有不同的划分。根据交往的主体情况划分为个体人际关系与群体人际关系，如两个好朋友之间为个体人际关系，班级同学之间、校友之间则是群体人际关系。根据交往的密切程度可以分为家人关系、熟人关系与陌生人关系。最周全的人际关系类型是根据人际关系联结的纽带来划分的，分为血缘人际关系、地缘人际关系、趣缘人际关系、业缘人际关系与网缘人际关系。其中血缘关系是指因血缘联系和婚姻联系而形成的人际关系，如亲子关系、夫妻关系；地缘关系是指以地理位置为联结纽带，由于在一定的地理范围内共同生活、活动交往而产生的人际关系，如老乡关系、校友关系等；趣缘关系指人们在社会生活中因情趣相投交往而建立的人际关系，如"驴友"关系、"车友"关系等；业缘关系指以职业、行业、专业或事业为纽带而结成的人际关系，如同事关系、事业合作伙伴、师生关系等。

二、人际关系的本质

（一）人际关系的本质

随着我国城市化进程的加速，人们都担心人际关系会被削弱。科技的发展、电视的普及、高速信息公路的建立、服务行为的日益发展，使得人们常常感到高楼大厦中的住房越来越像一个个鸟笼,邻居的概念越来越淡化,相互交往也越来越少。

但是,这仅仅是一种不完整的社会现象。作为一个人,有很多需要,而人际交往需要总是处于一个十分重要的位置,并且随着物质生活的日益丰富与满足,人际交往的需要必定成为越来越重要的社会课题和人生课题。

社会心理学家的观点是,人们越来越成为"被人引导的一代"。事实上,确实是这样,这种现象体现为两方面:

一方面,个体的感觉被他人所引导。例如,一个人过得很舒适,但他在没有其他人肯定的情况下,就感觉不到;一个人很劳累,但是,由于他人的表扬,却感到很舒适;一个人写了一篇文章,只有得到教师或读者的评价时,才体会到自己写了一篇文章;一个书法家或画家的作品,更是要得到社会的承认,才能真正确认其存在的艺术价值。因此,人际关系变得越来越重要,几乎达到主宰一个人心理状态与社会角色的地步。例如,某女士去年花了数千元钱买了很令自己欢心的衣服,为什么今年却不愿穿这件仍然崭新如故的衣服呢?一个二十年前非常廉价的香烟牌子,似乎被人遗忘,为什么一夜之间却成了烟民手中的"贵族"香烟?某画家的作品,在生前几乎无人问津,但在他去世后,为什么成了价值连城的珍藏品?其原因都是"被人引导"。

另一个方面,每个人都处于双向依赖的生存方式之中。例如,传统观点认为幼儿依赖于父母而生活。而事实告诉我们,父母也依赖幼儿而生活。与此同理,顾客依赖营业员,营业员也在依赖顾客;学生依赖教师,教师也依赖学生;下级依赖上级,上级也依赖下级;个人依赖社会,社会也依赖个人。总之,整个社会都处于既让他人依赖,又依赖他人的位置上。

马克思指出:人的本质是一切社会关系的总和,用这个科学论断考察个体,可以看到,个体的每一个发展与完善都是他人协助的结果。用这个科学论断考察整个人类的本质,我们可以认识到,社会是由人际关系连接起来的,由人际关系的定义可以推知,从某种意义上说,集体是通过个体之间相互心理联系而形成的。

因此,人际关系的本质在于组成社会和集体,促进个体的自我完善,换而言之,正是和谐友爱的人际关系使社会朝着有秩序的方向发展,使人类能共同生活,和睦相处,使人们能够共同挑起促进社会发展的重担。

（二）人际关系的特点

人际关系是人与人之间在社会交往过程中建立的相互关系,其基本特点如下:

1. 社会性

社会性是人际关系的本质属性。在人与人的社会交往过程中形成的人际关系,社会性是其首要特点。脱离社会性的人际关系只会在封闭的环境中慢慢枯萎,即使是亲密的恋人关系或者是以血缘为基础的家人关系也不例外。

2. 直接性

人际关系是人们在面对面的交往过程中形成的,个体可切实感受到它的存在。没有直接的接触和交往不会产生人际关系,人际关系一经建立,一定会被人们直接体验到。

3. 情感性

人际关系的基础是人们彼此间的情感活动。情感因素是人际关系的主要成分,但是人际关系的情感倾向有两类:一类是使彼此接近和相互吸引的情感;另一类是使人们互相排斥、分离的情感。

4. 互利性

在交往过程中,交往各方均可以得到精神上和物质上的收益和心理需要的满足。在现代社会中,人们之间的联系能够得以维系和加深,在于这种交往能够为双方提供方便和帮助。

三、协调人际关系的作用

人是社会的动物,每个个体均有其独特之思想、背景、态度、个性、行为模式及价值观,而人际关系对每个人的情绪、生活、工作有很大的影响,甚至对组织气氛、组织沟通、组织运作、组织效率及个人与组织的关系均有极大的价值。每个人的发展都离不开他人的关照、帮助,每个企业的兴旺发达都需要和谐的人际氛围,每个国家的稳定与发展也离不开国际关系的协调有序。正确处理好人际关系以适应现代社会生活,是人们面临的一个重大课题。处理和协调人际关系无论是对社会组织还是对个体都有着不可低估的重要意义。

(一)协调人际关系对社会组织的意义

对于社会组织来说,处理和协调人际关系的意义主要表现在以下几个方面:

首先,协调人际关系是培养社会组织内部"家庭式氛围"的必备条件。在社会生活中每个人都有经济的、社会的、心理的、精神的不同层次的内在需求,只有当人们种种需求在组织内部得到基本满足,才能使该组织保持稳定和发展。因此协调和处理好人际关系,能够形成和谐、融洽、一致的人事环境,就会使人们感到置身于组织集体之中犹如置身于自己的家庭之中,把组织看成一个扩大的家庭,从而形成良好的"家庭式氛围"。

在这方面,日本的一些企业、组织具有独到之处。在日本的企业里,儒家的"和为贵"精神在今天已经扩展成为和睦相处、团结合作的企业观念。企业上下致力于培养和维系和谐亲密的家庭式气氛,反对个人主义和内部相互倾轧,把企业营造成彼此不可分离的命运共同体。从它的历史发展进程看,儒家文化构成了日本现代化管理的基础,"和"是人们向往并努力争取达到的共同目标。

传统的儒家学说是以家族为主体进而分析推广到整个社会的,它在调整、协调人际关系,维护社会组织内部的融洽、稳定方面,具有一套完整的理论体系。从实践上看,强调人际关系,进而培养"家庭式氛围"是日本企业成功的三大法宝之一,有些经验确实是值得我们借鉴的。例如,日本人在工作中十分注重交流。日本企业的老板常常和员工待在一起,有什么事,亲自到车间找员工谈话。在人际关系上,日本企业的老板总是尽量使每个雇员感到自己很重要,老板有机会总是与员工一起吃饭,以联络感情。

其次,处理和协调好人际关系是增强群体凝聚力和向心力的重要因素。凝聚力和向心力是将组织内部各个成员吸引在群体里面的合力。一个组织的凝聚力和向心力通常是评价组织形象的重要指标。影响组织凝聚力的因素有:①员工间人际关系的和谐程度;②领导对员工重视和尊重的程度;③个人价值实现的机会;④工作环境;⑤职工福利和待遇;⑥组织的前景和现状等。显然,在一个群体里,和谐、融洽的人际关系能使每个正常人健康、合理的心理需求得到不同程度的满足,个人心情舒畅,群体宽松和谐,从而使组织的凝聚力和向心力递增。反之,倘若一个群体中人际关系紧张、人与人之间关系冷漠、人与人之间关系背离,甚至明争暗斗、搞"窝里斗",势必使个人感到苦闷、压抑、紧张,群体因之也就有可能走向解体。如1948年,两个心理学家对第二次世界大战的军队行为做过系统的研究。他们认为德军崩溃有许多原因,而其中重要的一点就是各个连队或更小的单位里充满不信任和敌对情绪,各自独立,互不尊重、支持和合作,最终成为导致德军分崩离析的重要因素。

最后,处理和协调好人际关系也是提高工作效率、完成群体目标、实现人的价值的内在要求。人的本质在其现实性上是一切社会关系的总和。人不是单纯的自然物,人的本质是人的社会性;社会关系是多方面的总和,生产关系是一切社会关系的基础,人的工作是一种社会劳动,它的效率、效果既与许多人的分工协作有关,也和这些人的工作情绪有关,而这两点都和人际关系的好坏相关。从另一个角度讲,人的价值的实现也与人际关系紧密相关。人的价值对整个人类而言,是人类对世界的改造及其成果所能满足人类自身需要的程度和状况;对个人而言,一是社会对个人的尊重和满足,二是个人对集体、对社会的责任和贡献,而主要是从个人对社会进步的贡献来评价人的价值。如果人际关系好,大家互相配合、群策群力,心往一处想、劲往一处使,必然有利于提高效率,促进工作目标的完成,从而也就为人的价值的实现创造了条件;反之,假如人际关系不好,人与人之间猜疑、妒忌、冲突,把大量的精力和劳力浪费在错综复杂的人际内耗中,也势必影响工作效率的提高和群体目标的实现。而一旦离开效率、效益和效果,一个人对社会的责任和贡献也就无从谈起了。正因为如此,中国古代哲人孟子强调:"天时不如地利,地利不如人和。"

(二)协调人际关系对个人的意义

协调人际关系对个人的意义主要表现在如下几个方面:

首先,对于个人来说,处理和协调人际关系是一种基本需要。美国心理学家亚伯拉罕·马斯洛在《人类激励理论》中提出,"人类需求像阶梯一样从低到高按层次分为五种,分别是生理需求、安全需求、社交需求、尊重需求和自我实现需求。"而这些需求都需要人际关系的协调才能很好地满足,个体的人只有和他人结成一定的关系,才能与自然界相抗衡,才能成功地实现人和自然界之间的物质和能量变换,才能有效地从自然界获得信息并实施对自然界的积极改造,才能生产、交换到自己所必需的生活资料和生产资料,否则就难以满足生理需求和安全需求。至于人的社交需求、尊重需求和自我实现的需求更是需要良好的人际关系作为助力才能得到满足。

人还有手段性交流和满足性交流的需要。手段性交流的根本着眼点是寻求某种功利目的。为某种目的走到一起的"会谈性交流"和以说服对方为宗旨的"控制性交流"是手段性交流的两种基本形式。满足性交流的着眼点不在于交流之外的功利性目的，而在于交流行为本身，以及经由这种交流而达到的一种自我满足。

无论是哪一种交流，都涉及人在社交方面的需要、情感心理方面的需要，这种需要是人类特有的较高层次的需要。任何个人都希望处在一种和谐、融洽、协调的人际关系中，彼此信任、尊重、理解、支持、合作。如果失去人际关系或关系处理不当，个人在社交、情感心理等方面的需要就得不到满足。

其次，建立良好的人际关系是获取机会、增加实力的重要因素。对于现代社会的创业者来说，创设条件、把握机会是走向成功的必经之路。马太效应显示，机会导致成功，成功则带来更多的机会；反之亦然，没有机会难以成功，不成功更没有机会。古今中外，此类案例实在是不胜枚举。那么怎样才能争取更多的机会呢？这里依然涉及诸多的因素，比如，一个年轻干部能否进一步提拔，除了"德、能、勤、绩"四要素之外，良好的人际关系同样至关重要。

美国成人教育专家戴尔·卡耐基说：现代人的成功15%靠专业本事，85%靠人际关系。我们姑且不论这一表述的准确性如何，但人际关系的重要性确实是显而易见的。如果一个人拥有良好的人际关系，就会赢得各方面的支持，他人就可以为其提供各种各样的机会，让这个人工作中的阻力减到最小，从而工作起来更加顺利，效率更高。

建立良好的人际关系也有助于增强一个人的实力。现代社会高度的社会分工和多维合作，迫切需要人们学会沟通、协调、合作、"借鸡生蛋"、"找米下锅"，通过友好合作的途径，充分利用"外脑"以丰富、充实自己的"脑袋"，不断使用"外力"来增加自身的实力是很多人成功的法宝。当今社会如果没有良好的人际关系，就难以创造出更多的社会财富，也无法在激烈的竞争中立于不败之地。

在社会主义市场经济条件下，我们崇尚平等规范下的实力竞争，良好的人际关系可以增加个人实力，使其拥有更强的竞争优势，因此关系成为当今社会中非常有利的资源。对于这里提到的"关系"一词，我们有必要对其作一个理性的辨析和确认。

我们反对"拉关系、走后门"之类的"关系庸俗论"，以及不讲原则和规范、关系之上的"关系万能论"这三种错误观念。区别关系正当与否是有标准的，这个标准就是法律、纪律和道德。凡是不符合法律、纪律和道德的关系都是不正当关系，都是应当被唾弃的。良好的人际关系是合法、合理、合情的健康、文明的关系，是人们所追求的和谐融洽的社会环境的有机组成部分。

最后，处理和协调人际关系，有助于提高人在认知、规范和评价方面的能力，从而也就有助于人的个性成长和发展。一个人的认知能力、规范能力和评价能力是在各种人际关系中逐步形成和提高的。通常，人际活动的有效性可以从信息层次、感情层次、态度层次和行为层次进行考察。这里,无论是从认识和规范的角度看,还是从评价的角度看,只有处在特定的人际关系中,才能对问题有清楚、全面的认识,在一个人与他人的相互关系中来认识自我和他人,并对人际活动的有效性进行总体的分析考查,是提高人的认知、规范和评价能力的前提。

人际关系的协调对于人的个性发展和重要影响更是不言而喻。正如马克思所说:"只有在集体中,个人才能获得全面发展其才能的手段,也就是说,只有在集体中才能有个人自由。"一个人只有和他人建立良好的人际关系,才能充分地展示自己的才能,并发展自己良好的个性,为实现自我的价值和目标、求得自身的全面发展创设必要条件。

课堂演练

人际关系水平的自我测试

要检查自己的职业社会技巧,可以问自己两组问题。对这两组问题都要尽可能坦率、客观地回答,即使这种回答不令人满意,也不要感到内疚。这些问题只是为了帮助自我反省。

第一组与同他人相处的一般能力有关。

1. 我在交往上是成功的吗? 这里有一个有用的标准就是,人们通常是否很高兴见到我,或者说,是否有人是我一直力图回避的或有人一直力图回避我。

2. 我与哪种人相处得好? 我与大多数人相处得很好还是只与特定的几种人相处得最好? 我与同我相像的人相处得最好,还是与同我不相像的人相处得最好? 与自己平级的人相处得最好,还是与上级或者下级相处得最好? 与两种性别的人都处得好,还是只与一种性别的人相处得好?

3. 我与哪种人相处得不好? 是否有特定种类的人总与我闹别扭? 他们的什么特点使事情难办? 这是他们的消极特征吗? 或者说是他们以某种方式使我感到不适吗?

4. 是什么阻止我与某些人良好相处? 我是努力去与自己不喜欢的人相处,还是宁愿不去伤脑筋?

5. 有人特别不喜欢我吗? 如果有,他们是谁? 委托人、下级、同事? 为什么他们不喜欢我? 他们是持之有据还是神经过敏? 他们的反感让我伤脑筋吗?

6. 在我的生活中有真正理解我的人吗? 理解我生活的目标和我之所以为我的原因吗? 像理解我的优点一样理解我的缺点吗?

7. 在我的生活中有真正接受我的人吗? 如果他们不能接受我,为什么?

8. 我有什么特别的行为或怪癖是别人不喜欢的吗? 如果有,这些东西对我有多重要? 值得为此而使别人不喜欢吗? 我能改变它们吗?

9. 我喜怒无常吗? 人们是否觉得我不可预测或反复无常? 我是否把私人生活中的问题带入职业生活,或是把职业生活中的问题带入私人生活?

10. 我在生活中有真正亲密的人吗? 我只与家里人亲密吗? 我有私人朋友吗? 我有职

业朋友吗？如果我跟谁都不亲密,那是为什么？

11.我准备向他人学习吗？我是否觉得我通常是正确的,或者我可以客观地看待问题？当我错了的时候我能够承认吗？我能够接受人们告诉我一些我自己令人讨厌的地方吗？我能够妥协吗？

12.我能原谅别人吗？如果不能,那是为什么？我是否暗自欣赏自己的愤怒或惩罚别人时的那种感觉？

13.我容易跟别人发脾气吗？生气有时是有理由的,可是生气是否一定要发作呢？发脾气对我有帮助吗？过后我感觉如何？

14.我是否总想寻求别人行为背后隐藏的动机？我是先入为主还是力求客观？

15.最后,如果我必须选择一个最好的朋友,我会选择我自己吗？

第二组与职业生活特别有关。

1.我对自己的下属是否公平？我愿意在自己的手下工作吗？如果不是那样,那我是不是对他人期望太多？我是不是因为使他人的生活变得困难而暗自高兴？

2.我是否觉得经常遭到同事的排挤？我觉得其他人在职业上受到优先照顾吗？如果别人这样责备我,我能接受吗？

3.我第一次与委托人或上级同事见面时感到紧张吗？如果是这样,那么我怕的是什么？我对自己的职业能力缺乏信心吗？

4.如果我在职业上经历着失败或困惑,我会跟同事和朋友商谈吗？我避免讨论这些是因为感到难为情,还是因为谈论这些使我自感不足,或者是因为没有自己相信的人？

5.如果与委托人或同事发生分歧,我是当时就力图解决呢,还是宁愿尽可能地逃避冲突？

6.当委托人或同事要我在义务之外给他们匀出点儿时间时,我通常是尽力而为呢,还是找个借口,或者是订个我可能不会兑现的约定？

7.如果我在职业生活中与某人发生纠纷,是否事后便对化……回避他？

8.我对其他人的问题真正感兴趣吗？或者我听人谈说……那是我的工作？

9.如果我有什么不愉快的事情必须跟委托人或同事谈,我是……还是尽可能地拖下去？

10.我认为工作效率最重要,还是认为人缘好最重要,或者是认为息事宁人最重要？

注意事项:

1.如果你从这些问题中看出自己不太出色,也不要着急。其他许多对自己的做法认真审视的人也有相同的感觉。

2.上述问题并非要让你感觉沮丧,而是帮助你更清楚地确定在你的职业关系中,什么地方会出错以及为什么。

> 知识链接

心理学家曾经做过一个"剥夺"实验：让自愿参加实验的人一个人待在一个房间里，这里没有窗户，只有一盏油灯，一张床，一张桌子，一把椅子和洗漱用具，没有电话、电视、书报、纸笔、钟表，有传送带按时送饭。实验者看不到一个人，测试他一个人能独处多久。实验开始的短时间内，他还可以睡觉、思考问题，时间长了，实验者开始焦躁、恐惧。实验的结果是只能停止。

启示：如果实验不停止的话，也许实验的最终结果是实验者心理变态乃至精神崩溃。由此可见，人不能脱离社会而存在，良好的人际关系才能保持心理平衡。

第二节　人际关系与人际沟通

【引言】

人际关系是人与人之间的沟通，是用现代方式表达出圣经中"欲人施于己者，必先施于人"的金科玉律。

——戴尔·卡耐基

> 案例故事

据说有一年，幽默大师马克·吐温要去美国一所大学演讲。在演讲的前一天晚上，大师发现新做的西裤右边短了一小截。因为时间太晚了，裁缝铺都关门了，大师心想，没办法，第二天只能这样登台了。这一切，大师的母亲、妻子、女儿都看在眼里。

等到了晚上，大师已经睡着了，但他的母亲却怎么也睡不着，因为她牵挂着那条短了一截的裤子。大师的母亲左思右想，觉得怎么也不能让孩子穿短了一截的裤子上台去演讲啊。于是，她悄悄起来，又怕惊醒了家人，摸黑找到了那条裤子，剪了剪，缝了缝，然后带着满意的心情，又摸黑回去睡觉了。

过了一会儿，大师的妻子也起来了。作为爱着大师的妻子，她怎么能让自己的丈夫穿着短了一截的裤子去演讲呀！于是，大师的妻子也悄悄地起来了，她也怕惊醒了家人，摸黑找到了那条裤子，剪了剪，缝了缝，然后带着满意的心情，又摸黑回去睡觉了。

又过了一会儿，大师的女儿也起来了。作为爱着大师的女儿，她怎么能让自己崇拜的父亲穿着短了一截的裤子上演讲台呀。于是，大师的女儿也悄悄起来了，她同样怕惊醒了家人，摸黑找到了裤子，剪了剪，缝了缝，然后带着满意的心情，又摸黑回去睡觉了。

第二天早上，三个女人都早早地起了床，她们要看自己所爱的人穿着精神的西裤去演讲。

可是等大师穿上裤子，三个人都呆住了。因为她们看到，现在不是右边的裤腿短了一小截,而是左边的裤腿短了一大截。

大师也愣住了,当知道事情的原委后,随即爽朗地笑了起来。幽默大师就是幽默大师,他穿着这条裤子就去了会场。

到了会场,他还没有说话呢,全场就爆笑如雷。但大师很镇定地开始了当天的演讲,演讲的题目即兴改为:爱与沟通!

案例讨论:

1. 西裤何以越改越短,三个女人的好心何以变成了爱的幽默?

2. 你有没有类似的沟通不畅的经历,本来的好心变了"味道"?

3. 从这个幽默的故事中,你有什么样的感悟?

一、人际关系与沟通

沟通是人与人之间发生相互联系的最主要的形式,沟通一般指人与人之间信息交流的过程。

在我们日常生活当中,人际沟通是不可或缺的活动。而人际沟通必须勤加练习,多加磨炼,才能熟练掌握。通过人际沟通的练习,一方面可以使自己的沟通能力不断增进,一方面可以促使自己的人际关系获得改善。

良好的人际关系和沟通可以让人们保持和谐、互动、互助的良好状态,可以让人们在愉快的情境中把想做成的事情办理妥当,这也是我们学习人际关系与沟通想要实现的目标。

二、人际关系与人际沟通的关系

(一)人际关系在人际沟通的过程中形成和发展

任何性质、类型的人际关系的形成和发展,都是人与人之间相互沟通的结果。而人际沟通是一切人际关系和发展的前提,也是人际关系形成和发展的条件,是建立人际关系的手段和途径。

(二)人际关系的状况由人际沟通的状况决定

如果人们在思想感情上存在着广泛而相对持久的沟通联系,就表明他们之间已建立起了较为密切的人际关系;相反,则表明他们心里不相容,彼此关系紧张。

(三)人际沟通与人际关系研究的侧重点是不相同的

人际沟通着重于人与人之间沟通的形成与过程,而人际关系则是研究人与人之间通过沟通而形成的心理关系与状态。

所以说,人际沟通与人际关系之间关系密切,但又有所不同。

三、人际沟通对人际关系的意义

人际沟通是人与人之间传递交流社会性、心理性的信息,确切地说,人际沟通是人们之间相互交流思想、观点、意识、知识、消息、情感、动作和态度等的过程。它是一个复杂的联系过程,是人与人之间通过相互交往、相互作用和相互影响而建立人际关系的社会活动。只有真正达到了思想和感情上的沟通,人与人之间才可能建立良好的人际关系。和谐、友好、积极和亲密的人际关系,就是良好的人际关系。

人际沟通对改善人际关系具有重要的作用。人际沟通是人际关系中必需的方式,良好的人际沟通会让人际关系不断改善和亲密,同时良好的人际关系又会正面影响人际沟通的态度和沟通频率,并因此带来更深入的人际沟通,这样就会形成循环。相反,失败的人际沟通会给人际关系造成障碍。例如,在学校里,师生关系是教师与学生在教与学的沟通过程中形成的,尊师爱生表明的是一种良好融洽的师生关系。在医院里,医护关系是在工作中相互联系、相互学习、相互帮助和相互评价的交流过程中建立起来的。

既然人际沟通是一切实际关系的前提,是建立人际关系的手段和途径,那么我们就应当通过人际沟通,整合生活在社会中的个体,接受社会信息、学习社会知识并联合起来进行社会活动,从而不断改善和维持和谐的人际关系。

20 世纪 90 年代以来,计算机、互联网在世界范围内迅速普及,这对人类的社会生活和文化生活产生了广泛而又深远的影响。其中网络沟通成了现代人建立人际关系的一种新方式。网络是自由的,但又是虚拟的,网络沟通不见其人仅以文字和程序传达信息,但这仅是人际沟通的局部。直接的面对面的沟通是人类生活的必需,也是人这种社会性动物生存的本性需求。语言的交谈、声音的感染、目光的对视、身体的接触等都是网络沟通不可能替代也是无法替代的。网上建立的人际关系最终也必然要放到现实生活中去检验,其结果是发展或者夭折。所以我们认为,网络沟通可以作为人际沟通的一种新方式对形成人际关系特别是远程的人际关系有不可替代的作用。如果以网络沟通作为现实生活的一种补充,那么这种方式有可能是对心理健康的一种好的调试。但如果过分依赖网络沟通而减少现实中的直接面对面的沟通机会,沉迷其中,则必然降低现实生活中人与人之间的交往能力,甚至出现心理障碍。

良好的人际沟通可以使大学生获得知识、开发智能、满足心理需要、了解自我、完善自我、了解他人,从而协调人际关系。由于大学是人际关系走向社会化的一个重要转折期,会遇到各种各样的人际关系,如师生之间、同乡之间、同学之间以及个人与班级、个人与学校的关系等。而处于青春期的学生,思想活跃、精力充沛、兴趣广泛,对人际沟通的需要极为强烈。他们力图通过人际沟通的方式去认识世界,获得友谊。他们对人际关系的追求带有理想化色彩。无论是对同龄人还是对师长,常常以理想化的标准要求对方。所以相对于其他人群来说,大学生人际关系的挫败感较强,容易在人际交往过程中产生心理障碍。实际上,在大学生的人际沟通过程中,都会或多或少地出现这样那样的问题,但每个在成长中的学生都希望生活在良好的人际关系中。

因此,如何提高人际沟通技巧,不断改善人际关系,无论对学生当前的学习、生活、心理还是将来走入社会,都具有重要的意义。

问题讨论

1. 人际沟通与人际关系之间的关系是什么?

2. 作为一名大学生,在学习和生活中需要与各种各样的人沟通,请回忆一下,你遇到过不好相处的人吗? 你做了哪些努力? 结果如何?

课堂演练

人际沟通中尝试着这样去做,你与他人的人际关系是不是会因此而发生改变呢?

1. "微笑"体验:这很重要,你会感到世界因此而变得美好起来。

任务:试着在去图书馆的路上对你遇到的每一个人微笑。

要求:微笑要真诚,看对方的反应。

活动组织:上课前,学生每人自行去实践,并体会效果。

2. "赞美"体验:用心去发现别人的优点,适时赞美,看看会有什么变化和反应。

任务:对身边同学的细微变化发出由衷的赞美。比如赞美对方的发型、服饰等。

要求:赞美时注意时间、场合、态度。

3. 共情体验:也就是换位思考,能设身处地地为别人考虑问题。

任务:乘坐公交汽车,观察车上给老人、妇女、儿童让座的情况。

要求:观察让座人的情况,表明他(她)有对他人需要的敏感性和利他习惯,说明他(她)能为需要帮助的人提供帮助。你在让座时,是怎么想的?

知识链接

过度理由效应

在日常生活中,我们常有这样的体验:亲朋好友帮助我们,我们不觉得奇怪,因为"他是我的亲戚""他是我的朋友",理所当然地他们会帮助我们;但是如果一个陌生人向我们伸出援助之手,我们却会认为"这个人乐于助人"。同样,在家庭生活中,妻子和丈夫常常无视对方为自己所做的一切,因为"这是责任""这是义务",而不是因为"爱"和"关心";一旦外人对自己做出类似行为,则会认为这是"关心",是"爱的表示"。

这种现象就是社会心理学上所说的"过度理由效应"。为什么会有这么大的区别呢? 原因在于每个人都力图使自己和别人的行为看起来合理,因而总是为行为寻找原因,一旦找到足够的原因,人们就很少再继续找下去,而且,在寻找原因时,总是先找那些显而易见的外在原因,因此,如果外部原因足以对行为作出解释,人们一般就不再去寻找内部的原因了。

29

第三节　大学生人际关系特点

【引言】

如果我们想要更多的玫瑰花,就必须种植更多的玫瑰树。

——乔治·艾略特

恶人的友谊一下子就会变成恐惧,恐惧会引起彼此憎恨,憎恨的结果,总有一方或双方得到咎由自取的死亡或祸根。

——莎士比亚

经常开怀大笑;得到明智的人们的尊重、孩子们的爱戴;博得正直的评论家的赞美;容忍虚假的朋友的背叛;欣赏美丽的事物;发现他人的可贵之处;让世界更加美好;给她留下一个健康的孩子、一个园圃、一段感人的故事;知道正因为你的存在,至少有一个人已缓过气来。这就是成功。

——拉尔夫·沃尔多·爱默生

案例故事1

智者的四句箴言

一位十六岁的少年去拜访一位年长的智者。

他问:我如何才能变成一个使自己愉快,也能够让别人愉快的人呢?

智者笑着望着他说:孩子,在你这个年龄有这样的愿望,已经是很难得了。很多比你年长很多的人,从他们问的问题本身就可以看出,不管给他们多少解释,都不可能让他们明白真正重要的道理。就只好让他们那样好了。

少年满怀虔诚地听着,脸上没有流露出丝毫得意之色。

智者接着说:我送给你四句话。第一句话是,把自己当成别人。你能说说这句话的含义吗?

少年回答说:是不是说,在我感到痛苦忧伤的时候,就把自己当成别人,这样痛苦就自然减轻了;当我欣喜若狂之时,把自己当成别人,那些狂喜也会变得平和中正一些?

智者微微点头,接着说:第二句话,把别人当成自己。

少年沉思一会儿,说:这样就可以真正同情别人的不幸,理解别人的需求,并且在别人需要的时候给予恰当的帮助。

智者两眼发光,继续说道:第三句话,把别人当成别人。

少年说:这句话的意思是不是说,要充分地尊重每个人的独立性,在任何情形下都不可侵犯他人的核心领地?

智者哈哈大笑:很好,很好。孺子可教也! 第四句话是,把自己当成自己。这句话理解起来太难了,留着你以后慢慢品味吧。

少年说:这句话的含义,我一时体会不出。但这四句话之间有许多自相矛盾之处,我用什么才能把它们统一起来呢?

智者说:很简单,用一生的时间和经历。

少年沉默了很久,然后叩首告别。

后来少年变成了壮年人,又变成了老人。再后来在他离开这个世界很久以后,人们都还时常提到他的名字。人们都说他是一位智者,因为他是一个愉快的人,而且也给每一个见到过他的人带来了快乐。

案例故事2

一位大学教授做过一个小小的实验。他从一群素不相识的人名中,随机挑选出一些人来,给他们寄去圣诞卡片。他估计会有一些回音,但随后发生的一切还是大大出乎他的意料。这些人回赠的节日卡片如雪花似的寄了回来。大部分给他回赠卡片的人根本就没想过打听一下这个陌生的教授到底是谁。他们收到卡片,自动就回赠了一张。

案例讨论:

1. 如何建立良好的人际关系?

2. 你认为人际交往最重要的是什么?

一、大学人际交往的含义与类型

(一)大学人际交往的含义

人际交往也称人际关系,是指人们运用语言或非语言符号相互交换意见、交流思想、表达感情和诉求的过程,是通过交往形成的人与人之间的心理关系,反映的是人与人之间的心理距离。从动态上讲,人际交往是指人与人之间一切直接或间接的相互作用,但都不超出信息沟通与物质交换的范围;从静态讲,人际交往是指人与人之间通过动态的相互作用形成的情感联系,即通常所说的人际关系,是人与人之间相对稳定的情感纽带。

人类社会发展本身就决定了任何一个社会既要同自然界发生关系,又要同社会发生关系。大学生作为社会中坚力量的基础,肩负着社会发展的重要使命。大学时期是青年大学生走向社会化的一个重要转折时期。培养适应社会发展的良好的人际交往能力,一方面是大学生生存发展的需要;另一方面也是他们适应社会不断进步的需要。拥有健康的人际交往能力与和谐的人际关系,对于当代大学生的学习、生活、职业发展与社会融入都具有十分深远的意义。

大学生人际交往主要是大学生与周边的社会人交流有关认识性、情绪性的信息而相互作用的过程。通俗地讲,大学生人际交往就是大学生在社会活动过程中,与他人的信息沟通、意见交流及相互作用的社会化过程。健康的大学生人际交往是指大学生人际交往有其相对独立的发展过程，并受到社会关系、生产关系和政治环境的正面影响，同时，又能健康地渗透于社会交往的各个方面。

大学生人际交往本质上是一种特定的社会现象，它通常需要具备三大要素：一是主动性。和谐的人际交往关系是一种平等的关系，它不是一方领导另一方，而是双方都是交往活动的主体。二是互惠性。大学生的人际交往和其他性质的人际交往是一样的，都是在两个以上的个体之间才能有效进行的。三是条件性。在大学生人际交往过程中，首要条件就是交往双方所使用的符号必须相同或部分相同，这些符号可以是语言符号，也可以是非语言符号。

（二）大学生人际关系的类型

大学生的人际关系主要体现为同学关系、室友关系、师生关系、大学生的网际关系等。这些关系构成了大学生人际交往的网络系统。

1. 班级中的人际交往

同学关系是大学生人际交往的基本关系，大学同学也是大学生人际交往的主要对象。班级同学之间的交往最普遍，也最为微妙和复杂。一方面，他们年龄相仿、经历相似、兴趣爱好相近，又共同生活在一个集体，学习相同的专业，所以沟通交往也比较容易；另一方面，他们来自不同的地域、不同的家庭背景，加之生活习惯、个性方面的差异，对人际交往的期望较高，一旦得不到满足，很容易采取消极退避的态度。

2. 宿舍里的人际交往

学生宿舍是大学生相对私密的公共空间，宿舍里的人际关系对于大学生的日常生活，甚至身心发展有着举足轻重的影响。在刚刚入学不久的大一新生中，往往是同一个宿舍的先成为朋友。但随着长时间的相处，就可能会随着生活习惯不同、作息时间不同、兴趣爱好不同等一系列问题的出现而产生矛盾。

3. 师生间的交往

教师是大学生人际交往的重要对象。教师是知识的传授者，是大学生人格模仿的对象。与教师的交往也是大学生知识需求和获取的重要途径，教师与学生的平等交往也是师生共同成长的前提。然而，由于大学授课的流动性与课堂的扩展，师生之间缺乏直接的沟通与必要的情感交流，师生信息的对流与沟通明显不足，所以大学的师生关系需要进一步加强。

随着高校对大学思想政治教育工作的日益重视，辅导员的作用也越来越重要。但由于高校扩招以及辅导员工作体系相对滞后，目前高校中师生交流方式多转向手机短信、QQ 等，面对面交流越来越少。师生间的心理距离和心灵隔阂成为高校普遍存在的问题。

4. 大学生的网际关系

随着通信、网络的高速发展，大学生的交往方式也变得多元化。打电话、发短信早已成为大学生联络感情的主要途径；快捷便利的 QQ、微信等也日益成为大学生选择的主要交流方式。由此繁衍出一种新的人际关系——网络社会中的人际关系。它是以网络和数字符号信息为媒介,在多媒体链接中实现的"人—机—人"互动基础上形成的人际关系。这种人际关系具有多维性和全球性、虚拟性、不确定性等特征。网际关系突破了现实生活中人的社会阶层、地位、职业、性别等差异,意味着个体间的平等;增强了主体的道德选择、自我评价的行为能力;使道德个体的个性化和主体性得到提升和确证,从而拓展、延伸和强化人性中的品德结构和伦理气质,促进了人的完善和发展。但它也带来了人与人之间道德情感日益淡漠、非理性行为激增、道德人格异化加剧等负面影响,如"网络幽闭症"、"网络飘移症"、网络欺诈、犯罪行为等。

二、大学生人际关系的特点及困惑

(一)大学生人际关系的特点

比起中学生,大学生的人际交往更为复杂、广泛,同学之间、师生之间、老乡之间、室友之间、网友之间、个体与班级以及学校之间等情感复杂的社会交往,构成了大学生立体式的人际交往网络系统。在大学校园里建立良好的人际关系,形成一种团结友爱、朝气蓬勃的环境,将有利于大学生形成和发展健康的个性品质。大学生人际关系既有人际交往的共性,又有自己的特性。一般说来,大学生人际关系具有以下特点。

1. 交往意识的独立性

随着年龄的增长、知识的增多和社会经验的丰富,大学生在与人交往中表现出较强的自主性和独立性。一方面,由于大学生的价值观已基本形成,心理日渐成熟,在人际交往中有了自己的主见,交往活动表现出较强的独立意识和认知能力;另一方面,大学生的交往很少受外界的影响,强迫或被动的成分少,主动的成分多。大学生的许多交往活动往往是由兴趣爱好所致,受主观意愿所驱使,力求达到个人目的。由此可见,大学生在自我意识和社会关系相互协调的基础上,开始树立自我的个性,更多地支持自己的主张,以自己独立的人格和态度处世,积极自主地开展人际交往活动。

2. 交往愿望的迫切性

大学生进入校园后,学习、生活环境发生了改变,使他们迫切需要结识新朋友和适应新环境,这种交往愿望比中小学生更为迫切。一方面,大学生思想活跃、精力充沛、兴趣广泛,有充裕的时间考虑交往;另一方面,大学生兴趣、人格趋于成熟,他们力图通过人际交往去开阔视野、丰富知识、学会处世,以表现自己各方面的才能,获得稳定的情绪,保持足够的自信心和自尊心,同时也急于了解他人和社会。为此,我们应积极加强引导,帮助大学生实现良好的人际沟通,从而促进其健康成长。

3. 交往内容的丰富性

随着社会经济生活的提高,各种交往载体不断出现,交往渠道不断拓展,大学生交往内容也随之丰富和多样。当代大学生的交往内容已经突破了专业和知识的局限,扩展到艺术、文学、人生、外交、理想、爱情等各个领域,涉猎艺术创作、才能展示、技能培训、学术探讨、社会服务等各个层面。同时,大学生的交往越来越频繁,由偶尔的互访、聚会,发展到经常的聊天、聚会、结伴出游等集体活动。

4. 交往媒介的现代性

随着高科技的发展,网络技术的广泛应用,大学生的交往形式已经由直接的面对面的交流方式向电话、微信、网络等方式转变。大学校园里,手机、电脑等现代交往媒介已经普及,特别是网络交往为大学生提供了新的手段和空间,成为人们交际的一种新型人际互动方式。

5. 交往目的的价值性

在市场经济的影响下,促使人们习惯用价值的观点来衡量和审视一切社会活动,这也在一定程度上强化了大学生人际交往的价值观念。过去,大学生的人际交往主要对象是体现"地缘""学缘""业缘"关系的同乡、亲属、同事以及好友,并以情感上的交流、心理上的共融为满足,很少考虑交际的价值。现在,大学生在人际交往过程中出现了注重价值的趋向,追求实惠。

(二)大学生人际交往存在的困惑

大学期间的人际关系独立性更强,更具社会性、多样性和群体互动性也成为这个时期人际关系的主要特点。个体开始独立地步入了准社会群体的交际圈,大学生开始尝试独立的人际交往,并试图发展这方面的能力。而且交往能力越来越成为影响大学生心理健康发展的重要因素之一。然而,并不是每个大学生都能处理好人际关系。在这一过程中,有相当数量的人会产生各种问题。认知、情绪及人格因素,都影响着人际关系的建立。一旦在这一过程中受挫,就可能表现为自我否定而陷入苦闷和焦虑之中,或因企图对抗而陷入困境,并由此产生心理问题。现在的大学生很多都在人际交往中存在困惑或者不适,主要表现在以下几个方面:

1. 缺少知心朋友

这类大学生通常能够正常交往,人际关系也不错,但自己感觉缺乏能互诉衷肠、肝胆相照、配合默契、同甘共苦的知心朋友,没有关系比较亲密的朋友,没有人值得他牵挂,也没有人会想念他,他们难以发展和保持良好的人际关系。这类大学生多会感到空虚、迷茫、失落,甚至感到孤独和沮丧。

2. 与个别人难以交往

这类大学生与多数人交往良好,但与个别人交往不良,他们可能是室友、同学或父母等与自己关系比较近的人,由于与这些人相处不好,影响情绪,成为一块"心病"。

3. 社会恐惧症

这类大学生对人际交往特别敏感、害怕,极力回避与人接触,不得不交往时多出现紧张、恐慌、心跳加快、面红耳赤、难以自制等症状,经常处于焦虑状态。与人交往,甚至在公共场合出现,对于他们来说都是一件极其恐怖的事情。

三、良好的人际关系对于大学生健康成长的意义

良好的人际关系是社会正常运转的润滑剂,和谐、友好、积极、亲密的人际关系是社会生活中人与人之间进行交往的基础,它对人们日常生活及各种社会活动都是必不可少的。营建良好的人际关系氛围具有十分重要的意义。

(一)良好的人际关系有助于学习效率的提高

1. 良好的人际关系有助于大学生的信息交流

孔子说:"独学而无友,则孤陋而寡闻。"这话一针见血地指出了自我封闭对学习的影响,只有依靠师生群体,广泛交流,才能拓宽知识面,加深对知识的理解。

2. 良好的人际关系有助于智力的开发和技能的提高

智力包括观察能力、注意能力、记忆能力、思维能力和想象能力等。大学生的能力结构由学习能力、操作能力、创造能力、表达能力、管理能力和交往能力组成。无论是智力的开发还是能力的提高都离不开人际交往。人际交往对大脑的刺激是全方位的,大家都有这样的体验:在与人交谈时,思维活跃、灵感频现,不断迸发智慧的火花,有些冥思苦想都无法解决的问题,经过交流,顿时豁然开朗,问题迎刃而解。因此,人际交往能使人充分发挥大脑潜能,有助于智力的开发和技能的提高。

(二)良好的人际关系有助于自我意识的发展和完善

1. 良好的人际关系促进大学生自我意识的形成和发展

意识不是凭空产生的,大学生的自我意识归根结底是由社会存在决定的,而人际环境起着重要作用。

2. 良好的人际关系有助于提高自我认知和评价能力

置身于良好的人际氛围,使大学生时时感到自己为他人所接受和承认,从而满足了自尊心,提高了自信心,认识到自己对他人和社会的价值。同时,通过与别人的交往,提高自我评价能力,使自我评价逐步变得客观、全面。

3. 良好的人际关系有助于自我意识与社会意识的统一

置身于良好的人际关系,大学生可以感受到自己哪些认识是错误的,哪些要求是合理的,哪些想法与社会的需要、他人的要求格格不入,哪些目标和理想是不切实际的,从而不断地调整和修正,达到自我意识与社会意识的统一。

(三)良好的人际关系有利于促进心理健康

美国心理学家沙赫曾做过这样一个实验:他以每小时15美元的酬金请人到一个小房间去住。这个房间与外界完全隔绝,没有报纸,没有电话,不准写信,也不让其他人进入。最后有5人应聘参加实验,实验结果:1个人在小房间里只待了2小时就出来了,3个人只待了2天,另1个人待了8天。这个待了8天的人出来以后说:"如果再让我在里面待一分钟,我就要发疯了。"心理学研究表明,人都有强烈的交往需要,都畏惧孤独,害怕离群索居。大学生

更是这样，他们远离家乡和亲人，心里难免有失落感和孤独感，同时在日常生活和学习中也难免碰到一些不如意的事，很需要找人倾诉，与人交流，得到精神上的慰藉。如果长期处于一个恶劣的人际氛围，就很容易导致心理疾病。可见，良好的人际关系对促进大学生心理健康是不容忽视的。

心理健康水平提高，与别人交往越积极，越符合社会的期望，与别人的关系也越深刻。心理专家专门研究了身体、智力和心理健康水平都是很优秀的宇航员、研究生和大、中学生，得出了一个共同的结论，即心理健康水平高的人同别人的交往以及人际交往都很好。他们有着一系列有利于积极交往和建立良好人际关系的个性特点，如友好、可靠、体贴、温厚、诚实、信任等。

（四）良好的人际关系是人获得安全感与幸福的需要

在马洛斯的需求层次理论中，除了最底层生理上的需求外，其他需求如"安全上的需求""情感和归属的需求"以及"自我实现的需求"都与良好的人际关系有着直接的联系，当人置身于自己不能把握或控制的社会情境时，十分缺乏安全感。新入校的大一新生，脱离了原来的人际关系支持，新的人际关系尚未建立，会一直处于高度的自我防卫状态，获得社会安全感的最有效途径同样是与人交往，并由此建立稳定的人际关系。但是一个人要获得充分的社会安全感，仅有别人的陪伴或表面交往还很不够，还要有深处的人与人之间的情感联系，只有通过交往，同别人建立可靠的人际关系之后，人们的社会安全感才能得到建立。

在日常生活中，有些人认为，人的幸福是建立在金钱、成功、名誉和地位的基础上的。实际上，对于人生的幸福来说，所有这些方面远不如健康的交往和良好的人际关系重要。复旦大学教师于娟博士因乳腺癌于 2011 年辞世，生前日记曾写道："在生死临界点的时候，你会发现，任何的加班，给自己太多的压力，买房买车的需求，这些都是浮云。如果有时间，好好陪陪你的孩子，把买车的钱给父母买双鞋子，不要拼命去换什么大房子，和相爱的人在一起，蜗居也温暖。"

西方心理学家克林格做了一个广泛的调查，结果发现，良好的人际关系对于生活的幸福具有首要意义。当人们被问到"什么使你的生活富有意义"的时候，几乎所有的人都回答，亲密的人际关系是首要的。自己的生活是否幸福，取决于自己同生活中其他人的关系是否良好，如果配偶、恋人、孩子、父母、朋友及同事之间关系良好，有深刻的情感联系，那就会感到生活幸福且富有意义；反之，则会感到生活缺乏目标，没有动力和幸福。在这些被调查者的回答中，人际关系的重要性远远超过成功、名誉和地位，甚至超过了西方人最为尊敬的宗教信仰。有一项调查表明，在我国心理压抑、人际关系不和谐和孤独是导致自杀的三大因素。法国社会学家也指出，社会关系丧失是自杀的主要原因之一。

（五）良好的人际关系是个人发展与成功的重要保障

人际交往是个人社会化的起点和必经之路。社会化即个人学习社会经验、生存技能和文化知识，开始发展自己的过程，如果没有与他人的合作，个人是无法完成这个过程的。人一生的成长、发展、成功，无不与同他人的交往相联系，并且通过从人际关系中得到信息、机遇，帮助人们走上一条成功之路。美国著名发明家和政治家本杰明·富兰克林说过："成功的第一要素是懂得如何搞好人际关系。"而在好莱坞，也流行这么一句话："一个人能否成功，不在于你知道什么，而是在于你认识谁。"随着现代科学技术的发展，人们更是越来越依靠群体的力量，人与人之间的情感沟通和智力交往使某些工作出现质的飞跃，这种"群体效应"已越来越成为各项工作的推动力。

因此，保持良好的人际关系，赢得好人缘是人们在当今经济社会生活中生存乃至成功的关键。

四、大学生和谐人际关系的标准与交往原则

（一）大学生和谐人际关系的标准

和谐的人际关系既是心理健康不可缺少的条件，也是获得心理健康的重要途径。其具体表现如下：

（1）乐于与人交往。

（2）在交往中保持独立而完整的人格。

（3）能客观评价别人，友好相处、乐于助人。

（4）交往中积极态度多于消极态度。

（5）建立在爱的基础上的关系。

（二）人际交往原则

1. 平等原则

萧伯纳有一次在写作休息时，和邻居的小女孩一起玩耍，当送小女孩回家时，他对小女孩说："知道我是谁吗？回家告诉你妈妈，就说和你一起玩的是萧伯纳。"小女孩天真地回应说："知道我是谁吗？回家告诉你妈妈，就说和你一起玩的是克里佩丝莱娅。"

在人际交往的过程中，平等待人是建立良好人际交往的前提。没有平等对待的观念，就不能建立融洽的人际关系。高校的大学生来自不同民族、不同地区，家庭状况、年龄、生活经历和文化都存在着差异，但并无高低贵贱之分，大学生在交往的过程中不应该因为这些差异的存在而对他人"另眼相看"、区别对待；而是应该遵守平等对待、相互尊重、相互爱护的交往原则，也只有平等待人才能换取他人平等待己。如果始终处于自恃过人、居高临下的状态，渐渐地就会脱离群体，被群体和身边的人忽视、排挤，最终会失去朋友以及他人的关心和帮助，从而造成心理上的孤独感。

平等实际上就是尊重，任何人都渴望得到尊重，尊重他人就是尊重自己。尊重他人的最基本表现就是尊重他人的劳动、尊重他人的人格、尊重他人的生活方式和个人习惯。只有相互尊重才能相互信任、坦诚相待。特别是青年时期的大学生，他们希望得到别人尊重和理解的愿望比任何时期、任何人都要强烈。他们希望能独当一面并得到父母和师长的尊重及理

解;在与同学相处的过程中,也希望得到彼此的尊重和理解。大学生在人际交往的过程中只有遵循平等的交往原则,才能建立良好的人际交往环境,在良好的人际交往环境中学习、工作和生活,不仅给人安全感和归属感,还能满足精神上的愉悦并促进身心健康。

2. 互利原则

人际交往是一种双向行为,古人讲:"来而不往,非礼也。"人际交往是以能否满足交往双方的需要为基础的,其变化与发展取决于双方社会需要的满足程度,交往双方在满足对方需求的同时,还能得到对方的回应,那么这种交往关系将能继续发展下去,因此,双方需求没有满足的人际关系是不能长久的。

人际交往的互利原则不仅仅包括精神上的满足,还包括物质上的互利,在这两方面都讲求奉献和索取。精神上的互利如思想上的沟通交流,从而形成相同的价值观、社会观、人生观;通过沟通交流加深同学间的相互了解进而消除隔阂、解除误会,在关心和帮助别人的同时也提升和锻炼了自己,进一步促进了同学间的团结友爱。然而,在社会主义市场经济高速发展的今天,由于受到各种社会因素的影响和利益的驱动,人们将权衡左右选择对自己有利的交往对象,获取对自己更有利的信息,但是过分地强调利益的人际交往注定是要失败的。因此,大学生在人际交往过程中,一定要处理好奉献与索取的关系,一方面要有奉献精神,要与人为善,不怕吃亏,乐于助人,要大度,古语讲:"有容乃大,无欲则刚。"与同学相处的过程中要学会宽容大度、容忍谦让,宽容能化解交往过程中产生的矛盾和误会,这样既维护了团结和睦,又避免了相互伤害。另一方面,在奉献的同时也要学会索取,要善于求助于人,在遇到困难和难题需要帮助的时候,应该主动地向同学或朋友提出请求,别人帮助你克服了困难,解决了难题,他同样也会感到快乐和开心,这更进一步促进了双方的情感交流。

3. 适度原则

大学生在人际交往过程中对"度"的把握尤为重要。这个"度"主要包括对时间、程度以及与异性交往的适度的把握。

首先是交往的时间要适度。在人的社会性需要中,除了交往以外,还有工作、学习、社会生活和家庭生活等内容。当然,必要的、良好的交往有利于各方面工作的开展,但更应该看到,两者在时间和精力上存在着冲突,因此,在时间分配、精力的投入上需要把握合适的"度"。对于大学生而言,目前主要任务是学习科学文化知识,这个学习的过程需要投入大量的时间和精力,如果因过于强调交往的重要性而投入过多的时间和精力,将会影响大学生的首要任务。没有坚实的科学文化知识作为基础,再强的人际交往能力也将会成为空谈。

其次是交往的程度要适当。每一位大学生都希望自己能有良好的人际交往能力,然而良好的人际关系、和谐的人际交往环境,是在学习、工作和生活中自然而然地形成和发展起来的。常言道"距离产生美",交往双方在交往之初,需要更多的时间空间进行了解,在确保对方和自己是否志趣相投以前,最好保持一定的距离,把握一定的交往频率,不刻意追求,也不必稍微有一点冲突就势不两立,把握好交往的度,使得在今后的人际关系的发展上能够进退自如,既不伤害他人也不委屈自己。

最后是与异性交往要适度。大学生处于青年中期,生理发育基本完成,他们总是以直接或者间接的方式去接近异性,以引起异性的注意。男女大学生通过正常的交往活动,能够增进相互之间的认识和了解,有助于大学生的自我认识和自我完善,也有助于大学生健康性心理的形成和人格的发展。然而有些大学生在不良心理因素的作用下,与异性交往存在很大的障碍,这将带来极大的心理困惑;那些过度沉迷于不成熟的恋情的部分大学生,将会给他们自己的学习和生活带来不良影响。

4. 坦诚原则

坦诚是处理人与社会、人与人之间相互关系的基本准则,是大学生人际交往的前提。在人际交往的过程中,只有真心诚意地对待他人,才会获得更多真正的朋友,建立起良好的人际关系。前国务院副总理吴仪,在担任外经贸部部长的时候,被一名外国记者问到一个尴尬的问题:"请问尊敬的吴仪部长,为何您至今仍是单身?"当人们还在猜测我们的部长是会避实就虚、含糊了事,或是表示无可奉告的时候,却听到吴仪出人意料的回答。她说:"我不信奉独身主义。之所以至今单身,和年轻时的片面认识有关。一是受文学作品的影响,心里有个标准的男子汉的形象,而这种人在现实生活中却不存在;二是总觉得要先立业后成家,而这个业总觉得没有立起来。然后就是在山沟里一待就是 20 年,接触范围有限。等走出山沟的时候,年龄也大了,工作也忙,就只好算了吧。"这一席坦诚的话语不仅使众人吃惊,更赢得了众人的尊重和敬仰。也正是这种坦诚直率的风格,使吴仪成了对外贸易谈判中的杰出女性。

当然,坦诚必须是建立在讲信用的基础上的。讲信用是一种高尚的情操和品质,它既是对他人的尊重,也是对自己的肯定。而虚伪却是人际交往中的一大弊病,妨碍了人与人之间的正常交流与沟通,必定会失去他人的信任与理解,最终会失去朋友。因此,大学生在与人交往中,应该坦诚相待,讲信用,用实际行动从心底感动他人,最终必定能获得他人的尊重与信任。坦诚不仅能提升个人的光辉形象,还能给他人一种安全感,建立起深厚友谊和融洽的人际关系;同时,也增强了自己在人际交往中的自信心。

5. 宽容原则

人际交往中往往会产生误解和矛盾,一个人总是以敌视的眼光看人,对周围的一切充满戒备和防范,处处提防、时时猜疑,必然会因为强烈的孤独感和失落感而陷于痛苦和郁闷之中。

小李从北方来到南方一所省城的大学读书,临行前在一家企业做人事主管的父亲反复告诫儿子,在大学里首先要和寝室的同学相处愉快,大学四年心里才有归属感。

进校后,小李时刻告诉自己,父亲的话肯定有一定的道理,但是由于与一位南方的同学在对爱情的看法上相差甚远,经常斗嘴,导致彼此不服气,互相看不顺眼,矛盾时有发生。而那位南方同学,用小李的话说是比自己更会处理人际关系,到最后同寝室的其他同学都站在了小李的对立面,他与寝室同学的关系开始变得紧张起来,其他人都不理解甚至奚落他。小李对他们也充满怨恨和不信任,进而猜疑和反感,只要有两位同学当着他的面嘀咕几句,他就认为他们在说自己的坏话,心里十分苦闷;而那位南方同学却好像整天都过得很开心、很快乐。看到这一切,小李感到无能为力的同时又很伤心,心胸开始变得十分狭窄,一度产生了退学的念头。

对于生活在大集体中的大学生,他们来自天南地北、五湖四海,性格、习惯、生活方式等方面各有不同,在与人相处、与人交往的过程中,要学会理解和尊重他人的个性特征、生活习惯和处事方式,不将自己的想法强加于人,做一个肯理解、容忍他人优缺点的人,才会更加受欢迎。要站在他人的立场想问题,在看到别人的优点和长处的同时,也要多关注自己的缺点和不足;结交朋友的时候,不仅要寻找与自己性格相近的,更应该结交那些与自己性格相异的人。只有这样,才能相互学习、互补长短,不断地完善和提高自己。

问题讨论

1. 大学生人际关系的特点有哪些?
2. 与别人建立良好的人际关系就是学会讨好别人、迎合别人吗?

课堂演练

测试你的人际交往沟通能力

根据自己的实际情况,认真考虑下列问题,从所给的备选答案中选出最符合自己的一项。

1. 每到一个新的场合,我对那里原来不认识的人,总是:

A. 能很快记住他们的姓名,并成为朋友

B. 尽管也想记住他们的姓名并成为朋友,但很难做到

C. 喜欢一个人消磨时光,不大想结交朋友,因此不注意他们的姓名

2. 我打算结识人、交朋友的动机是:

A. 我认为朋友能使我生活愉快

B. 朋友们喜欢我

C. 能帮助我解决问题

3. 你和朋友交往时持续的时间多是:

A. 很久,时有来往

B. 有长有短

C. 根据情况变化,不断弃旧更新

4. 你对曾在精神上、物质上等诸多方面帮助过你的朋友总是:

A. 感激在心,永世不忘,并时常向朋友提及此事

B. 认为朋友间互相帮助是应该的,不必客气

C. 事过境迁,抛在脑后

5. 我在生活中发生困难或不幸的时候：

A. 了解我情况的朋友,几乎都曾安慰、帮助我

B. 只有那些很知己的朋友来安慰、帮助我

C. 几乎没有朋友登门

6. 你和那些气质、性格、生活方式不同的人相处的时候总是：

A. 适应比较慢

B. 几乎很难适应或不能适应

C. 能很快适应

7. 对那些异性朋友、同学,我：

A. 只是在十分必要的情况下才会接近他们

B. 几乎和他们没有交往

C. 能同他们接近,并正常交往

8. 你对朋友、同学们的劝告、批评总是：

A. 能接受一部分

B. 难以接受

C. 很乐意接受

9. 在对待朋友的生活、工作等诸多方面,我喜欢：

A. 只赞扬他(她)的优点

B. 只批评他(她)的缺点

C. 因为是朋友,所以既要赞扬他的优点,也要指出不足或批评他的缺点

10. 在我情绪不好、工作很忙的时候,朋友请求我帮他(她),我会：

A. 找个借口推辞

B. 表现出不耐烦,断然拒绝

C. 表示有兴趣,尽力而为

11. 我在穿针引线编织自己的人际网络时,只希望把这些人编入：

A. 上司、有权势者

B. 诚实、心地善良者

C. 与自己社会地位相同或低于自己的人

12. 当我在生活、工作中遇到困难的时候,我：

A. 向来不求助于人,即使无能为力也是如此

B. 很少求助于人,只有确实无能为力时,才请朋友帮助

C. 事无巨细,都喜欢向朋友求助

13. 你结交朋友的途径通常是：

A. 通过朋友介绍

B. 在各种场合中的接触

C. 只是经过较长时间相处了解而结交

14. 如果你的朋友做了一件使你不愉快的事,你:

A. 以牙还牙也回敬一下

B. 宽容、原谅

C. 敬而远之

题号	A:B:C	题号	A:B:C
1	1:3:5	9	3:5:1
2	1:3:5	10	3:5:1
3	1:3:5	11	5:1:3
4	1:3:5	12	5:1:3
5	1:3:5	13	5:1:3
6	3:5:1	14	5:1:3
7	3:5:1		
8	3:5:1		

得分为 15~29 分:人际交往能力强。

得分为 30~57 分:人际交往能力一般。

得分为 58~75 分:人际交往能力较差。

知识链接

据英国《每日邮报》2012 年 1 月 28 日报道,发表于《美国科学院院刊》的研究报告指出,人际关系对身体健康的影响不容小视,特别是在心脏病、高血压、癌症的发病率上,其作用甚至不亚于饮食和休息。

美国加州大学洛杉矶分校医学院科学家进行的这项新研究发现,人际关系处不好可能导致身体严重恶化,进而引发一系列的疾病,如心脏病、高血压、癌症等。研究人员通过对 122 名健康的年轻人进行跟踪观察研究,并根据他们的日记来判断其心情状态和周边人际关系后发现,保持积极向上的心态,与周围人能良好相处且没有竞争关系的状态,更容易让人保持身体健康,避免生病。

资料来源:甄祥.人际关系不好导致心脏病[N].生命时报,2012-02-03.

本章小结

人是一种天然的社会性动物,人的社会性决定了人与人之间必然存在社会交往活动,在这种交往活动中形成了人际关系。在现代社会中,人际关系已成为一种开放性的多维网络结构,每个人都置身于各种各样的关系网络中,人际关系已成为人们普遍关注的一个重要问题。

我们不仅需要拥有健全的体魄、健康的心理,而且还要拥有相互尊重、友爱平等的和谐人际关系。人际交往作为大学生生活的基本内容之一,同学之间、师生之间、老乡之间、室友之间、个人与班级以及学校之间等错综复杂的社会交往,构成了大学生人际交往的网络系统。

良好的人际关系是大学生们心理正常发展、保持个性健康和具有安全感、归属感、幸福感的必然要求。每个人生命的主宰其实就是自己,关键是你要有所改变,要有强烈成功的愿望,针对自己人际交往中存在的问题,结合自己的个性特点,以积极的态度和行为对待人际交往,一定会找到合适的方法培养自己的人际交往能力,逐渐学会交往,建立和谐的人际关系,最终走向成功的大道。本章在对人际关系的概念、特点、人际关系与人际沟通关系、大学生人际关系的特点等相关问题的论述上,重点阐述了唯有建立在爱的基础上的关系才会长久,目的在于引导大学生在人际交往和沟通过程中,不断地学习什么是爱?如何去爱?用爱去包容万物,和谐身心,构建良好的人际关系。

作　业

请根据你自己的理解完成下面的表格。

请列出你平时生活中遇到的人际不和谐现象
1.
2.
3.
4.
⋮
如何构建和谐的人际关系
1.
2.
3.
4.
⋮

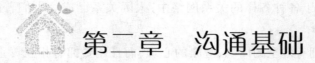

第二章 沟通基础

第一节 沟通的含义与类型

【引言】

渴望有意义的独处时间绝不是神经症;相反,没有能力创造独处时间其本身就是一种神经症的征兆。

——凯伦·霍尼

无论你做了什么,也无论你在哪里做的,只要做了,你就会为你的一生创造更多的机遇。

——拿破仑·希尔

所谓以礼待人,即用你喜欢别人对待你的方式对待别人。

——查斯特菲尔德

案例故事1

明朝开国皇帝朱元璋幼时曾在皇觉寺为僧,当时在寺内墙上涂抹过一些打油诗以消遣时日。他后来做了皇帝,怀旧之心顿生。他想起在皇觉寺为僧的那些日子,想看看那些打油诗还在不在,于是,驾幸皇觉寺。

朱元璋进入寺内,一言不发,四处寻找。方丈摸不着头脑,急忙启奏道:"圣上,您找啥?"

朱元璋气呼呼地说:"找啥? 找诗呀,朕当年题的那些诗呢?"

方丈方知大祸临头,"扑通"一声跪下道:"老僧该死! 老僧该死! 诗没了,我有罪!"

好在昔日这位方丈待朱元璋不错,朱元璋念及这一点,说:"朕念你当年对朕不错,免了你的死罪。"

"不过,"朱元璋厉声问道,"朕的那些诗你为什么不保护好呢?"

这时方丈稍稍安下心,答道:"圣上题诗不敢留。"

朱元璋奇怪:"为什么?"

方丈不慌不忙答道:"诗题壁上鬼神愁。"

朱元璋又问:"那你把它擦了?"

方丈奏道:"谨将法水轻轻洗。"

朱元璋追问:"一点痕迹也没留下?"

方丈又奏道:"犹有龙光射斗牛。"

"好！好！不敢留就不留吧。"朱元璋终于转怒为喜，笑逐颜开。他厚赐了寺僧而返。

案例讨论：

1. 为什么方丈能化险为夷？

2. 从这个故事中，你有什么样的感悟？

一、人际关系与沟通

人的社会性决定了人与人之间必须沟通和交流信息，从而达到生存、交往、合作和创造的目的，推动社会的不断进步和发展。沟通是形成人际关系的手段，但沟通不是与生俱来的一种本能，而是一种能力，是可以在学习和工作实践中通过培养和训练而不断提高的。在现代社会，人们每天都在进行信息沟通，沟通已成为人们社会生活中的一个重要组成部分。有效的沟通有助于我们保持和改善相互关系，有助于给我们带来事业的成功和生活的快乐。

沟通的含义

美国优秀的芝加哥公牛队的"飞人"乔丹与"圣斗士"皮蓬曾说："我们俩在场上的沟通相当重要，我们相互从对方的眼神、手势、表情中获得对方的意图，于是，我们传、切、突破、得分；但是，如果我们失去沟通，那么，公牛队的末日就来临了。"两位球星之间所发生的这一切，正是沟通活动。

沟通的研究始于美国 20 世纪 30—40 年代，70 年代末传入我国，最初沟通是指信息的传递和交流。在现代意义上，沟通是指信息发送者凭借一定的渠道（媒介），将信息发送给既定对象（接收者），以寻求反馈从而达到相互理解的过程。沟通的结果不但使双方相互影响，而且还能使双方建立起一定的关系。

沟通有三种形式，即通信工具间的信息交流，人与机器间的信息交流以及人与人之间的信息交流。本书所指的沟通是最后一种，即人与人之间的信息交流，这是沟通中最重要的一种，它使观念、思想、情感和技能在个人或群体间传播，使人类在社会生活中能有效发挥作用，建立和维持工作生活中的相互关系。

1. 沟通是人类的一项基本活动

（1）人类是需要沟通的。沟通是形成人际关系的手段。人们通过沟通与周围的社会环境相联系，而社会又是由人们互相沟通所维持的关系组成的网。沟通就像血液流经人的心血管系统一样流过社会系统，为整个有机体服务。因此，沟通是一项自然而然的、必需的、无所不在的活动。

（2）沟通的主体是人。但沟通不是人类所特有的现象。人类社会以外的自然界也存在沟通，在动物界中也存在信息沟通现象。

2. 沟通是一门科学

沟通与传播学相联系，是海外学者于 20 世纪 70 年代末 80 年代初引入中国的。

（1）沟通的渊源。作为传播学的核心概念，原译自英语 Communicate，从翻译角度又可译为传达、传染、通信、交换、交流、交通、交际、交往、沟通等。国内一般有三种译法,即交流、沟通、传播。本书将以沟通作为学科的中心术语,同时以传播、交流、交际、交往作为表述的近义词语。

（2）沟通的学科定义。据不完全统计,沟通的定义迄今有150多个。具有代表性的大致有以下四种:

①共享说,强调沟通是传者与受者对信息的分享。如美国著名传播学家施拉姆认为:"我们在沟通的时候,是努力想同谁确立'共同'的东西,即我们努力想'共享'信息、思想或态度。"

②交流说,强调沟通是有来有往的、双向的活动。如美国学者霍本认为:"沟通即用语言交流思想。"

③影响（劝服）说,强调沟通是传者欲对受者（通过劝服）施加影响的行为。如美国学者露西和彼得森认为:"沟通这一概念,包含人与人之间相互影响的全部过程。"

④符号（信息）说,强调沟通是符号（或信息）的流动。如美国学者贝雷尔森认为:"所谓沟通,即通过大众传播和人际沟通的主要媒介所进行的符号的传送。"

二、沟通的基本要素

沟通过程主要由七种基本要素组成,包括信息背景、信息发送者、信息、信息接收者、渠道（媒介）、反馈和环境等。

（一）信息背景

信息背景指引发沟通的原因。一个信息的产生,常受信息发送者过去的体验、对当前环境的感受和对未来的预期等影响,这就是信息的背景因素。而这些背景可能是清晰的,也可能是模糊的。因此,在了解信息时,应考虑背景因素,以帮助理解信息的表面和背景的完整含义。

（二）信息发送者

沟通过程中发送信息的主体,包含个人和团体,这也是信息的来源。

（三）信息

信息指信息发送者所要传达的观念、思想、意见、情感等具体内容。没有信息的材料不需要媒介去传达,也不需要信息接收者接收。因此,信息是沟通活动的最基本要素。所有的沟通信息都是由语言和非语言行为传递的内容。

（四）信息接收者

信息接收者指接收信息的对象,可以是个人或团体,其接收信息后,必须解释信息的含义才能理解其意思。信息接收者的情绪、经历、知识水平、能力等背景的不同,对于所接收的信息也会有不同的理解。若信息发送者与接收者的理解或解释正好相同,说明沟通是成功的。

（五）渠道（媒介）

渠道指完成信息传递的途径，是连接信息发送者和接收者的桥梁。不同的信息内容在不同的沟通形式中可能有不同的传递渠道。如在面对面的沟通中，信息传递渠道主要是五官的感觉（包括视觉、听觉、味觉、嗅觉、触觉等），如护士将手放在患者额头或手上，就是将关心、同情和安慰等信息通过触觉传递给患者。大众传播媒介则以电视、电影、CD机、网络、收音机、广播、书籍、报刊和电话等为渠道。一些非语言的信息还可以通过信息发送者的表情、手势、服饰、姿态等渠道传递。在沟通过程中，信息往往是由多种渠道传播的。

（六）反馈

反馈指信息接收者将信息加工转化为结果，再将结果回传给信息发送者的过程，也可理解为信息接收者对信息发送者的反应。反馈使得沟通成为一个交互过程，它告诉信息发送者信息接收者接收和理解每个信息的状态与反应。沟通过程中信息发送者要随时注意反馈，并了解他人是否领会和理解每个信息传达的准确意义，根据反馈情况不断调整发出的信息，以达到有效的沟通效果。

在面对面的沟通环境下，反馈的发生更直接和迅速。在科技发达、沟通手段先进的当今社会，虽然电话（手机）、传真、互联网等越来越多地成为人们交流的方式，促进了沟通，但也相对减少了人们直接面对面沟通的环境，使反馈部分被削弱了。因此，我们不能忽视在工作生活中与人直接相处的沟通机会。

（七）环境

环境指沟通发生的场所和周围条件，如食堂、教室、寝室等。环境条件会对沟通产生重要影响。一般正式的沟通只适合在正式的环境中进行，如礼堂适合于表演或演讲，但不适宜交谈，另外，当环境变化时沟通大多也应该发生改变。如在人很多的教室或食堂可能不适合交谈隐私问题，而改在单独环境里才有可能得到良好的反馈。当周围的环境过于嘈杂、温度过高或过低、沟通双方的情绪不稳定或思想不集中、双方观念不同或带有偏见也会影响或干扰沟通的正常进行。

课堂演练

1. 请以 Communication 为关键词，搜索相关资讯。

2. "沟通"与"交流"一起使用，即"沟通与交流"有没有不妥之处？为什么？

3. 沟通能力测试：

下面 20 个问题，你能迅速判定并作出反应吗？请按照你的实际情况，在 5 个等级中选择相应的分值："总是"1 分，"经常"2 分，"不确定"3 分，"偶尔"4 分，"从不"5 分，填入括号内。

（1）能自如地用语言表达情感。　　　　　　　　　　　　　　　　　　（　　）

（2）能自如地用非语言表达情感。　　　　　　　　　　　　　　　　　（　　）

（3）在表达情感时，能选择准确恰当的词汇。　　　　　（　　）

（4）他人能准确地理解自己使用语言和非语言所要表达的意思。（　　）

（5）能很好地识别他人的情感。　　　　　　　　　　　（　　）

（6）能在一位自闭的朋友面前轻松自如地谈论自己的情况。（　　）

（7）对他人寄予深厚的情感。　　　　　　　　　　　　（　　）

（8）他人对自己寄予深厚的情感。　　　　　　　　　　（　　）

（9）不会盲目地暴露自己的秘密。　　　　　　　　　　（　　）

（10）能与自己观念不同的人沟通情感。　　　　　　　（　　）

（11）持有不同观念的人愿意与自己沟通情感。　　　　（　　）

（12）他人乐于对自己诉说不幸。　　　　　　　　　　（　　）

（13）轻易评价他人。　　　　　　　　　　　　　　　（　　）

（14）明白自己在沟通中的不良习惯。　　　　　　　　（　　）

（15）与人讨论，善于倾听他人的意见，且不强加于人。（　　）

（16）与人争执，但能克制自己。　　　　　　　　　　（　　）

（17）能通过工作来排遣自己的心烦意乱。　　　　　　（　　）

（18）面对他人请教的问题，能告诉他该做什么。　　　（　　）

（19）对某件事持异议，能说出这件事的后果。　　　　（　　）

（20）乐于公开自己的新观念、新技术。　　　　　　　（　　）

说明：得分越低，说明沟通能力越强；得分越高，沟通能力则越弱。如果总得分在 25 分以下，说明沟通能力强。

知识链接1

美国护理专家罗杰斯1986年的研究表明，单纯听过的内容可记住5%，见到的内容可记住30%，讨论过的内容可记住50%，动手做的事情可记住75%，教别人做的事情可记住90%。启示：在人与人的沟通过程中，信息发送者应尽可能使用多种沟通渠道，使信息接收者能更多、更好、更快地接收和理解这些信息，从而促进有效的沟通。

三、沟通的类型

沟通的过程是动态的，且形式多样，我们可以根据不同的标准将沟通划分为以下五种不同的类型。

（一）语言沟通和非语言沟通

根据沟通所用的不同符号系统，将沟通分为语言沟通和非语言沟通。

1. 语言沟通

语言沟通是指用语言符号实现的沟通。语言是人类社会中客观存在的现象，不仅是人际交流中最有效和最便捷的媒介,也是与他人共享文化经验的重要工具,它使人与人的沟通可以超越时空的限制。

语言有口语与文字两种形式。现代电子科技十分发达,越来越多的人选择电子媒介沟通。在语言沟通中,我们可以将工具信息传递的方式分为口头语言沟通、书面语言沟通和电子媒体沟通三种形式。

(1)口头语言沟通。第一,口头语言多属面对面的沟通,因情感最容易交流而让人感到比较亲切,且反馈及时、直接,若配合表情、服饰、姿态等非语言沟通方式则更有利于双向沟通。

第二,口头语言沟通相当于书面语言沟通,沟通更灵活、便捷,弹性更大,时间上可长可短,内容上可深可浅。

第三,在信息传达过程中,借助口头语言传达的意义损失最少。语言和它本身所包含的意义是联系在一起的,在说和听的传递过程中,接收者可及时完整地理解发送者的语言意义,但可能难以马上理解或只能部分理解,这说明语言本身的意义在沟通过程中的损失,这种损失是不可避免的,它与沟通双方的条件有关。但口头语言沟通有及时补充、当场纠正的机会,因此,语言本身意义的损失是最少的。

如果信息发送者预先备稿,信息接收者通过做笔记或进行录音可使信息可靠,并且还可作为法律或相关依据予以保留。

(2)书面语言沟通。书面语言沟通是借助于书面文字或符号材料实现的沟通,它包括阅读和写作等一切传递、接收书面文字或符号的手段,如记录、书信、通知、布告、协议、专业文书等。书面语言沟通不受时空的限制,具有便于修改、有形展示、法律保护、长期保存等优点。把东西写下来,可以促使人们对自己要表达的东西更加认真地思考。因此,书面沟通显得更加严密,逻辑性强,条理清晰。书面语言在正式发表之前进行了反复修改,减少了情绪、他人的观点等因素对信息传达的影响,使作者欲表达的信息能够被充分理解,并按各自的需要将信息加以编码、储存和提取。

书面语言沟通也有自己的不足。相对于口头语言沟通而言,其消耗时间较长,同等时间内,口头语言沟通比书面语言沟通所表达的信息要多许多。据统计,花一个小时写出来的书面文字只需 15 分钟就可以说完。书面语言沟通的另一个不足是不能及时提供信息反馈,无法确保发送者所发出的信息是否收到,信息是否得以正确理解。

(3)电子媒体沟通。电子媒体沟通是通过电子媒介进行的沟通,它包括电话(手机)、电子邮件、网络沟通(QQ、MSN)等。一般认为此沟通方式既不算口头语言沟通,也不完全属于书面语言沟通,其中电话沟通偏向于后者,网络沟通则介于两种沟通方式之间。网络沟通因为可以化名或匿名,所以具有隐秘性,甚至可能具有不真实性。

2.非语言沟通

非语言沟通是指借助非语言符号(如表情、手势、仪态、人体触摸、空间距离及非语言的声音等)实现的沟通。非语言沟通有三种方式:第一种是通过动态无声的目光、表情、手势等实现沟通;第二种是通过静态无声的身体姿势、空间距离及衣着等实现沟通,这两种非语言沟通统称身体语言沟通;第三种是通过声音,如重音、声调的变化、哭、笑、停顿等来实现的。在面对面的沟通过程中,约有65%的信息是靠非语言沟通来完成的。

人际沟通中的身体姿态、手势、面部表情、声音与语调等非语言的交流符号,可加强扩大语言性的信息,在特定的情境下可以具体表达语言之外的思想、情感或其他信息,其作用不容忽视。如学生干部在与同学的沟通中,如果他的仪表、身体姿势、眼神、面部表情、语调等运用得当,将能有效强化自身的特点,使对方产生亲切感、依赖感与安全感,能够积极配合其工作,从而达到预期的目的。因此,在人际沟通中,应当重视语言沟通,但也不可忽视非语言的积极作用。

(二)正式沟通和非正式沟通

按照沟通与组织系统的关系,可以把沟通分为正式沟通和非正式沟通。

正式沟通是指在一定的组织系统中通过明文规定的渠道,进行信息的传递与交流。如大学生在校期间参加的全体学生大会,工作后主管传达上级会议精神、职员向上级汇报工作、部门之间的工作往来等。正式沟通的特点是沟通渠道相对固定、信息传递准确,但传递速度相对较慢。正式沟通中,常存在典型的"面具效应",即人们的行为被掩饰,行为举止变得更加符合社会规范。

知识链接2

1967年8月23日,科马洛夫一个人驾驶"联盟一号"宇宙飞船,经过一天一宿的太空飞行之后,圆满地完成了任务,胜利返航。

此刻全国的电视观众都在收看宇宙飞船的返航实况,科马洛夫的母亲、妻子、女儿和几千名各界人士,也都在飞船着陆基地等待迎接这位航天勇士。但是当宇宙飞船返回大气层后,需要打开降落伞以减慢飞船速度时,科马洛夫突然发现无论用什么办法也打不开降落伞了。

面对这一突发事故,地面指挥中心的工作人员焦灼异常,他们采取了一切可能的救助措施,想帮助他排除故障,但都无济于事。

地面指挥中心马上向中央请示,中央领导研究后,同意向全国公民公布实况。当时最著名的播音员以沉重的语调宣布:"联盟一号"宇宙飞船由于无法排除故障,不能减速,两个小时后将在着陆基地附近坠毁,我们将目睹民族英雄科马洛夫殉难。

举国上下都被这则消息震撼了,沉浸在巨大悲痛之中的亿万颗心,无不焦虑地关注着科马洛夫和他的亲人。指挥中心的工作人员更是珍惜这剩下的两个小时。他们把科马洛夫的亲人请到指挥台,让他们在这最后的两个小时里和屏幕中的科马洛夫在一起。指挥中心首长与科马洛夫通话:"科马洛夫同志,看见你的亲人了吗?请和他们讲话。"科马洛夫看见了自己年迈的母亲,看见了妻子、女儿。他显得很激动,但他还是控制住自己说:"首长,属于我的时间不多了,我想先把这次飞行探险情况向您报告,这是比生命更重要的东西。"和科马洛夫通话的首长激动得热泪盈眶,他哽咽着说:"谢谢你,录音已经准备好了,请讲吧。"科马洛夫点点头开始了急促却坦然的讲述,因为他讲述的内容关系到国家机密,指挥中心暂时关掉了电视直播的录音传递,全国电视观众只能通过屏幕观看他的形象。

时间一分一秒地过去了,科马洛夫的生命也在分分秒秒中消逝。包括苏联最高领导人在内的几亿人的心,不由得加剧了跳动。人们的紧张情绪,已经超过了当年希特勒进攻苏联时的程度。而被举国关注的科马洛夫却目光镇静,就像坐在办公室里正常工作一样,神色是那样认真,态度是那样从容。汇报用了整整70分钟。科马洛夫汇报完了,声音开关被打开,国家领导人第一个接过话筒,他很想讲得快点,好把时间留给科马洛夫的亲人,可他嗓子里仿佛塞着一团东西,怎么也讲不快。他说:"尊敬的弗拉迪米尔·科马洛夫同志,我代表最高苏维埃向你宣布——你是苏联的英雄,人民的好儿子!人民永远怀念你,广袤的太空永远记住你!你是人民的骄傲!科马洛夫同志,你还有什么要求请告诉我,我会帮你的。"

科马洛夫眼含热泪:"谢谢!谢谢最高苏维埃授予我这个光荣的称号!我是一名宇航员,为宇航事业献身是神圣的,我无怨无悔!"

领导人还能说什么,他把话筒默默地递给科马洛夫的母亲。世界上最残酷的事情莫过于母亲眼看着自己的儿子死去。此时科马洛夫满头白发的母亲,心像刀扎似的疼痛:"儿子,我的好儿子,你……"她有太多的话要说,却不知先说什么好。科马洛夫脸上露出了笑容:"妈妈,您的图像我看得非常清楚,每一根白发都能看清,您能看清我吗?"

"能。看得很清,儿啊,妈妈一切都很好,你放心吧!"此时泪水已经把她的双眼给蒙住了。老太太把话筒交给儿媳妇——科马洛夫的妻子。科马洛夫给妻子送了一个调皮而又深情的飞吻。妻子拿着话筒刚说:"亲爱的,我好想你!"就泪如雨下,再也说不出话来。

科马洛夫也很动情,他稳定了一下情绪,然后脱下宇航服,又拿出一支金笔对妻子说:"亲爱的,这支金笔随我飞入太空,是我珍贵的东西,我用宇航服把它包好,待会儿的大爆炸,不会对它造成损伤的。请你把它转赠给你未来的丈夫。我想我不会下地狱,我会在天堂里祝你们幸福。"如诉如泣的语调,包含了科马洛夫对妻子的爱,对生活的爱,屏幕前的人全落泪了。

科马洛夫的女儿接过话筒:"爸爸!我的好爸爸!"孩子已经泣不成声。看到12岁的女儿,科马洛夫的眼睛里骤然飘过一片阴云:"女儿,你不要哭。""我不哭,爸爸,你是苏联英雄。我只想告诉你,英雄的女儿,是会像英雄那样生活的!"

坚强的科马洛夫这时禁不住落泪了:"好孩子,记住这一天,以后每年的这个日子,到坟前献一朵花,和爸爸谈谈学习情况。好女儿,爸爸就要走了,告诉爸爸你长大了想干什么?"

"像爸爸一样,当宇航员!"

科马洛夫又一次落泪了:"你真好,可是我要告诉你,也告诉全国的小朋友,请你们学习时,认真对待每一个小数点,每一个标点符号。'联盟一号'今天发生的一切,就因为在地面做检查时,忽略了一个小数点,这场悲剧,也可以叫作对一个小数点的疏忽。同学们记住它吧!"

科马洛夫讲到这里,看了看表还有7分钟。他毅然地和女儿挥挥手,面向全国的电视观众:"同胞们,请允许我在这太空中与你们告别……再见了!"

"等一等!"一位青年发疯一般冲进指挥台,抢过了话筒:"科马洛夫同志,请让我与你说一分钟的话!科马洛夫,我是你的情敌,是你情人的丈夫。一个小时前,我发誓要杀死你。现在我明白了,她为什么会爱你,你是最崇高、最伟大的男子汉!就让她爱你吧!我也爱你!全苏联人都爱你!全世界的人都爱你!"

科马洛夫这时太激动了:"谢谢啦!全国全世界的同胞们,我也爱你们!正因为我们的生活充满了爱,上帝才这样爱我,让我从千万里的高空飞向大地,在火与光的歌声里获得新生。同胞们,请与我一起喊——人民万岁!科学万岁!"

科马洛夫向人们亲切地挥挥手:"我已经看见大地了,大地很美。如果上帝让我转世投胎,我还要当宇航员,我和女儿一起重上太空。因为太空很有意思,很好玩,真的,太空很好玩……"轰隆——一声爆炸,整个苏联一片寂静。人们纷纷走上街头,向着飞船坠毁的方向默默地哀悼,哀悼……

——选自《悲壮的两小时》

请分别找出科马洛夫与亲人诀别时沟通的语言和非语言的表现,体会沟通者的情感。

知识链接3

心理学研究发现,低音频与愉快、烦恼、悲伤的情绪相联系,而高音频则表示恐惧、惊奇或气氛。语言研究者迪保罗的研究还发现,鉴定别人说谎的最可靠线索就是声调。不老练的说谎者说谎时会低头或躲避别人的视线;老练的说谎者则可以有意识地控制这些慌乱行为,说谎时不仅不脸红、不低头,还能有意识地以安详的表情迎接别人的目光。但是,说谎时声调提高却是不自觉的,可以真实地透露说谎者言不由衷的心态。

启示:声调与人的情绪紧密相连,包括说谎。护士在临床工作中,有时需要说善意的谎言,例如对某些患恶性肿瘤的患者不直接告知真相等。

非正式沟通是指在正式组织系统以外进行的信息传递与交流,诸如人们私下交换意见、小群体私人聚会、议论某人某事、传播小道消息,都属于非正式沟通。其特点是沟通形式灵活、信息传播速度快,但准确性不一定高。沟通者对于语言和非语言的信息使用比较随便,其思想、动机、情感、态度和目的,也易在非正式沟通中展示出来,行为举止也要更接近本来面目。

（三）有意沟通与无意沟通

根据沟通的意识性是否明确,可将沟通分为有意沟通与无意沟通。

大多数情况下,沟通都具有一定的目的,这就是有意沟通。每一个沟通者,对自己沟通的目的都会有所意识。通常的谈话、打电话、写信、讲课,甚至闲聊,都是有意沟通。

无意沟通是在与人沟通时,并未意识到沟通的发生。无意沟通常不易为人所意识,如考试期间,路过教室的教师下意识放慢脚步,降低说话声音。显然这是教师与学生间有了互相影响和信息沟通,而这种沟通是在无意识中发生的。

（四）单向沟通与双向沟通

单向沟通是指在信息沟通时,一方只发送信息,另一方只接收信息,接收者不再向发送者反馈信息。如做报告、演讲、下达指示等。

双向沟通是指在信息沟通时发送者不仅要发出信息而且还要听取接收者对信息的反馈,发送与反馈可多次进行,直到双方有了共同的理解为止。如护士和患者之间进行病史采集、健康指导等沟通过程。

（五）上行沟通、下行沟通和平行沟通

按信息流动的方向,将沟通分为上行沟通、下行沟通和平行沟通。

上行沟通是指组织中职位较低者向职位较高者沟通,这种沟通有利于组织决策层了解组织内部运行情况及组织成员的意见,从而做出正确决策。

下行沟通是指组织中职位较高的成员主动向职位较低的成员沟通,包括上级把政策、工作目标、计划和任务等向下级传达的沟通。

平行沟通是组织或群体中的同级机构和成员间的横向沟通。这种沟通有利于调整组织成员间关系,并增进相互间的合作和友谊。如学生会各部门间的协作、志愿者的交接工作等。

在实际工作生活中,为了实现有效沟通,我们应从沟通的具体条件出发,把沟通的有效实现作为衡量标准来选择不同的沟通类型。应扬长避短把各种沟通类型巧妙地结合起来,共同发挥它们的积极作用。

四、沟通的过程

（一）沟通过程的规律描述

温德尔·约翰逊从心理学角度这样描述沟通过程:

①一个事件发生了……

②这一事件刺激 A 先生的眼、耳朵或其他感觉器官,造成……

③神经搏动到达 A 先生的大脑,又到他的肌肉和腺线,这样就产生了紧张,未有语言之前的“感觉”等,然后……

④然后,A 先生开始按照他惯用的语言表达方式把这些感觉变成字句,而且从“他考虑

到的"所有字句中……

⑤他"选择"或者抽象出某些字句,他以某种方式安排这些字句,然后……

⑥通过声波和光波,A 先生对 B 先生讲话。

⑦B 先生的眼和耳分别受到声波和光波的刺激,结果……

⑧神经搏动到达 B 先生的大脑,又从大脑到他的肌肉和腺线,产生紧张(张力)、未讲话之前的"感觉"等。

⑨接着 B 先生开始按照他惯用的语言表达方式把这些感觉变成字句,并且从"他考虑过的"所有字句中……

⑩他"选择",或抽象出某些词,他以某种方式安排这些字词,然后 B 先生相应地讲话,或做出行动,从而刺激了 A 先生或其他某人这样,传播过程就继续进行下去……

约翰逊美妙、简单的说明,目的在于描绘两个人在一起讲话时所发生的情况,包括两人小组、一个演讲会或一个讨论会,沟通的过程都是相同的。

(二)沟通过程图示

为了便于理解,请参照图 2.1 所示的沟通过程。

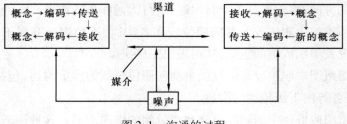

图 2.1　沟通的过程

五、沟通的模式

在传播学中,沟通的基本模式有多种,但没有一个是被普遍认同的。

(一)拉斯韦尔沟通模式

1. 基本内容

最早的模式是美国政治学家拉斯韦尔提出的 5W 模式(图 2.2):"描述沟通行为的一个方便的方法,是回答下列五个问题:谁,说了什么,通过什么渠道,对谁,取得了什么效果?"

图 2.2　拉斯韦尔沟通模式

相应的研究领域包括控制研究、内容分析、媒介分析、受众分析和效果分析。

2. 特点

该模式注重沟通效果,尽管简单,但至今仍是指导人们沟通过程的方便的综合性方法,也是一种线性沟通模式。

(二)申农—韦弗模式

1. 基本内容

数学家申农及助手韦弗于 1949 年提出自己的沟通模式(图2.3)。

2. 特点

该模式提出了噪声概念,表明发出的信息和接收者收到的信息并不总是相同的。

图 2.3　申农—韦弗模式(通信系统模型)

(三)施拉姆沟通模式

1. 基本内容

较为流行的人际沟通模式是奥斯古德·施拉姆提出的环形模式(图2.4)。发送者和接收者在编码、阐释、解码、传递、接收时,形成一种环形的、相互影响和不断反馈的过程。施拉姆提出了编码、解码、反馈概念;参加交流的人既是信息发送者又是信息接收者的双重角色;对信息的编码、解码构成了人们的交流。该模式更注意交流的过程,而不是交流的效果。

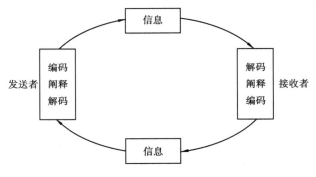

图 2.4　施拉姆沟通模式

2. 特点

这一沟通模式对人际沟通的情境更具有概括性和适应性,是一个宜于分析的人际沟通模式。

总之,这些代表性模式都有助于人们理解普通意义上的沟通,从中可以寻找出沟通的基本因素。

作业1

1. 沟通的基本要素是什么?它们是怎样相互联系的?

2.当你要传递一些信息给你的亲朋好友,可以写信,也可以与他们交谈,比较这两种方式的优缺点。

3.阅读下面的短文,就沟通方面谈谈你的看法。

第二次世界大战后期,日本的败局已定。1945 年 7 月 26 日《波茨坦公告》发表,日本当局一看盟方提出的投降条件比他们原先想象的要宽大得多,便高兴地决定把公告分发各报刊登载。7 月 28 日铃木首相接见新闻界人士,在会上公开表示他将"Mokusatsu"同盟国的最后通牒。可惜这个词选得太不好了。首相原意是说他的内阁准备对最后通牒"予以考虑",可是这个词还有一个意思,就是"置之不理"。事也凑巧,日本的对外广播机构恰恰选中了这个词的第二个意思并译成对应的英语词语"Take No Notice of"。此条消息一经播出,全世界都听到了日本已拒绝考虑最后通牒,而不是正在考虑接受。消息播出后,美方认为日本拒绝公告要求,便决定予以惩罚。

8 月 6 日,美军在广岛投下了威力巨大的原子弹。这真是一场灾难性差错——导致数万生灵涂炭!

4.去附近的社区或相关单位,就某项你关心的议题进行实地调查,亲身体验沟通。

六、沟通的能力与培养

(一)沟通能力及其必要性

人是社会的动物,社会是人与人相互作用的产物。马克思指出,"人是一切社会关系的总和""一个人的发展取决于和他直接或间接进行交往的其他一切人的发展"。因此,沟通能力是一个人生存与发展的必备能力,也是决定一个人成功的必要条件。

1.沟通能力的含义

一般来说,沟通能力指沟通者所具备的能胜任沟通工作的优良主观条件,包含思维能力、表达能力、争辩能力、倾听能力和设计能力(形象设计、动作设计、环境设计),是一个人的知识、能力和品德等综合素质的体现。

2.沟通能力的必要性

(1)职业工作需要沟通能力

各行各业,无论是会计、社会工作者、工程师,还是医生、护士、教师、推销员,沟通的技能非常重要。许多职业不但需要专业知识和技能,而且越来越需要与他人沟通的能力。

(2)社会活动需要沟通能力

人们在生活中每时每刻都离不开实践活动,总不免要与他人沟通。但是,沟通本身也不是一件非常容易的事。要向他人表达一个意思,始终说不清楚;要为他人办一件好事,但有可能弄巧成拙;本来想与他人解除原有的隔阂,但可能弄得更僵。所以说,现实的实践活动需要有一定的沟通能力。

（3）沟通也是个人身心健康的保证

与家人沟通，能使你享受天伦之乐；与恋人沟通，能使你品尝到爱情的甘甜；在孤独时，沟通会使你得到安慰；在忧愁时，沟通会使你得到快乐。英国著名文学家、哲学家培根有句名言："如果你把快乐告诉朋友，你将获得两个快乐；如果你把忧愁向朋友倾吐，你将被分担一半忧愁。"

案例故事2

（1）据1995年英文版《工商管理硕士就业指南》记载，经过对全球近千家企业的调查分析，在十项MBA才能指标中，最为重要的三种能力是分析判断能力、商业经营思想和良好的沟通能力。

（2）美国普林斯顿大学曾对1万份人事档案进行分析，结果发现，智慧、专业技术和经验只占成功的25%，其余75%取决于良好的人际沟通。

（3）哈佛大学就业指导小组1995年调查结果显示，在五百名被解雇的男女中，因人际沟通不良而导致工作不称职者达82%。

（4）日本企业之神、著名国际化电器企业松下电器公司的创始人松下幸之助有句名言："伟大的事业需要一颗真诚的心与人沟通。"松下幸之助正是凭借其良好的人际沟通艺术，驾轻就熟于各种职业、身份、地位的客户之中，赢得了他人的信赖和尊重，使松下电器成为全球电器行业的巨子。

（二）沟通能力的培养

1. 沟通缺陷的成因

青少年缺乏沟通实践，对沟通的惧怕、忧虑和不适应，会形成沟通缺陷的恶性循环（图2.5）。害怕沟通是心理现象，有可能是生理反应，但更主要的是由于自身缺乏沟通能力导致的；不愿意沟通是一种观念，可能是生活中的挫折等因素导致的，但害怕沟通是它存在的一个主要原因；很少沟通属于一种实践活动，主要受人们不愿意沟通的观念支配。很少沟通的结果必然是沟通能力低。因此，实践活动是最基本、最关键的因素，它不仅明显地影响着人们的沟通心理和沟通认识，而且直接制约着人们的沟通能力。

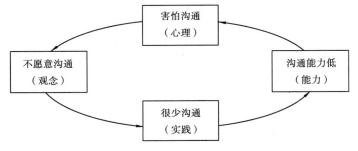

图2.5　沟通缺陷的恶性循环

2.提高沟通能力的途径

沟通能力不足不是某些人所独有的,良好的沟通能力也不是可望而不可即的。只要勇于实践、积极沟通,沟通能力就必然会提高。沟通能力的提高没有捷径。记住它,一分钟;理解它,一学期;实践它,一辈子。因为"听过、看过、做过,会理解得最好"!

课堂演练

请将"敢于沟通,坚持沟通,善于沟通,走向成功"题写在书的扉页,作为学习该门课程的座右铭。

作业2

1.你认为人际沟通课程与你的专业课程相比较,哪一个更重要? 为什么? 或者说,人际沟通能力与你的专业能力相比较,哪一个更重要? 为什么?

2.你是否也有过下面的困扰:

"当人们要求我站起来讲话时,我就感到很不自在,心里害怕极了,脑子也乱得像一锅粥,顿时无法清晰地思考,也不能集中注意力。我记不清自己说了些什么,也不知道下一句该说什么。我特别希望自己表达得更自信、更自然、更有感染力! 可是我越是希望如此,却越是达不到自己的要求。当众讲话成了我的噩梦,一听说要在会上发言我就会提前紧张,手心冒汗,非常痛苦……"

第二节 人际沟通的含义与类型

印度洋海啸的沟通问题

印度媒体 2004 年 12 月 30 日报道说,26 日印度洋发生大地震并引发海啸,印度军方很早便得到这一信息,但由于内部的沟通问题,当局未能迅速向沿海地区居民发出警报,以致延误了抗灾时机。据《印度快报》报道,印度空军 26 日早晨接到警报说,印度设在孟加拉湾卡尔尼科巴岛上的一个空军基地被海啸摧毁。当时,海啸距离印度本土还有数百千米。报道援引印度空军司令克里希纳斯瓦的话:"(当地时间)早晨 7 时 30 分,我们接到报告,在安达曼—尼科巴群岛附近发生了一次强烈地震。但(与安达曼—尼科巴群岛的)联系中断了,从卡尔尼科巴岛基地得到的最后信息是,那个岛已经被淹没,到处都是海水。"克里希纳斯瓦还说,当天上午 8:15,他让一位助手向国防部发出警报。然而,政府方面却没有与军方进行沟通。印度气象局于 26 日上午 8:45 发出一份警报传真,结果错发给了前人力资源开发、科技兼海洋发展部部长穆利·马诺哈尔·乔希,而不是现任部长。后来,印度气象局又在当天上午 9:45 给内政部发去了一份警告的传真。10:30,内政部将此事汇报内阁秘书处。而当时印度东南部沿海地区已经被巨浪践踏。直到当天下午 1:00,印度政府的主要应急机构才举行会议商讨这一问题。

人们在社会交往活动中,彼此需要传递思想、提供信息、说明需要、表达情感、传授知识和传播观点,需要倡导一定的思想、规范来帮助和鼓励对方作出某种决定,接受或转变某种行为,促使对方完成其所充当的社会角色和所承担的社会责任等,也就是说需要人与人之间的沟通。沟通是一种社会行为,也是人与人之间的复杂的联系过程,是人与人之间通过相互交往、相互作用和相互影响而建立人际关系的社会活动。有了这种沟通,人际关系才得以形成和发展。

一、人际沟通的概念

沟通可以是通信工具的信息交流,也可以是人与机器的信息交流,还可以是人与人之间的信息交流。所谓人际沟通是指最后一种,即人与人之间的信息交流和传递。人与人之间的信息交流和传递是在社会生活中人与人之间的联系过程。在这过程中,沟通双方不仅是单纯的信息交流,彼此间还传递着观念、思想、情感、态度和意见等,从而建立起一定的人际关系。

我们把人的观念、思想、情感态度等看作信息,把人与人之间的沟通看作信息交流的过程。一般而言,要实现人际沟通,必须具备以下三个条件:

(一)沟通双方或多方对交流信息理解的一致性

当彼此的共同点或相似点越多,他们对信息的理解就越有可能趋于一致;否则,信息的失真度就会增加。

(二)沟通的信息要适当,通道要畅通

要保证沟通的效果,应根据信息的性质选择最适当的信息通道。只有信息通道和信息构成恰当的搭配,才能取得相得益彰的效果。同时,沟通过程不能受主客观因素的干扰,否则同样难以保证信息的真实可靠。

(三)沟通双方或多方要有一定的沟通能力与技巧

人与人之间的沟通,除工作之需外,还有愉悦心智、获取精神安慰等心理功能。根据不同需要采取不同的沟通方式,可达到不同的沟通效果。

在现实生活中,许多误会和冲突通常源于缺乏人际沟通。良好的人际沟通能促进人们之间的相互了解,协调人们的社会生活,使我们在社会中有效发挥作用。

课堂演练

黛玉听说宝玉结婚的消息后病情日重,她就将作为自己和宝玉爱情见证的手帕与诗稿付之一炬。贾府上下忙于娶亲无暇顾及黛玉,还把她的丫鬟叫走使唤。黛玉在直声叫道"宝玉! 宝玉! 你好——"后便去世了。

请根据人际沟通内容和关系的原理,针对沟通的具体情境,诠释林黛玉的"宝玉! 宝玉! 你好——"传递了什么样的信息?

二、人际沟通的特征

（一）双向沟通

沟通双方相互依赖。如演讲者离不开听众,听众又离不开演讲者。沟通者既不是完全的单方依赖,也不是完全的独立,而是沟通双方参与相互间的沟通行为所构成的有机整体,是双向的互动过程。即在一个完全的沟通过程中,沟通参与者几乎同时充当着沟通者和接收者的双重角色,犹如乒乓运动。

（二）双重手段

在面对面的沟通中,不但使用语言而且也使用非语言,甚至非语言可能是人际沟通最主要的方式,例如情侣间的眉目传情,政敌间的紧紧握手。因为人际沟通并不限于传递观念、思想和情感的某一方面,而可能同时涉及这三个方面。即人际沟通不仅传递观念和思想,同时还传递着情感。当你毕业参加工作后,告诉客户方案要延期一周出来时,对方恳求你,希望你尽早完成方案。他表达的内容可能还不止这些:他的语调强调了内容的重要,他的手势、与你的距离、姿势和表情都是他发出的信息的一部分。因此,人际沟通具有双重手段的特点。图2.6勾勒出了沟通的分类。

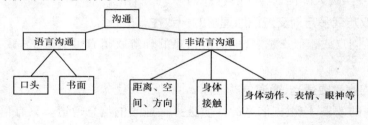

图2.6 沟通的分类

（三）互动性

互动性是人际沟通的一个重要特征,沟通双方参与相互间的信息交流,处于不断的相互作用和相互影响中,从而构成一个有机整体,是双向的互动理解和反馈过程。

（四）情境性

人们总是根据时间、地点、双方关系等不同的情形来选择不同的话题进行适当的沟通;另外,沟通者的性格、情绪、文化层次、宗教和信仰等也影响沟通行为,这就构成了人际沟通的情境。因此,在人际沟通时,我们应事先根据不同的情境来确定适当的沟通话题,以保证沟通的顺利进行并达到预期的效果。

案例故事2

总统也必须学习的功课

沟通是事业成功的金钥匙。"人的本质是社会关系的总和"。西方人才学理论认为,个人事业成功受两大因素的制约:自身因素和社会环境。就个人才能发挥来讲,人际沟通状况是一个尤为重要的社会环境。事实证明,这个社会环境直接或间接地影响着人的事业。

一个黎民百姓不太懂人际沟通,还不是一件什么大不了的事,但如果一国首脑自以为居于万乘之尊而无须学习人际沟通,别人只有听他的话的份,那么,事情就大了。翻翻中国政治史,太平盛世多有明君,何为明君?"兼听则明"之君。倘若君王一意孤行,闭塞视听,我行我素,天下除了一个声音,余下万马齐喑,那么,国家的灾难也就来临了。

从这个意义上说,君王的人际沟通能力甚至可以决定一个国家的命运。越是居高位者,越应该自觉地把人际沟通当成一门必修课。以君王来说,最重要的人际沟通素质莫过于"包容"二字,也就是容得下,听得进臣属的讲话。唐太宗正是因为能包容魏徵等谏臣,才创造出中国历史上辉煌的"贞观之治"。德国国王威廉一世也是因为能容忍并支持"铁血宰相"俾斯麦,才使得德国在第一次世界大战期间强盛一时。当时,威廉一世回到后宫中,经常气得乱砸东西,摔茶杯,有时连一些珍贵的器皿都被砸坏。皇后问他:"你又受了俾斯麦那个老头子的气了?"威廉一世说:"你不懂。他是首相,一人之下,万人之上,下面那些人的气,他都要受。他受了气哪里出?只好往我身上出啊!我当皇帝又往哪里出?只好摔茶杯啦!"真是国王肚里能撑船。

在美国,人际沟通几乎成为历任总统的必修功课。这在很大程度上源于美国的总统竞选制度。由于民主选举、党派竞争,能否赢得民意就成为竞争胜败的关键。在这方面,美国的历任总统无不下了苦功。在美国历史上名声最好的几位总统,更堪称是一流的人际沟通大师。

案例讨论:

1. 沟通的基本要素是什么?它们是怎样相互联系的?

2. 去附近的社区或相关单位,就某项你关心的议题进行实地调查,亲身体验沟通。

沟通能力测试

在学习本课程之前,不妨做一个测试,判断你的沟通能力水平。

按照下列要求,对沟通水平进行自我测试,判定自己是否善于沟通。

下面20个问题,你能迅速判定并作出反应吗?请按照你的实际情况,在五个等级中选择相应的分值:"总是"1分,"经常"2分,"不确定"3分,"偶尔"4分,"从不"5分,填入括号内。

(1)能自如地用语言表达情感。 …………………………………………( )

(2)能自如地用非语言表达情感。 …………………………………………( )

(3)在表达情感时,能选择准确恰当的词汇。 ……………………………( )

(4)他人能准确地理解自己使用语言和非语言所要表达的意思。 ………( )

(5)能很好地识别他人的情感。 ……………………………………………( )

（6）能在一位封闭的朋友面前轻松自如地谈论自己的情况。………………（　　）

（7）对他人寄予深厚的情感。……………………………………………………（　　）

（8）他人对自己寄予深厚的情感。……………………………………………（　　）

（9）不会盲目地暴露自己的秘密。……………………………………………（　　）

（10）能与自己观念不同的人沟通情感。……………………………………（　　）

（11）持有不同观念的人愿意与自己沟通情感。…………………………（　　）

（12）他人乐于向自己诉说不幸。……………………………………………（　　）

（13）轻易评价他人。…………………………………………………………（　　）

（14）明白自己在沟通中的不良习惯。………………………………………（　　）

（15）与人讨论，善于倾听他人的意见，且不强加于人。………………（　　）

（16）与人争执，但能克制自己。……………………………………………（　　）

（17）能通过工作排遣自己的心烦意乱。……………………………………（　　）

（18）面对他人请教问题，能告诉他该做什么。…………………………（　　）

（19）对某件事持异议，能说出这件事的后果。…………………………（　　）

（20）乐于公开自己的新观念、新技术。……………………………………（　　）

说明：得分越低，说明沟通能力越强；得分越高，沟通能力则越弱。如果总得分在25分以下，说明沟通能力强。

本章小结

人与人沟通时，有其目的性。比如你在一个城镇中迷路了，想开口问路希望能够因此而获得帮助，不论你问的是谁，一名警察或是小孩，不论你的语气是和缓或是着急，都有一个你所要设法求得的目的，就是你想知道你身处何方，如何找到你要走的路。

人际沟通不同于通信设备之间简单的信息往复，在这里，沟通的双方都是积极的主体，都具有一定的目的、意图等。这种交流是对称的、易于反馈的。人际沟通是两个或两个以上的人或群体之间传递信息、交流信息、加强理解的过程。这种社会性的沟通，特点在于每一个参与者都是积极的、主动的主体，沟通的目的在于相互影响、改善行为。同时，沟通双方都有各自的动机、目的和立场，都设想和判定自己发出的信息会得到什么样的回答。因此，沟通的双方都处于积极主动的状态，在沟通过程中发生的不是简单的信息运动，而是信息的积极交流和理解。

作　业

请根据自己的理解完成下面的表格。

请列出你平时生活中人际冲突的例子
1.
2.
3.
4.
⋮
如何解决这些人际冲突?
1.
2.
3.
4.
⋮

第三章 突破人际沟通的障碍

第一节 沟通的障碍

【引言】

如果你是对的,就要试着温和地、巧妙地让对方同意你;如果你错了,就要迅速而热诚地承认。这要比为自己争辩有效和有趣得多。

——卡耐基

一个人必须知道该说什么,一个人必须知道什么时候说,一个人必须知道对谁说,一个人必须知道怎么说。

——德鲁克

案例故事

某君新入职某公司,A领导发觉某君正在查阅一份价格表,该资料属内部机密,本应再过一段时间通过考查期后才能提供给某君。经查是前任员工留在办公桌内没有清理而留下来的。A领导当时没多说什么,事后指使助理用备用钥匙打开某君办公桌,取走了价格表。某君顿感人权受到侵犯,在后来因某事与领导争执时,忍不住把此事公开了,并选择了辞职。

案例讨论:

1. 某君该不该查阅价格表?

2. A领导处理的方式对不对?

3. 某君选择公布这件事情的方式对不对?某君和领导之间有没有其他解决问题的办法?

一、沟通障碍的概述

(一)定义

所谓沟通障碍,是指信息在传递和交换过程中,信息意图受到干扰或误解,而导致沟通失真的现象。在沟通信息的过程中,人们常常会受到各种因素的影响和干扰,使沟通受到阻碍。

(二)来源

沟通障碍主要来自三个方面:发送者的障碍、接收者的障碍和信息传播通道的障碍。

在沟通过程中,信息发送者的情绪、倾向、个人感受、表达能力、判断力等都会影响信息的完整传递。障碍主要表现为:表达能力不佳;信息传送不全;信息传递不及时或不适时;知识经验的局限；对信息的过滤。

从信息接收者的角度看，影响信息沟通的因素主要有五个方面：信息译码不准确；对信息的筛选；对信息的承受力；心理上的障碍；过早的评价情绪。

沟通通道的问题也会影响沟通的效果。沟通通道障碍主要有以下几个方面：①选择沟通媒介不当。比如对于重要事情而言，口头传达效果较差，因为接收者会认为"口说无凭""随便说说"而不加重视。②几种媒介相互冲突。当信息用几种形式传送时，如果相互之间不协调，会使接收者难以理解传递的信息内容。如领导表扬下属时面部表情很严肃甚至皱着眉头，就会让下属感到迷惑。③沟通渠道过长。组织机构庞大，内部层次多，从最高层传递信息到最低层，从最低层汇总情况到最高层，中间环节太多，容易使信息损失较大。④外部干扰。信息沟通过程经常会受到自然界各种物理噪声、机器故障的影响或被另外事物干扰，也会因双方距离太远而沟通不便，影响沟通效果。

二、沟通障碍的原因

(一)组织

在管理中，合理的组织机构有利于信息沟通。但是，如果组织机构过于庞大，中间层次太多，那么，信息从最高决策层传递到下属单位不仅容易产生信息的失真，而且还会浪费大量时间，影响信息的及时性。同时，自上而下的信息沟通，如果中间层次过多，同样也浪费时间，影响效率。

有学者统计，如果一个信息在高层管理者那里的正确性是100%，那么到了信息的接收者手里可能只剩下20%的正确性。这是因为，在进行这种信息沟通时，各级主管部门都会花时间把接收到的信息进行甄选，一层一层过滤，然后有可能断章取义地将信息下传。此外，在甄选过程中，还掺杂了大量的主观因素，尤其是当发送的信息涉及传递者本人时，往往会由于心理方面的原因，造成信息失真。这种情况也会使信息的提供者望而却步，不愿提供关键的信息。因此，如果组织机构臃肿，机构设置不合理，各部门之间职责不清、分工不明，形成多头领导，或因人设事、人浮于事，就会给沟通双方造成一定的心理压力，影响沟通的顺利进行。

(二)个人

1. 个性因素所引起的障碍

信息沟通在很大程度上受个人心理因素的制约。个体的性格、气质、态度、情绪、见解等的差别，都会成为信息沟通的障碍。

2. 知识、经验水平的差距所导致的障碍

在信息沟通中，如果双方经验水平和知识水平差距过大，就会产生沟通障碍。此外，个体经验差异对信息沟通也有影响。在现实生活中，人们往往会凭经验办事。一个经验丰富的人往往会对信息沟通做通盘考虑，谨慎细心；而一个初出茅庐者往往会不知所措。其特点是信息沟通的双方往往依据经验上的大体理解去处理信息,使彼此理解的差距拉大,形成沟通的障碍。

3. 个体记忆不佳所造成的障碍

在管理中,信息沟通往往是依据组织系统分层次逐次传递的,然而,在按层次传递同一条信息时往往会受到个体素质的影响,从而降低信息沟通的效率。

4. 对信息的态度不同所造成的障碍

这又可分为不同的层次来考虑。一是认识差异。在管理活动中,不少员工和管理者忽视信息的作用的现象还很普遍,这就为正常的信息沟通造成了很大的障碍。二是利益观念。在团体中,不同的成员对信息有不同的看法,所选择的侧重点也不相同。很多员工只关心与他们的物质利益有关的信息,而不关心组织目标、管理决策等方面的信息,这也成了信息沟通的障碍。

5. 相互不信任所产生的障碍

有效的信息沟通要以相互信任为前提,这样,才能使向上反映的情况得到重视,向下传达的决策迅速实施。管理者在进行信息沟通时,应该不带成见地听取意见,鼓励下级充分阐明自己的见解,这样才能做到思想和感情上的真正沟通,才能接收到全面可靠的情报,才能做出明智的判断与决策。

6. 沟通者的畏惧感以及个人心理品质也会造成沟通障碍

在管理实践中,信息沟通的成败主要取决于上级与下级、领导与员工之间的全面有效的合作。但在很多情况下,这些合作往往会因下属的恐惧心理以及沟通双方的个人心理品质而形成障碍。一方面,如果主管过分严厉,给人造成难以接近的印象,或者管理人员缺乏必要的同情心,不愿体恤下情,就容易造成下属人员的恐惧心理,影响信息沟通的正常进行;另一方面,不良的心理品质也是造成沟通障碍的因素。

三、常见阻碍当代大学生的人际沟通心理

(一)羞怯心理

羞怯心理是指人们由于不自信而产生的在熟悉环境中压抑自己的表现欲的心理。在学校中,当老师在课堂上提问的时候,经常有些学生明明知道问题的答案或者对问题有独到的见解,可就是不敢举手回答问题;有的大学生因为羞怯不敢在班会上当众发言,或不能完全说出内心感受。

羞怯心理不同于害羞心理,害羞指日常所说的当人进入一个陌生场合而产生的抑制自己表现欲的心理。羞怯常使大学生在与人沟通中大大约束了自己的言行,难以清楚地、充分地表达自己的见解和感情,甚至造成自己不被理解或被误解,妨碍了良好的人际关系的形成。羞怯心理严重的人在与他人沟通中对自己的一言一行非常重视,唯恐有差错,这就导致了他们经常表现出腼腆、忸怩、不好意思、脸色绯红、说话声音小、不自然的情况,久而久之,

便不敢与人接触,羞于在公开场合讲话,甚至导致社交恐惧症。

大学生刚进入大学校园,懵懵懂懂,对大学的新奇十分明显,但是又由于不熟悉校园的环境和具体情况,就显得有些拘束,甚至有些人明显地表现出羞于与人交往。

(二)封闭心理

当代大学生首先要乐于与他人沟通,才有可能建立和谐的人际关系。然而,一些大学生可能因为种种原因形成不同程度的封闭心理,以致阻碍其正常人际关系的形成。主要表现为把自己真实思想、情感、欲望掩盖起来,试图与世隔绝。平时我行我素,一副酷酷的样子,长期将自己内心封闭,不与人进行情感或思想沟通,产生孤独、无助的心理体验。有些大学生性格比较内向,不善于与人交往。在大学比较自由的环境下,自己一时找不到定位,和来自五湖四海的陌生人在一起生活、学习不是很适应,加上性格比较内向,不善表达情感,同学之间沟通比较少,长此以往可能养成了一种封闭的心理,不能悦纳自己和他人。

(三)自卑心理

对自己能力、性格、体格、容貌等深感不足的人,常常对自己多有不满,觉得做什么事都不顺心,周围充满暗淡、沉闷的气氛。考试不及格、被朋友或异性朋友拒绝等都可能使得大学生产生自卑心理。

自卑心理源于心理上的一种消极的自我暗示,很多心理学家指出,自卑感和本人的智力、受教育程度、所处的社会地位等因素无关,而仅仅是对"自己不如他人"的确信。所以,要克服和预防自卑心理,首先要敢于正视自己的不足。人无完人,每个人都有自己的优缺点。对于一些不可改变的事实,如相貌、身高等,完全可以用别处的辉煌来弥补,大可不必自惭形秽。其次,要正确地与人相比较,自卑心重的人往往很善于发现他人的长处,这本身不是坏事,如果总是用别人的长处和自己的短处比,不但不能激发起奋起直追的勇气,反而是越比越泄气,从而贬低、否定自己,以偏概全。其实,人各有所长,一个人是不可能事事都强于别人的,反过来也一样。见贤思齐应当鼓励,这其中还有一个量力而行的问题。所以,要防止和克服自卑感,还要注意不可对自己提出过高的要求,在选择目标时除考虑其价值和自身的愿望外,还要考虑其实现的可能性。与其追求那些不切实际的东西,还不如设立一些较易实现的目标,采用"小步子"原则,不断地使自己得到鼓励。最后一点,要锻炼自己的心理承受能力,不要因为一次失败而一蹶不振,或因自己某方面的过失而全盘否定自己。

(四)自傲心理

自傲与自卑相比,也源于错误的自我估计。自傲者在与人沟通时常表现出高傲轻狂、居高临下、自夸自大,过于相信自己而不相信别人,特别强调自己的感受而忽视别人;与同伴沟通时,从自己的角度出发评价他人、社会和环境,不顾对方的愿望和利益,高兴时海阔天空,不高兴时怨气满腹,对别人的反应缺乏敏感,这些都不利于正常的人际沟通。这样的人当然也不会受到别人的欢迎。自傲者一旦受挫,往往会较为自卑。自傲者要学会尊重别人,善于发现别人的优点,这样才有利于客观评价自己,还要学会严于律己,宽以待人。

大学生来自不同的地方,家庭条件、高考分数、个人能力都有差异。一些大学生喜欢卖弄自己的家世和凸现自己的能力,并且因此感觉自己优于别人,从而瞧不起同学、室友等,表现出自负心理。

四、沟通障碍的具体表现

在日常生活中,经常出现信息沟通上的障碍,这些障碍的产生都源于上述因素的影响,具体表现在以下几方面:

(一)距离

上级与下级之间的物理距离减少了他们面对面的沟通。我们知道较少的面对面的沟通可能会导致误解或不能理解所传递的信息。物理距离还使得上级与下级之间的误解不易澄清。

(二)曲解

当一个人分不清实际材料和自己的观点、感受、情绪的界限时,就容易发生曲解。很多时候,我们不仅在工作层面上进行交流,也在情感层面上进行沟通,但有时上级和下级都倾向于根据自己的观点、价值观念、意见和背景来解释信息,而不是对它作客观的解释。

(三)语义

这涉及沟通语言、文字、图像、身体语言等。因为几乎所有的信息沟通都利用符号来表达一定的含义。而符号通常有多种含义,人们必须从中选择一种。有时选错了,就会出现语义障碍。比如词语这一符号,会从词的多重含义、专业术语、词语的下意识联想等方面引起沟通障碍。

有一个笑话说,主人请客吃饭,眼看约定的时间已过,只来了几个人,不禁焦急地说:"该来的没有来。"已到的几位客人一听,扭头就走了两位。主人意识到他们误解了他的话,又难过地说:"不该走的走了。"结果剩下的客人也都气呼呼地走了。

(四)缺乏信任

这种障碍与上下级相处的经历有关。在以往经历的基础上,如果下级觉得把坏消息报告给上级于己无益,他就会隐瞒这些消息。而如果他觉得上级能体谅并且帮助人,他就不会把坏消息或不利信息过滤掉。

问题讨论

1. 阻碍人际沟通的心理有哪些?
2. 人际沟通障碍的类型有哪些?

课堂演练

【演练项目一】

【项目名称】习惯的力量

【项目目标】迅速打破僵局,营造氛围

【项目类型】团队破冰项目

【演练项目二】

【项目名称】心灵密码

【项目目标】理解 感受 领悟 沟通无限

【项目类型】团队破冰项目

知识链接

光环效应

拍广告的为什么多数是那些有名的歌星、影星,而很少见到名不见经传的小人物呢? 为什么明星推出的商品更容易得到大家的认同呢? 这就是光环效应的作用。

我们在与别人交往的过程中,并不总是能够实事求是地评价一个人,而往往根据我们对别人已有的了解而对他的其他方面进行推测。如果我们已经获得关于这个人的某些方面好的信息,就更容易认为这个人的其他方面也都不错,从而对这个人形成良好的整体印象,就像月晕一样,从一个中心点逐渐向外扩散成越来越大的圆圈,因此又称晕轮效应。我国的俗语"情人眼里出西施"说的就是一种光环效应。

光环效应是一种以偏概全的评价倾向,是在人们并没有意识到的情况下发生作用的。由于光环效应,一个人的优点一旦变为光圈被夸大,其缺点也就退隐到光圈背后视而不见了,严重者甚至可以达到"爱屋及乌"的程度,只要认为某个人不错,就赋予其一切好的品质,便认为他所使用过的东西、跟他要好的朋友、他的家人都很不错。虽说歌星、影星与广告中的商品质量并没有太直接的关系,但是,由于光环效应的作用,明星做过广告的商品显然会比那些由名不见经传的小人物所拍广告的商品更容易得到人们的认同。一所学校在高考中"放了卫星",有关的班主任、任课教师、校长乃至整个学校都会增辉增色。

名人效应就是一种典型的光环效应。一个作家,一旦出名,以前压在箱子底的稿件全然不愁发表,所有著作都不愁销售。一般说来,外貌的魅力很容易导致光环效应。传说杨贵妃死后,一位老太太拾到了杨贵妃的一只鞋子,她把这只鞋子拿到市场上展示,并索要1 000 文钱让参观者闻一下,愿意出钱的人竟然络绎不绝,这恐怕应该算是把光环效应发挥到极致了。即使是在强调个人意识的今天,光环效应也并不因为人们追求个性化的行动而减弱。青少年追星就是一个很典型的例子。很多青少年因为喜欢一个歌星或影星而极力地模仿,从服装、发型到说话做事的方式,无一不是竭尽全力。一个有名的歌星的演唱会,票价会炒到几百元甚至千元以上,花上这么多钱所听到的和看到的实际效果并不比电视里的好,但是许多人还是为能亲自感受一下现场演唱会的氛围而情愿花高价钱。

在校园文化建设中,我们一方面应该发挥光环效应的作用,打造名校长、名教师,宣传本校的杰出校友,培养尖子生,用以扩大学校的影响,用以激励学生和教师;同时,也要注意,在评价教师和学生时要坚持实事求是,防止以偏概全。

学生在学习生活过程中,为避免光环效应影响他人对自己或自己对他人的认识,应注意以下几点:

第一,不要过早地对新的老师、同学作出评价,要尽可能地与老师、同学进行多方面的交往,促进相互间的深入了解。

第二,及时注意自己是否全面地看待他人,特别是对有突出优点或缺点的老师与同学。

第三,在与他人交往时,不要过分在意他人是怎样评价自己,要相信自己一定会获得他人的认可和理解。

第四,注意做好自己应该做好的每一件小事,如作业、值日等,特别要注意处理好可能会给自己的形象造成较大影响的事情。

第五,要敢于展示自己,让更多的人了解自己的优点和长处,同时,也尽可能让他人了解自己的缺点。

第二节　突破沟通的障碍

【引言】

人类不是希望被爱的友好的动物,相反,他们具有很强的攻击本能。

——西格蒙德·弗洛伊德

丢失一个钉子,坏了一只蹄铁;

坏了一只蹄铁,折了一匹战马;

折了一匹战马,伤了一位骑士;

伤了一位骑士,输了一场战斗;

输了一场战斗,亡了一个帝国。

——欧洲民谣

朋友之间用到不自然的礼貌时,就可以知道他们的感情已经开始低落。

——莎士比亚

案例故事

菁菁与老师的"官司"

"妈妈,老师不好。"这是菁菁从幼儿园出来跟妈妈说的第一句话。妈妈简直大吃一惊。

"老师怎么不好了?"妈妈满心惶惑地追问菁菁。

"老师不给我玩玩具。"菁菁噘着小嘴,泪珠儿滚滚。"老师给别的小朋友玩玩具了吗?""给了,就没给我。""你找老师要玩具了吗?""要了……老师……不给我。"菁菁更委屈了,小肩膀一耸一耸的,哭得上气不接下气。

妈妈的心里开始酝酿一股怨气。这老师怎么回事儿？菁菁到底怎么惹她烦了，竟然这样对待她？照说菁菁是个人见人爱的小可人儿，应该不会有什么让老师烦心的事情。为什么老师偏偏要这样对待她？妈妈拉着菁菁的小手，折回身就往幼儿园跑。这事儿不能就这么了，为了菁菁，得去问个明白。

妈妈折回幼儿园，没有找到她要找的老师，却碰上了园长。妈妈正在气头上，急急地告了老师一状。事后，老师向菁菁妈妈郑重地道了歉，菁菁也没再向妈妈投诉老师。妈妈暗自有些得意，还好，亏得自己采取有效措施维护了菁菁的利益。

又过去很多天，妈妈终于了解到事情的真相。原来，菁菁那天要的玩具是一个刚刚入学的小朋友从家里带去的。小家伙护着自己的玩具坚持不给菁菁玩，于是，老师只好做菁菁的工作了。菁菁当时还乖乖的，也没见她哭闹，不知怎么见了妈妈就委屈地哭了。当明白了事实真相后，菁菁妈妈再见到老师，难免脸上有一种羞涩的表情。如果她当初冷静点处理这件事……

1. 孩子告老师的状，他的话能信几分？

2. 如果菁菁妈妈当初冷静点处理这件事，应该是怎样的一个过程？

"沟通"从字面上理解，就是水流渠道通畅，使来自上游的势能上下贯通，发挥更大的冲击力。究竟如何才能做好沟通管理呢？

现实生活中，沟通无处不在。沟通是一门立体的科学和艺术，由面、线和点组成。

通用电气公司伊梅尔特在谈怎样支配自己的有效工作时间时说："我差不多有30%到40%的时间跟人打交道，进行交流、沟通，这是CEO非常重要的一个工作。"

有关研究表明，管理中70%的错误是不善于沟通造成的。管理离不开沟通，沟通渗透于管理的各个方面。现代的企业决策者，绝不是高高在上、不可一世的管理者，要激发员工的工作热情，并使管理卓有成效，离开了沟通别无他途。

敞开大门与员工进行直接交流就要向员工敞开总裁办公室的大门，鼓励越级报告。在惠普公司，总裁的办公室从来没有门，员工受到顶头上司的不公正待遇或看到公司发生问题时，可以直接提出，还可越级反映。这种企业文化使得人与人之间相处时，彼此之间都能做到互相尊重，消除了对抗和内讧。在摩托罗拉的迎新培训中，新员工会遇到这样的一个问题："如果公司不幸失火，你们怎么做？"答案绝不是我们从小接受教育时就学会的"保护集体财产"，培训师给新员工的正确答案是："什么东西都不要管，只管你自己逃出去，因为人是最重要的。"摩托罗拉的每一个高级管理人员都被要求与普通操作工在人格上保持平等。所有的员工——甚至包括总裁、副总裁——都在同一餐厅排队，等候同样的红烧茄子和狮子头。更能表现摩托罗拉"对人保持不变的尊重"理念的是它的"Open Door"。所有管理者办公室的门都是绝对敞开的，任何职工在任何时候都可以直接进去，与任何级别的上司平等交流。

一、突破沟通的基本技巧

（一）走动式管理

美国很多企业的管理专家，都在做着这样一件事情，叫作 Management by Wandering Around，简称为 MBWA。这是什么意思呢？就是走动式管理。美国有一个人叫培洛。培洛以前在 IBM 公司的时候，是 IBM 公司排名第一的推销员，曾用 17 天完成了全年度的销售任务。后来培洛决定自己创业，创立的公司叫作 EDS，公司发展到几万员工。然后，他把这个公司以 30 亿美金的价格，卖给了美国通用汽车公司。卖之前，美国通用汽车公司的总裁到培洛的 EDS 总部，他看了之后觉得很满意。这位总裁对培洛说："你公司管理得不错，我们应该有很多合作的空间和机会。"到了午餐时间，他问培洛："你公司的主席用餐的餐厅在哪里？"培洛说："我们公司没有啊！"总裁问："那你公司有没有高级主管用餐区？"培洛说："对不起，总裁，我们公司也没有。"总裁问："那我们今天中午怎么吃饭啊？"培洛说："就排队跟员工一起吃自助餐好了。"

美国通用汽车公司的总裁到了他即将收购的公司，连一个主管餐厅都没有，还要排队吃自助餐。这位总裁觉得不可思议。排队取餐之后，他问培洛："我们坐在哪里？"

培洛说："就跟员工一起坐呀。"于是，那位总裁一边吃一边与员工聊天。吃完之后，这个通用汽车的总裁说："培洛呀，虽然你这个公司没有什么高级主管餐厅，但你公司的菜是我吃过的自助餐里最好的。"培洛在企业里进行的就是走动式管理，天天排队吃自助餐，他在监督厨房。他每餐换一桌跟基层的员工聊天，是为了了解公司的营业状况。培洛之所以成功，得益于他实行的走动式管理。

（二）积极倾听员工的发言

沟通的目的在于传递信息，如果信息没有被传递到所在单位的每一位员工，或者员工没有正确地理解管理者的意图，沟通就出现了障碍。那么，管理者如何才能与员工进行有效的沟通呢？

对不同的人使用不同的语言。在同一个组织中，不同的员工往往有不同的年龄、教育和文化背景，这就可能使他们对相同的话产生不同理解。在传达重要信息的时候，为了消除语言障碍带来的负面影响，可以先把信息告诉不熟悉相关内容的人。比如，在正式分配任务之前，让有可能产生误解的员工阅读书面讲话稿，对他们不明白的地方先作出解答。

当员工发表自己的见解时，管理者也应当认真地倾听。当管理者听到与自己不同的观点时，不要急于表达自己的意见，因为这样会使你漏掉余下的信息。积极地倾听应当是接受他人所言，而把自己的意见推迟到说话人说完之后。

（三）避免情绪化行为

注意保持理性，避免情绪化行为。在双向沟通中，信息的发出者和接收者的情绪会影响到他们对信息的理解。培养镇定的情绪和良好的心理，创造一个相互信任、有利于沟通的小环境,将有助于人们真实地传递信息和正确地判断信息,避免因偏激而歪曲信息。情绪化会使人们无法进行客观理性的思维活动,而代之以情绪化的判断。管理者在与员工进行沟通时,应尽量保持理性和克制,如果出现情绪失控,则应暂停下一步的沟通,直至恢复平静。

二、典型方法——交互作用分析法

(一)交互作用分析法的定义

交互作用分析法(Transactional Analysis,TA),在西方企业中被广泛用于解决企业中的沟通问题。同时,由于 TA 是一种强大、有效的分析和理解人际交往行为的工具,在管理、人员培训中都起到良好的效果,是西方管理人员的必修课程之一。

交互作用分析法是由美国心理学家埃里克·柏恩及其同事于 19 世纪 50 年代创立的。柏恩把人们在社会交往中的相互作用关系称为交互作用。有些交互作用对人起促进作用,有些交互作用则会拖人后腿,破坏人们之间的交往关系。在柏恩创立的 TA 分析中,每个人的人格中都有三种自我:父母式自我、成人式自我、儿童式自我。每种自我都有自身的思想体系、情感以及相应的行为表现。人们在交往过程中,会在当时的情境下采取相应的一种自我。这便是著名的 PAC 模型,即 Parent(父母)、Adult(成人)、Child(儿童)。由于每个人都存在三种自我,与人交往时会采取其中的一种,因此两人之间的交往可能存在许多种交互作用,这些交互作用类型可进一步归为两大类:互补式交互作用和非互补式交互作用。

互补式交互作用:发出者一方和接收者一方的自我在沟通中仅是方向相反。如果用图表示,就是发出方和接收方的沟通线是平行的。比如,主管以父母式的自我对下属说话,而下属以儿童式的方式应对,这便是互补式的交互作用。

非互补式交互作用:当发出者和接收者的沟通线不平行时,便出现非互补式交互作用。比较常见的是,主管试图以成人式自我与下属沟通,但下属却以儿童式自我的方式应对。当出现非互补式沟通时,很容易产生沟通障碍,紧接而来的便是人际冲突。

(二)交互作用分析法的运用

交互作用分析法便是通过分析人与人之间的交互作用类型,从而改善人际沟通及其交往效果。运用交互作用分析法可以帮助我们消除沟通障碍,从而实现有效沟通。

一是对不同的人使用不同的沟通方式。根据交互作用分析法原理,管理者在与扮演不同角色的人打交道时,应根据环境需要和对方表现调整自己的心态及表现,必要时对沟通进行引导,以达到互补式沟通的良好效果。例如,如果主管扮演家长的角色,员工扮演孩童的角色,他们之间可以形成一种比较有效的工作关系。不过,始终维持这种角色关系,并不利于员工成长、成熟。事实上,在工作中能够得到最优结果且带来问题最少的,是成人对成人的交互作用方式。因此,应尽量让员工形成成人式心理角色的心态。

二是运用交互作用分析法培养员工的沟通意识。在管理沟通实践中,我们可以运用交互作用分析法来培养员工的各种意识,交互作用分析法可以帮助员工深入洞察自己的个性,使他们意识到，只有"我行，你也行"或"我好，你也好"的人生态度，才是健康的人生态度。在企业中提倡这种健康的人生态度，帮助员工理解别人在与自己交往时所产生的反应，从而显著提高团队成员间的沟通效率。在工作关系的人际交往中，成人对成人的交互作用会产生最好的沟通效果。在这种交互作用中，双方都认为对方同自己一样有理性，从而降低人际交往情感冲突的可能性。当出现非互补式沟通时，员工能觉察到并采取有效措施将其恢复到互补式交互作用模式，在成人对成人的交互模式下更是如此。除了改善企业内的人际沟通外，它在销售和客户服务等需要大量人际沟通的领域也非常有效。在强调关系营销和客服质量的市场环境下，它能帮助销售人员或客服员工迅速把握客户心理，采取适当的沟通模式，提升销售业绩。

三是让员工对沟通行为及时做出反馈。管理者应激发员工自下而上地沟通。例如，运用交互式广播电视系统，允许员工提出问题，并由高层领导者解答；在公司内部刊物上可设立"有问必答"栏目，鼓励员工提出自己的疑问。此外，坦诚、开放、面对面的沟通会使员工觉得领导能够理解自己的需要，从而取得事半功倍的效果。在利用正式沟通渠道的同时，还可以开辟非正式的沟通渠道，比如领导者可以走出办公室，亲自和员工交流信息。根据交互作用分析法原理，沟通者之间的相互交流，既要有来，也要有往，这是实现交互沟通的基础条件。沟通的最大障碍在于员工误解或者理解得不准确。为了减少这种问题的发生，管理者可以让员工对管理者的意图做出反馈。比如，当你向员工布置一项任务时，语言晦涩可能会造成沟通障碍，管理者应该选择易于员工理解的词汇。在传达重要信息的时候，为了消除语言障碍带来的负面影响，可以先把信息告诉不熟悉相关内容的人。比如，在正式分配任务之前，让有可能产生误解的员工阅读书面材料，分配任务之后，你可以向员工询问："你明白我的意思了吗？"同时要求员工把任务复述一遍。如果复述的内容与管理者的意图一致，说明沟通是有效的；如果员工对管理者意图的领会出现差错，可以及时纠正。

四是使用肢体语言。研究表明，交互沟通中一半以上的信息不是通过词汇来表达的，而是通过肢体语言来传达的。要实现互补式沟通的效果，管理者必须注意自己的肢体语言与口头语言的一致性。比如，你告诉下属你很想知道他们在执行任务中遇到了哪些困难，并乐意提供帮助，但同时你又表情冷漠，若有所思，这很容易使员工怀疑你是否真的想帮助他。

问题讨论

1. 破解沟通障碍的基本方法是什么？
2. 如何运用交互作用分析法破解沟通障碍？

课堂演练

【演练项目一】

【项目名称】市场迷径

【项目目标】有效沟通,简洁明了地指挥,勇于创新

【项目类型】两人协作场地项目

【演练项目二】

【项目名称】定时炸弹

【项目目的】测试团队默契程度,发散思维,正确沟通,准确传递,无误接收,完全确认

【项目类型】团队协作情境项目

知识链接

破解三种沟通障碍,赢得好人缘

"我一定是对的!""我没什么好说的。"在与别人对话沟通的时候,这些话语时常脱口而出。

这类较为负面的沟通态度,往往会变成与他人沟通的绊脚石,关起别人与你对话的大门。要杜绝这些障碍,唐·盖柏(Don Gabor)在《第一次聊天不冷场》中提供破解的方法与改变沟通的方式,不仅能够增进自己在谈话时的自信,也能保护彼此交情不受到伤害。

沟通障碍1:"你完全没搞清楚重点。"

破解方法:保留对对方的评论,听听不同见解。

"这是我听过的最荒谬的说法。""你完全搞不清楚重点。"在沟通的时候,好胜心强的人会因为不服输,争强好胜的话语就会脱口而出,这种对话内容的重点不在于沟通,而在于"证明自己是对的"。

这种损人不利己的对话模式,不仅破坏沟通,更让两人关系降至冰点。因此盖柏提醒,我们的想法跟喜好,都是自我偏见的产物,而非真正的事实,因此任何人都应该有表达自己意见的权利。

也许你不认同,但面对不同看法时,展现你想要了解的意愿,就是鼓励对方对你敞开心胸;当两人见解有落差时,也可以用"我想我们有不同的看法""各有各的喜好",和平结束话题。

沟通障碍2:"这些我都知道。"

破解方法:大方承认我不知道,赢得信任。

有些人很害怕说出"我不知道",因为"不知道"仿佛等同于"无知"或"愚蠢"。但其实我们都知道,人不是无所不知的神,正因术业有专攻,所以自己所知有限是再正常不过的事。

盖柏指出,与其表现得一副胸有成竹却禁不起别人质疑的样子,造成人际沟通的负面效果,倒不如大方承认自己疏忽遗漏,需要众人协助;在沟通模式里,不仅要对他人诚实,更要

对自己诚实。

沟通障碍3:"我没什么好说的。"

破解方法:主动分享你感兴趣的事。

有些人鲜少发表意见,也不觉得有什么值得分享的事,这是为了避免面对人群与提问。害怕别人觉得无聊,或根本不想费力分享的人,其实就是自己把沟通的那道大门给重重关上。

盖柏表示,这样的沟通障碍在于,我们根本鲜少费心在讨论的细节当中,要解决这项问题,反而应该要回归本心,聚焦在"你"这个话题里,任何你觉得有趣、让你兴奋的事情,即使是表达一些微不足道的看法,也会给自己带来好处,这不仅能让他人更了解你,也促使你自己认识自我。

第三节　如何用沟通化解人际关系的冲突

【引言】

现实生活中有些人之所以会出现交际的障碍,就是因为他们不懂得忘记一个重要的原则:让他人感到自己重要。

——卡耐基

理解绝对是养育一切友情之果的土壤。

——威尔逊

一个人永远不要靠自己一个人花100%的力量,而要靠100个人花每个人1%的力量。

——比尔·盖茨

案例故事

小周和小文住一个寝室。小周平时喜欢踢足球,踢球后经常把一大堆带有强烈汗味的脏衣服塞在床底下。由于夏天的气温较高,小周又没有及时把脏衣服洗掉,因此,寝室里总是弥漫着一股发霉的味道。小文提醒过几次,但是小周一直没放在心上,小文也就开始不断抱怨小周,逐渐地补充说小周通常不完成自己分内的清扫劳动。最后,小文给小周下了定论,说小周就是一个无可救药、邋遢、以自我为中心、从来不理会别人感受的人。

案例讨论:

1.遇到小周这种人你会怎么办?

2.在你的人际交往中出现过哪些冲突?

一、人际交往冲突的预防

(一)人际交往冲突的认识

心理学家发现,认清人际冲突或分歧的本质,并学会建设性地处理冲突或分歧,可以有效地减少人际关系恶化和破裂的发生。

首先，我们必须懂得，每个人有其不同于任何其他人的经历，有自己独特的情感、理解和利益背景，因此，人与人之间出现不一致或冲突是不可避免的。无论什么样的关系，也无论交往的双方关系有多么深刻，情感有多么融洽，都可能出现冲突。因此，我们在同任何人交往的过程中，都应对可能出现的冲突有所准备。

预计冲突是正确了解冲突，并建设性地处理冲突，避免在冲突中付出不必要的代价的最有效途径。一般情况下，如果一个人在毫无准备的情况下被直接卷入冲突，那么在整个冲突过程中仍然保持冷静和理性是十分困难的。人是情绪化的动物，在人过于激动的时候，思维会受到明显的干扰，很难保持对事情的正确判断。在激情之中做出对人际关系有害乃至犯罪的事是经常性的。

在实际生活中，更多的人际冲突都是可以避免的。学会用移情的方式去体验别人为什么会像他所想的那样言行，可以有效地帮助我们正确理解别人，避免判断上的错误，也可以防止发生不恰当的体验和行为。对于已经发生了的冲突，如果处理得当，就事论事，往往不会给人际关系带来太大危害。心理学家经过研究，提出了解决冲突的有效步骤。实践证明，这些步骤可以有效地帮助人们控制和消除冲突。这些步骤的具体内容是：

第一，相信一切冲突都可以理性而建设性地得到解决。

第二，客观地了解冲突的原因。

第三，具体地描述冲突。

第四，与别人核对自己有关冲突的观念是否客观。

第五，提出可能的解决冲突的办法。

第六，对提出的办法逐一进行评价，筛选出最佳的解决途径，最佳方法必须对双方都最有益。

第七，尝试使用选择出的最佳方法。

第八，评估实现最佳方案的实际效应，并按照给双方带来最大利益和有利于维持良好人际关系的原则给予修正。

（二）如何运用沟通的办法处理人际交往的冲突

在人际交往中，掌握好交往的尺度，采取积极措施进行人际关系的维护也是非常重要的。

第一，尽量避免争论。人与人之间的争论是很正常的事。但是争论往往都以不愉快结束。事实证明，无论谁赢谁输都会很不舒服。赢者当时可能获得一种心理满足，但很快会被人际关系恶化的阴影所笼罩，一时的满足心理会变得烟消云散；输者的心理挫折感更加强烈，往往会演化为人身攻击。这对于人际关系是非常有害的，争论的结果往往是两败俱伤。

第二，不要直接批评、责怪和抱怨别人。直接批评、责怪和抱怨别人会使他人的自尊心和自我价值感受损，尤其是一时面子上感到难堪。有时候只要稍稍改变一些方法，变直接批评、责怪和抱怨为间接的暗示和提醒，效果会好得多，这就是所谓的"坏话好说"的艺术。

第三，勇于承认自己的错误。勇于承认错误是人际关系的润滑剂。当人际关系产生障碍的时候，承认自己的错误是明智之举。虽然承认自己的错误是一种自我否定，但是，承认错误会使自己产生道德感的满足；另外，承认自己的错误是责任感的表现，对他人也具有心理感召力，在此情境中的人际僵局会因此被打破。

第四，学会批评。不到万不得已，绝不要自作聪明地批评别人。但是，有时批评也是不可避免的，一些错误不及时去帮助他人得到修正，一味回避冲突，反而会影响和伤害到关系的发展。这时学会批评的艺术是维护人际关系的重要策略。卡耐基总结的批评的艺术是很值得借鉴的：批评从称赞和诚挚感谢入手；批评前先提到自己的错误；用暗示的方式提醒他人注意自己的错误；领导者应以启发而不是命令来提醒别人的错误；给别人保留面子。

二、大学生人际沟通的原则及意义

人际沟通，其实并不十分困难。只要大家都能够遵守沟通的法则，彼此都不以情绪来反应，那就十分顺利，而且简单有效。一个完美、有效的沟通过程，必须遵循以下基本的沟通原理。

（一）有效沟通的真实性原理

有效沟通的真实性原理，即有效沟通必须是有意义的信息需要传递。没有具有真正意义的信息需要传递，哪怕整个沟通过程完整，沟通也会因为没有任何实质内容而失去其价值和意义，使完整无缺的沟通成了无效与无意义沟通。有效沟通的内容必须具有真实意义，沟通的内容与过程必须具有真实性，沟通的信息必须是至少对其中一方是有用和有价值的信息。

（二）有效沟通的渠道适当性原理

有效沟通必须将有意义的信息，通过适当和必要的沟通渠道，由一个主体送达另一个主体，此即为有效沟通的渠道适当性原理。有了真实的信息需要沟通，也有一些渠道或通路可以将信息传送给信息接收者，却不能完全保证沟通的有效性，为什么呢？因为不同的信息对于传递渠道的选择有要求。真实的信息，选择了不恰当的渠道进行传递，就会产生信息误读或扭曲，导致沟通受挫或受阻，有时甚至产生沟通灾难。

（三）有效沟通的沟通主体共时性原理

有效沟通的第三条原理是，有意义、真实的信息必须由适当的主体发出，并通过适当的渠道传递给适当的另一主体，此原理可称为有效沟通的沟通主体共同适当性或共时性原理。人们要想达成有效的沟通，信息的发出者和接收者都应该是而且必须同时恰好是应该发出和应该接收的沟通主体，发送者和接收者的主体适当或共时性两者缺一不可。如信息虽由适当的主体发出，但接收者不对；或者接收者对了，但发出者身份或地位不适当，都会导致沟通失败。只有有意义的信息从适当的主体发出，并准确地传送给了适当的主体及时接收，沟通才可能是有效的。

（四）有效沟通的信息传递完整性原理

有效沟通必须由适当的主体发出，并通过适当的渠道，完整无缺地传送给适当的主体，此即为有效沟通的信息传递完整性原理。信息由适当的主体发出，通过适当的渠道传递，并且也由适当的主体接收了，沟通是否就一定能保证有效完成呢？不一定。这是因为，由于各种原因的影响和各种因素的干扰，被传递的信息有可能在被传递过程当中，人为或自然地损耗或变形。如果这种情况发生，那么，接收者接收到的信息，已经不是发出者所发出的严格意义上的同一信息。既然已经不是同一信息，那么，就有可能发生沟通失误或误解。因此，沟通要完美和有效，信息在传递结束时必须仍然保持其内容的完整性。

人际交往是人们社会生活的重要内容之一，自我的发展、心理的调适、信息的沟通、各种不同层次需求的满足、人际关系的协调，都离不开人际交往。每个人，都希望善于交往，都希望通过交往建立起和睦的家庭关系、亲属关系、邻里关系、朋友关系、同学关系……而这些良好的社会关系可以使个人在温馨怡人的环境中学习和生活。而大学生处理好人际沟通关系，可以帮助自己获得知识、开发智能，可以在人际沟通中满足心理需要，还可以在人际沟通中了解自我、完善自我，了解他人，协调人际关系等。

三、大学生如何克服人际交往中的心理障碍

在实际的交往中，总是或多或少地存在着一些不尽如人意之处，影响了人际交往的正常进行。

社会心理学的研究表明，那些在人际交往中受到好评，有"人缘"的人一般具有以下特点：乐观、聪明、有个性、独立性强、坦诚、有幽默感、为他人着想、充满活力等。当然，不是说都具备这些特点才能有好的人际交往。而那些在人际交往中不太受人欢迎的人有以下几个特点：自私、心眼小、斤斤计较、孤傲、依赖性、自我中心、虚伪自卑、没有个性等。有了以上的参照标准，我们就可以对照自己，扬长避短。当然，在人际交往中，最主要的是坦诚，每个人都是独立的个人，不能丧失自我。阿谀奉承、随声附和并不能换来良好的人际交往。

如何在人际交往中正确地评价自己和别人？古语云："人贵有自知之明。"何为"贵"？为何"贵"？贵，说明其难。正确地认识自己的的确确不是一件容易的事。在错误的自我评价中，对交往妨碍最大的，莫过于自卑和自傲。知人者智，自知者明，能否正确地认识和了解他人，同样关系到人际交往能否顺利进行。走出对他人认知的心理误区，要注意以下几个方面：

第一，不以第一印象作为取舍判断的标准。第一印象，也就是第一次对人形成的形象，它往往最深刻，而且常会成为一种基本印象而影响对他人各方面的评价。俗话说，先入为主，讲的就是这个道理，人们很重视给别人的第一印象，但也该看到，第一印象得于较短时间的接触，又无以往的经验作参考，主观性、片面性较强。因此，一定要注意其消极的一面，既不能因第一印象不好而全盘否定，又要防止被表面的堂皇所迷惑。"金玉其外，败絮其中"这

样的例子屡见不鲜。要练就一番透过现象看本质的本事，就要在长期的相处中全面、正确地认识和了解他人。

第二，不因一时一事评价人。某某刚犯了一个大错误，于是就有人发现，他从来就不是好人。这是近因效应在作怪。在较为长期的交往中，最近的印象比最初的印象更占优势，这是一种心理惯性。由于这种惯性的作用，人们往往会以最近的印象来评价人。另外，还有所谓"光环"效应，某人的一种优点、优势放大变成了笼罩全身的"光环"，甚至原来的缺点也被掩盖或者蒙上一层夺目的光彩。这种对他人认知的最大失误就在于以偏概全。

第三，切莫先入为主。第一印象固然是先入为主的，除此之外，在我们的头脑中，总是有一些先在的，得之于各种途径的观念，并常常以此来评价和判断他人，因为这样做所消耗的心理能量最少，也就是说，它最省事。但是图省事往往会造成一些认知偏差。什么美国人开放、英国人保守、商人精明世故、农民老实本分……这些说法虽与某些人的特征相吻合，但绝不是个个如此，还要"具体问题具体对待"。人如其面，各有不同，不能用概念来衡量人，把人简单化。

第四，变消极思维为积极思维。为什么有的人不能从人际交往中得到快乐？人是社会的动物，人际交往是我们每一个人的需要。在人际交往中，过分留心、处处算计、总怕吃亏上当，当然得不到快乐。可以说，这样的人还没有领悟人际交往的真正内涵，因此他无法体验交往的快乐，总是以消极的思维方式看待自己和他人。消极的情绪，如不快、痛苦、愤怒、失望等，会影响人际交往的正常进行，这点不言而喻。这些消极情绪的产生，可能来自某种压力，或者受到挫折。每个人都要学会在生活中对付这些不良情绪，这也是个人成长的一种重要表现。

现代社会主张个性独立，人际交往也日益复杂，如果说在一些场合，或者和某些人的临时性的交往需要一些表面的客套、应酬，那么，建立和发展深入持久的人际交往，最重要的是坦诚相见、表达真实的自我。"水至清则无鱼，人至察则无徒"。当然，如果自己身上存在明显的缺点，理应努力克服和改正。人们在人际交往中不断审视、认识自己和他人，不断领悟人生，这是人际交往的内涵所在。

迈进大学校园的学生，因刚从紧张、繁重的高中学习生活中走出来，没有时间和机会深入社会，对人际关系，他们的大脑中几乎是一片空白。而大学生活，又恰恰需要交往、需要沟通。只有掌握了大学生人际交往的一些基本规律，才能迅速打开局面，为自己赢得一个良好和谐的人际关系。

 课堂演练

【演练项目】

三人四足绑腿跑比赛

1. 比赛规则：以小组为单位，每三人为一队，要求每队至少有一名女性选手。

2.比赛方式:赛前每组运动员各一条腿用布带捆缚在一起(捆在踝关节以上和小腿靠近膝关节部位,捆牢),站立方式起跑,哨声响起后,三人同时出发。

3.成绩:以脚绑脚的形式集体前进,以最短时间到达终点队伍获胜。

知识链接

鲇鱼效应

挪威人喜欢吃沙丁鱼,尤其是活鱼。市场上活鱼的价格要比死鱼高许多。所以渔民总是想方设法地让沙丁鱼活着回到渔港。可是经过种种努力,绝大部分沙丁鱼还是在中途因窒息而死亡。但有一条渔船总能让大部分沙丁鱼活着回到渔港。船长严格保守着秘密,直到船长去世,谜底才揭开。原来是船长在装满沙丁鱼的鱼槽里放进了一条以鱼为主要食物的鲇鱼。鲇鱼进入鱼槽后,由于环境陌生,便四处游动。沙丁鱼见了鲇鱼十分紧张,左冲右突,四处躲避,加速游动。这样沙丁鱼缺氧的问题就迎刃而解了,沙丁鱼也就不会死了。这样一来,一条条沙丁鱼活蹦乱跳地回到了渔港。这就是著名的"鲇鱼效应"。

启示:无论是传统型团队还是自我管理型团队,时间久了,其内部成员由于互相熟悉,就会缺乏活力与新鲜感,从而产生惰性。尤其是一些老员工,工作时间长了就容易厌倦、懒惰、倚老卖老,因此有必要找些外来的"鲇鱼"加入团队,制造一些紧张气氛。从马斯洛的需求层次理论来说,人到了一定的境界,其努力工作的目的就不再仅仅是物质,而更多的是尊严,为了自我实现的内心满足。所以,当把"鲇鱼"放到一个老团队里面的时候,那些已经变得有点懒散的老队员迫于对自己能力的证明和对尊严的追求,不得不再次努力工作,以免新来的队员在业绩上超过自己。否则,老队员的颜面就无处存放了。

而对于那些在能力上刚刚能满足团队要求的队员来说,"鲇鱼"的进入,将使他们面对更大的压力,稍有不慎,他们就有可能被清出团队。为了继续留在团队里面,他们也不得不比其他人更用功、更努力。可见,在适当的时候引入一条"鲇鱼",是可以在很大程度上刺激团队战斗力重新爆发的。

然而,"鲇鱼效应"的运用是有前提的。如果鲇鱼的数量不加以控制,全是鲇鱼的话,整个团队就会出现"个个是条龙、整体是条虫"的现象,形成"鲇鱼负效应"。因此,"鲇鱼效应"的合理运用要经过科学评估与运作,要将其放在整个人力资源开发中全盘考虑。从这个角度看,作为"渔夫"的管理者,除控制鲇鱼的有效数量外,更要针对不同的"鱼"因材施教。对于那些生性活跃、思维敏捷的"鲇鱼"型员工,在给予他们广泛发挥空间与施展平台的同时,更要注重对其良性沟通能力、影响力的塑造;对于那些生性安逸、因循守旧的"沙丁鱼"型员工,要通过带动、约束、教育驱使其运动,激发能量,同时加强他们与"鲇鱼"型员工的合作,从而共建一种活跃、良好、具有凝聚力和建设性冲突的团队氛围。

本章小结

随着现代化大生产的发展和生产社会化程度的提高,人与人之间的交往会越来越复杂。同样,随着组织规模的扩大,组织成员的增加,组织内的人际关系也会越来越复杂,人际沟通越来越困难也越来越重要。所以,大学生不仅要处理好人与物的关系,更重要的是必须处理好人与人的关系。消除沟通障碍,建立良好的人际关系和人际沟通网络,掌握良好的沟通技巧和方法,实现组织有效沟通。这对组织的生存和发展有着十分重要的意义。人际沟通遇到障碍在所难免。找出障碍的成因,就能对症下药,帮助我们克服人际沟通中存在的一些问题,提高我们的交际能力。

作 业

请根据自己的理解完成下面的表格。

请列出你平时生活中的人际冲突的例子。
1. 2. 3. 4. ⋮
如何解决这些人际冲突?
1. 2. 3. 4. ⋮

第四章 人际沟通的应用

任何人的言语水平都不是天生具备的,无数事实证明,言语能力需要通过学习和训练逐渐提高。

举世闻名的拿破仑,不仅是一位军事家,也是一位演讲家。他的军事才能可能来自天赋,但他的演讲才能却来自后天的不断学习和训练。他的秘书在后来的回忆录中讲到,拿破仑在上厕所的时候,也经常在马桶上喃喃自语,主要是训练嘴巴肌肉的灵活性,掌握语速、语调,正是不断的刻苦训练,才使他成为一流的演说家。

俗话说得好,知道别人不喜欢什么,比知道别人喜欢什么更重要。在通向职场成功的道路上,人际沟通扮演着重要作用,良好的人际沟通有利于我们把握沟通对象的兴趣、爱好。我们需要了解和掌握人际沟通的步骤,还有其相应的一些秘诀和技巧。这一章我们就讨论和学习这些内容。

第一节 人际沟通的技巧与步骤

【引言】

在太空时代,最重要的空间存在于耳朵与耳朵之间。——汤玛斯·J.巴楼

在交谈中,判断比雄辩更重要。——格拉西安

做一个好听众,鼓励别人说说他们自己。——戴尔·卡耐基

案例故事

"宝贝儿,跟我说你怎么想的。我知道不容易,可我会尽量理解。"

"可是,妈妈,我不知道该怎么说。你一定会觉得我很傻。"

"不会的。告诉我吧,宝贝儿。这个世界还有谁会比妈妈更关心你呢? 妈妈就是想让你开心,可你为什么不高兴呢?"

"那好,说实话,我不想上学了。"

"什么?"我简直不敢相信自己的耳朵,"你说什么? 你不想上学了? 为了让你上学,我们做了那么大的牺牲! 接受教育是为你的将来打基础。如果你像你姐姐那样用功的话,成绩一定会好起来,那样你就喜欢上学了。我们跟你说过多少次了,一定要安心学习。"

沉默。

"说吧,跟我说说你到底是怎么想的!"

我们总是喜欢这样匆匆忙忙地下结论，以善意的建议快刀斩乱麻地解决问题，不愿意花时间去诊断，深入了解一下问题的症结。

希望从今天开始每个人都能温柔地听别人说话。

案例讨论：

1.母爱是世界上最无私、最伟大的爱，为什么在这里变成了母女之间的沉默？

2.你的人际沟通中存在类似的问题吗？你会如何规避类似的问题呢？

3.读完这个故事，你有什么样的感受？

一、人际沟通的四大秘诀

（一）真诚

真诚指在人际交往中，以"真正的自我"出现。谁也不愿意与"假里假气"的人交往。真诚的心能使交往双方心心相印、肝胆相照，真诚的人能使友谊地久天长。真诚是内心情感的自然流露，建立在对人的乐观看法，对人有基本信任，对对方充满亲切和爱护的基础上，同时也建立在接纳自己、自信谦和的基础上。

一般经营事业相当成功的人士，他们不随波逐流或唯唯诺诺，有自己的想法与作风，但却很少对别人吼叫、谩骂，甚至连争辩都极为罕见。他们对自己的了解相当清楚，并且肯定自己，他们的共同点是自信，日子过得很开心。有自信的人常常是最会沟通的人。

真诚沟通的4个小细节

1.真诚不等于说实话。原则是不伤害对方的自尊和人格。坏话好说：先肯定积极的，后否定消极的，言辞恳切，避免给人贴标签或过分概括化。

2.真诚不是自我发泄。人际交往中，能谈谈自己的内心真话，是使对方感到你真诚的方法之一。但要避免在对方面前发泄自己的负面情绪。

3.真诚应实事求是：不掩饰自己，不不懂装懂。

4.真诚要适度：以"不虚伪"为原则。

（二）自信

自信是一种沟通方式，身处社会，一个人对自我的认识是非常重要的。首先根据自己和环境的情况，清晰自己的定位，并且要有短期、中期和长期的目标，并在实际中加以调整。这需要自己与自己的沟通，也就是自己的意识和潜意识的沟通，有效沟通后方能做到自察、自省、自悟和修通。自我修炼为了修通，人际沟通为了通达。自知者为明，知他人者为智；会听者聪也，善讲者慧也；善取者谓精，能舍者谓通。

阅读小故事

10 年前,莫奈还只是一名汽车修理工,当时的处境离他的理想差得很远。一次,他在报纸上看到一则招聘广告,休斯敦一家飞机制造公司正向全国广纳贤才。他决定前去一试,希望幸运会降临到他的头上。

他到休斯敦时已是晚上,面试就在第二天进行。

吃过晚饭,莫奈独坐在旅馆的房间里陷入了沉思。他想了很多,自己多年的生活历历在目,一种莫名的惆怅涌上心头:我并不是一个低智商的人,为什么我老是这么没有出息?

他取出纸笔,记下几位认识多年的朋友的名字,其中有两位曾是他以前的邻居,他们已经搬到高级住宅区去了。

另外两位是他以前的同学,他扪心自问,和这四个人相比,除了工作比他们差以外,自己似乎没有什么地方不如他们。论聪明才智,他们实在不比自己强。

最后他发现,和这些人相比,自己分明缺乏一种特别的东西,那就是性格情绪经常对自己产生很大的影响。

城市里的钟声敲了三下,已是凌晨三点钟。但是,莫奈的思绪却很清晰。他第一次看清了自己的缺点,发现过去很多时候自己不能控制情绪,比如爱冲动,遇事从不冷静,甚至有些自卑,不能与更多的人交往等。

整个晚上他就坐在房间里检讨,他发现自己从懂事以来,就是一个缺乏自信、妄自菲薄、不思进取、得过且过的人。他总认为自己无法成功,却从不想办法改变性格上的缺陷。

同时他发现,自己一直在自贬身价,从过去所做的每一件事就可以看出,自己几乎成了失落、忧虑而又无奈的代名词。

于是,莫奈痛定思痛,做出了一个令自己都很吃惊的决定:自今往后,绝不允许自己再有不如别人的想法,一定要控制自己的情绪,全面改善自己的性格,塑造一个全新的自我。

第二天早晨,莫奈一身轻松,像换了一个人似的,怀着新增的自信前去面试,很快,他被顺利地录取了。

莫奈心里很清楚,他之所以能得到这份工作,就是因为自己的醒悟,因为对自己有了一份坚定的自信。

两年后,莫奈在所属的组织和行业内建立起了名声,人人都知道,他是一个乐观、机智、主动、关心别人的人。在公司里,他再三得到升迁,成为公司所器重的人物。即使经济不景气的时期,他仍是同业中少数能洽谈到生意的人。几年后,公司重组,分给了莫奈可观的股份。

（三）赞美

卡耐基曾经说过："只有一种方法可以促使人去做任何事。就是让别人高兴、愿意去做这件事！"你们想过这个问题吗？虽然你可以体罚恐吓，甚至威胁，但这些所谓的方法只能让事情变得更糟糕，那么，有效的方法是什么呢？当然是从赞美开始！美国前总统林肯曾说："人人都喜欢受人称赞！"是的，人类本质中最迫切的需求是渴望被别人肯定，所以我们说沟通是从赞美开始的！

> 有一位妻子在劳累了一天之后，为工作的丈夫准备了一大堆干草当晚餐。丈夫直接问她是不是发疯了，妻子答："嘿，我怎么知道你会在意呢？20年来，我一直为你做饭，你却从未吭声，也从没让我知道你并不吃干草啊！"从故事中我们能看出，在我们的日常生活中最容易被忽略的美德便是赞美。

赞美对于我们每个人来说都很重要，它就像阳光，没有它，我们就无法开花和生长。然而，在我们的生活、工作当中，很多人只是给他人提供批评的冷风，而不是给予赞美的阳光，有时就算给了，也是给得有些勉强。

人们工作是为了更好地生存和发展，这就有金钱和职位等方面的愿望，但除此之外，人们更加追求个人荣誉。大多数的人都希望自己的领导给自己以好的评价。当大多数的人被问及为什么工作时，92%的人选择了个人发展的需要。而人的发展的需要是全面的，不仅包括物质利益方面，还包括名誉、地位等精神方面。在单位里，大部分人都能兢兢业业地完成本职工作，每个人都非常在乎领导的评价，而领导的赞美是员工最需要的奖赏。

（四）尊重

渴望受到尊重是每个人的基本心理需求。尊重别人是一种涵养，也是一种品格，在职业圈里更是一种自我管理修养。在我们生存的这个世界上，人们所做的任何事情，不管是只身一人穿越浩瀚无垠的沙漠禁区，还是横渡挑战生命极限的英吉利海峡，不管是攀登世界最高峰的珠穆朗玛峰，还是挺进气温最低、冰天雪地的南极，其目的都是获得一种承认、一种内心的宽慰。在企业中，员工所做的一切，固然是为了获得报酬，以保证家人和自己的生存，但更是为了获得组织和他人的承认与重视。理解与尊重是爱的延伸。尊重他人不能只停留在心中，要善于用语言、行为、表情等表达出来。要真正从内心深处尊重他人，还需正确认识自己，有自知之明，从小事做起。

在人际交往中，我们对所有的人，不管其职位高低，都应该给予应有的尊重。我们不仅要尊重他人的人格、他人的个性习惯、他人的权力地位、他人的情感兴趣和隐私，还要尊重彼此存在的外显或内在的心理距离，不要轻易地去突破它、破坏它，否则就是对对方的冒犯，势必造成对方的戒备、反感和疏远。自尊心是人的心灵里最敏感的角落，一旦挫伤一个人的自尊心，他会以十倍的疯狂、百倍的力量来与你抗衡。做到尊重别人并不难，有时只需一个微笑，一句问候，一声敬称，一双善于聆听的耳朵，一张不刨根问底、散布流言蜚语的嘴巴，就会给别人的心情带来阳光和温暖，当然也会为自己带来真挚的友谊与和谐的交际。

尊重他人的 11 个细节：

(1) 学会聆听！（这样表示你的关心，人们可以信任你。）

(2) 不要打断别人的谈话。（打断别人的谈话不仅不礼貌，而且是不尊重别人的表现。）

(3) 问他们感兴趣的问题。（如果你对人们感兴趣，向他们提问，他们会觉得很荣幸。这也要基于你真心的基础上。）

(4) 清晰、友好地交谈。（与人交谈时你的语音、语调通常比你说的内容更重要，不要太僵硬或太正式。当你和人交谈时要微笑！微笑是两人之间最短的距离。）

(5) 在认识新朋友时，要以最佳的外表出现。（第一印象很重要。）

(6) 最真诚就是欣赏。（学会鼓励和欣赏别人的强项，通常一个微笑，一声掌声，都会给别人很大的信心。）

(7) 记住并使用他人的名字。（人们的耳朵最喜欢听到的声音就是自己的名字。）

(8) 理解并欣赏人们的性格差异。（你要明白，每一个人都是特别的。）

(9) 记住热情。（人们总是被有目标和方向的人吸引。热情是一块磁石。热情是比金子更珍贵的东西，它也是很有感染力的。）

(10) 称赞并认可别人的成就。（这不必是什么重大的事情，小事也可以。例如：你今天穿的这件衣服跟你很配等。）

(11) 多说谢谢。（最具有威力的人际关系技巧之一是感谢。表示感谢的重要技巧是"谢谢"，一句谢谢会让人感觉受到了尊重。）

二、人际沟通的五大技巧

(一) 避免与人争论

林肯曾说道："一个对自己期望甚高的人，怎么可以把时间浪费在争吵上面？"

不论我们多么心存善意，总有人不同意我们的观点，甚至攻击我们；也不论我们多么以自我为中心，发表极具"个性化"的观点，不奢望任何人喜欢我们，还是会吸引忠诚的"粉丝"。世界是复杂的，人的思想也是复杂的。

所以，有不同的观点很正常，无论我们怎么努力，都不可能让每一个人满意，让每一个人喜欢。当然，让每个人都喜欢我们是不现实的，也是完全没有意义的。既然有不同的观点在所难免，生活中、工作中就免不了出现纷争，免不了争辩。

有些人得理不饶人，不论怎样也一定要把对方驳得体无完肤，其实这样做的结果是双输的。就算对方最后心里的确认为你的观点是正确的，但因为你没有照顾到他的感受，伤到了他的尊严，你的行为只会令他感到愤慨，对解决纷争毫无益处。

更何况，如果一个人口服心不服，他的观点仍然不会改变。

当纷争出现的时候,非原则性的问题,不是大是大非的问题,一味地争辩谁对谁错,是完全没有意义的。避免争辩,不是懦弱的表现,是一种生存的智慧。凡事争辩也不是强大的表现,恰恰体现了他内心的脆弱,需要借由输赢来证明自己的价值,显示自己的"重要性"。

人生就是一场修行,人的一生都是在学习如何驾驭自己。

> 有一位表演大师上场前,他的弟子告诉他鞋带松了。大师点头致谢,蹲下来仔细系好。等到弟子转身后,又蹲下来将鞋带解松。有个旁观者看到了这一切,不解地问:"大师,您为什么又要将鞋带解松呢?"大师回答道:"因为我饰演的是一位劳累的旅者,长途跋涉让他的鞋带松开,可以通过这个细节表现他的劳累憔悴。""那你为什么不直接告诉你的弟子呢?""他能细心地发现我的鞋带松了,并且热心地告诉我,我一定要保护他这种热情的积极性,及时地给他鼓励。至于为什么要将鞋带解开,将来会有更多的机会教他表演,可以下一次再说啊。"

(二)聆听

哈尔·博伊尔指出,好的听众拥有广阔的市场。人际沟通是一种双向的行为,我们在说的同时,必须去聆听别人的说。聆听与听是有根本区别的,听只是一个生理过程,它是听觉器官对声波的单纯感受,是一种无意识行为。而聆听也以听到声音为前提的,但更重要的是人们对声音必须有所反馈。也就是说聆听不仅仅是生理意义上的听,更应该是一种积极的、有意识的听觉与心理活动。在聆听的过程中,必须思考、接收、理解说话者传递的信息,并做出必要的反馈。聆听的对象不仅局限于声音,还包括更广泛的内容,如语言、声音、非语言等。可见,聆听不仅要接收、理解别人所说的话,而且要接收、理解别人的手势、体态和面部表情;不仅要从中得到信息,而且要抓住人的思想和感情。

> **关于聆听的故事**
>
> 美国汽车推销之王乔·吉拉德就曾有过一次深刻的体验。一次,某位名人来向他买车,他推荐了一种最好的车型给他。那人对车很满意,并掏出 10 000 美元现钞,眼看就要成交了,对方却突然变卦而去。
>
> 乔为此事懊恼了一下午,百思不得其解。到了晚上 11 点他终于忍不住打电话给那人想知道原因。
>
> 对方告诉他:"今天下午你根本没有用心听我说话。就在签字之前,我提到我的吉米即将进入密执安大学念医科,我还提到他的学科成绩、运动能力,以及他将来的抱负,我以他为荣,但是你毫无反应。"
>
> 乔不记得对方曾说过这些事,因为他当时根本没有注意。乔认为已经谈妥那笔生意了,他不但无心听对方说什么,反而在听办公室内另一位推销员讲笑话。这就是乔失败的原因:那人除了买车外,更需要得到对于一个优秀儿子的称赞。可见学会聆听是多么重要。

(三)同理心

同理心,是心理咨询中的一项重要原则,在人际沟通中也是一项重要原则。要建立良好的人际关系,首先要有正确的态度。态度决定行为,行为决定习惯,习惯决定性格,性格决定命运。

同理心一是知人之所感,即理解;二是感人之所感,即同情。我们在生活中也常说人同此心,心同此理。人生来都有是非、恻隐、恭敬、羞辱四端,这就是本心,也叫本性。沟通的方式中也有据理力争和宽容忍让。同理心是集力争之刚强和宽容之弹性于一体。它让得寸进尺者在愧疚中反思,井底之蛙者在震撼中成长,虚怀若谷者在交锋中思考。你如果没有同理心,你就不会觉得男人梳辫子很好看,因为你不是清朝人;你不会觉得 iPhone 重要,因为你不是卖肾哥。同理心更有利于人际沟通还表现于它对对方感兴趣。同理心不是天生的,是可以培养的。只能修正自己,不能修正别人——想成功地与人相处,想让别人尊重自己的想法,唯一的方法就是先改变自己。

如果别人误解了你,而你要想改变这种看法,最好的做法不是去修正他们,而是改变自己。如果被别人误解,怪你自己,别怪听众,因为你才是传达信息的人。当希望影响或改变他人的时候,如果他人无法接受,那么,最好的方法是首先改变自己的做事方式,而不是强迫他人改变。

同理心的应用

一位女顾客看中了一件衣服,但一翻价目牌后,说道:"哇!太贵了!"这时服务员走上前去,可能使用四种方法来对待这位顾客:

第一,服务员伤害到顾客。服务员可能说道:"嫌贵啊!嫌贵就不要买,不想买就不要摸,摸坏了你可赔不起,要便宜到批发市场去。呸!一看你就是个穷鬼!"

第二,服务员不理会顾客。服务员可能说道:"不贵啊!一分价钱一分货,好货不便宜,便宜没好货!"

第三,服务员照顾到顾客的感受。服务员可能首先认同一下顾客,然后说道:"没错!看上去价格是稍稍有点高,那是因为质量、品牌、加工、工艺等,而且很多顾客都反映这个价格物有所值!"

第四,服务员充分尊重顾客。服务员可能会先处理心情,再处理事情,然后说道:"小姐好眼力,一眼就看得出本店最新上柜的巴黎时装,看得出来小姐平时穿衣服很有品位,而且我发现您对服装的鉴赏能力也很厉害、很内行,厉害厉害!"

(四)微笑

人际关系中,最简单、最有效、最具魔力的沟通技巧就是微笑。可以说,一个人的微笑对于其他人是极有感染力的,当你跟一个陌生人初次见面时,一个充满真诚的微笑能够立即拉近你们之间的距离。但是,看似简单的微笑并不是那么容易的,也需要很多的技巧,下面就一起来看看吧。总而言之,做一个擅长微笑的人吧,只要你有足够的真诚,你就可以给别人带来足够的温暖，拉近彼此之间的距离，真诚相处，最终，你一定会收回一笔珍贵的财富。

沟通是一种心灵的碰撞，我们不可能在每个时刻都面带微笑，生硬虚伪的笑让人不快，不严肃的笑会破坏对话的气氛，而不合时宜的笑会让对方觉得古怪而尴尬。因此，我们只能在应该笑的时候笑，不应该露出笑容的时候就要保持严肃和沉静。应该笑的场合，通常包括：初次见面、寒暄、问好致意、说开场白、告辞、邀请和请求对方，以及询问和征求对方的意见等。而在下面这些时候，我们一定要收敛笑容：谈及严重的话题、表示疑问、恳切地表达意见时。在这些时候收敛笑容，带来的严肃气氛会使对方的注意力高度集中，增强我们语言表达的力量。在说服当中，始终保持微笑的说服效果，远远不如时而微笑、时而严肃的表情能够说服和打动对方。

（五）赞美

赞美特别被那些做着一成不变的事情的人们所欣赏，他们是加油站服务人员、餐馆侍者，甚至是家庭主妇。你曾经走进一个家庭，对女主人说了"多么干净的房间"吗？几乎没有人这样说过。这就是家务活被认为是沉闷乏味的工作的原因。赞美常常给予那些相对比较容易或满意的活儿，比如插花，却与又脏又累的工作无关，比如擦地板。莎士比亚说："我们的赞美是他们的报酬。"赞美是一位家庭主妇得到的唯一报酬，所有的家庭主妇都应该得到这种报酬。你不会小气得连这点儿报酬都不给她们吧？

其实，回报是相互的。当你称赞他们的工作时，他们会更加愉快地工作，你也会很开心，或者得到更好的服务。给予赞美并不花费你什么，除了片刻的思想和片刻的行动——当面说一句话，打一个电话，或者写一封简短的信。这是一个很小的投资，却有可能产生很大的结果。"我能够靠一个好的赞美生活两个月。"马克·吐温就这样说过。让我们随时携带这种小优点。这样，我们不仅将快乐带进他人的生活中，而且，我们的生活也会增加更多的幸福。

赞美的价值

为了证明赞美的价值，美国心理学家沃尔特·米歇尔对一所学校的一个班级进行了一个实验。米歇尔将整个班的学生分为三组，在五天的时间里，一组学生因为他们之前的表现而不断地给予表扬，另一组被批评，第三组则被忽视。

结果，那些被表扬的学生的分数显著地提高了，那些被批评的学生的分数也提高了，而被忽视的那组学生的分数几乎没有提高。通过这个实验，米歇尔还发现了一个有趣的现象：那些被批评的比较聪明的学生与被赞扬的学生得到老师的帮助一样多，但心理承受能力弱的学生对批评的反应表现得很糟糕，而更多地需要被表扬。

汽车制造业巨子、福特公司的前主席唐纳德·彼得斯，就有着每天写便笺鼓励员工的习惯。该公司在20世纪80年代走出低谷，很大程度上归功于他。"我只是在随手拿来的一张纸上草草写上几句肯定或赞美的话，然后将它传递出去。"他说，"其实，

> 很多管理人员没有意识到,一天的工作中最重要的时间,就是鼓舞那些为你工作的人所花费的10分钟。"
>
> 　　唐纳德·彼得斯还说:"其实很多时候,我们身边的人并不真正知道我们对他的感觉。我们常常持这种思想:我对他没有说过什么批评的话,为什么需要说一些好话呢?我们忘了,人们需要进一步被肯定,特别是当他做了一件有意义的事情的时候。实际上,我们每一个人(包括你喜欢的和不喜欢的)正是依靠着这些赞美和肯定而进步、成长!"

三、人际沟通的五大步骤

在工作中我们要完成一次沟通一般需要经过五个步骤:第一个就是要事前准备。准备我们这次沟通的目标,以及为了达成这个目标必要的一些计划,可能遇到的异议,你应该怎么样和他沟通。第二个就是要确认需求。一见到对方就说出你的目的,然后再询问对方的目的。第三个就是怎么样去表达。阐述你的观点,让对方更容易接受。第四个处理异议。采用对方的观点来说服对方。第五个是按照协议,去实施这项工作,否则就会失去对方的信任。在沟通的过程中,我们一定要注意,如果按照这五个步骤去沟通,就可以使你的工作效率得到一个更大的提升。

1.事前准备

为了提高沟通的效率,要事前准备这样一些内容:

(1)设立沟通的目标。

这非常重要,我们在与别人沟通之前,心里一定要有一个目标。我希望通过这次沟通达成什么样的一个效果,那么就要设立目标。

(2)制订计划。

有了目标要制订计划,怎么与别人沟通,先说什么,后说什么。

(3)预测可能遇到的异议和争执。

(4)对情况进行 SWOT 分析。

就是明确双方的优劣势,设定一个更合理的、大家都能够接受的目标。

那么在沟通的过程中,要注意第一点是事前准备,这是我们在沟通过程中的第一个步骤;要准备目标,因为我们在工作中往往会不知道目标是什么,当我们在沟通之前有了一个目标时,对方肯定也会有一个目标,双方能够通过沟通达成一致协议。完成这个步骤一定要注意,在我们与别人沟通的过程中见到别人的时候,首先要说:我这次与你沟通的目的是什么。

2.确认需求

确认需求的三个步骤:第一步是提问。第二步是积极聆听。要设身处地去听,用心和脑去听,为的是理解对方的意思。第三步是及时确认。当你没有听清楚、没有理解对方的话时,要及时提出,一定要完全理解对方所要表达的意思,做到有效沟通。

沟通中,提问和聆听是常用的沟通技巧。我们在沟通过程中,首先要确认对方的需求是什么。如果不明白这一点最终就无法达成一个共同的协议。要了解别人的需求、了解别人的目标,就必须通过提问来完成。沟通过程中有三种行为:说、听、问。提问是非常重要的一种沟通行为,因为提问可以帮助我们了解更多更准确的信息,所以,提问在沟通中会常常用到。在开始的时候提问,在结束的时候也提问:你还有什么不明白的地方? 提问在沟通中用得非常多,同时提问还能够帮我们控制沟通的方向、控制谈话的方向。

3. 阐述观点——FAB 原则

阐述观点就是怎么样把你的观点更好地表达给对方,这是非常重要的,就是说我们的意思说完了,对方是否能够明白,是否能够接受。那么在表达观点的时候,有一个非常重要的原则:FAB 原则。FAB 是一个英文词组的缩写:F 就是 Feature,就是属性;A 就是 Advantage,这里翻译成作用;B 就是 Benefit,就是利益。在阐述观点的时候,按这样的顺序来说,对方能够听懂、能够接受。

4. 处理异议

在沟通中,有可能你会遇到对方的异议,就是对方不同意你的观点。在工作中你想说服别人非常难,同样别人说服你也非常困难。因为成年人不容易被别人说服,只有可能被自己说服,所以在沟通中一旦遇到异议之后就容易导致沟通的破裂。

当在沟通中遇到异议时,我们可以采用一种类似于借力打力的方法,称为"柔道法"。你不是强行说服对方,而是用对方的观点来说服对方。在沟通中遇到异议之后,首先了解对方的某些观点,然后当对方说出了一个对你有利的观点的时候,再用这个观点去说服对方。即在沟通中遇到了异议要用"柔道法"让对方自己来说服自己。

柔道法:如果我们想利用另一个人的力量,不管是精神上的还是物质上的,我们必须屈从于他的力量(这就是不抵抗原则),把他朝着他移动的方向摔出。

5. 达成协议

沟通的结果就是最后达成了一个协议。请你一定要注意:是否完成了沟通,取决于最后是否达成了协议。

在达成协议的时候,要做到以下几方面:①感谢。善于发现别人的支持,并表示感谢;愿与合作伙伴、同事分享工作成果。②积极转达内外部的反馈意见;对合作者的杰出工作给以回报。③赞美。④庆祝。

第二节 人际沟通的职场应用

【引言】

因为人际沟通的诸多技巧是在工作和实践中习得的,所以对于大学生而言,关键是本着沟通非控制的目的,用心观察生活中沟通技巧好或不好的人,对他们的人际沟通过程和结果进行比较,从中借鉴好的经验,汲取失败教训,指导、运用在自己的学习、生活和人际交往中,以便减少阻力,实现个人和集体的双赢。

案例故事

一位 25 岁的朋友曾对我说:"25 岁之前真不知道'人际沟通'的深刻意义,各方面都不顺利。"因为为人忠厚耿直,虽然才华出众,但不懂得人际沟通,得罪了很多人。大学毕业后他在一家媒体当编辑,深受领导重视,就在领导安排他去英国学习之前,不巧和杂志社的实权派闹了"矛盾",现在回想起来,其实就是:没有按照实权派的意图工作,不请示不沟通,没能在他和领导间营造"正向气氛",忽视了领导的重要性。虽然取得了同样的工作效果,但是实权派认为他"不听话"。

为此,两人在单位大吵了起来,实权派说:想不想干?不服就走人!这位朋友刚刚步入职场血气方刚,自然不服,于是他义无反顾地辞职离开。在和领导告别时,很器重他的领导说:"你怎么吃不了'苦'呢!没有一点心理承受能力。"过后朋友冷静下来想,领导这句话确实一语中的,点出了他的弱点。

其实,这句话正好佐证了乔治·梅奥的理论——"与人合作的能力就是人适应环境的能力",简单说就是能吃苦,这种苦可能是别人施加在身体或心理上的苦,并且很可能是"故意"的折磨。年轻人特有的忠厚耿直,缺乏心理承受力和人际沟通经验无可厚非,也很正常,因为人际沟通的诸多技巧是在工作和实践中习得的。对于初涉职场的年轻人而言,关键是本着沟通非控制的目的,用心观察生活中沟通技巧好或不好的人,对他们的人际沟通过程和结果进行比较,从中借鉴好的经验,汲取失败教训,指导、运用在自己的工作中,以便减少工作阻力,实现个人和工作单位的双赢。

案例讨论:

1. 案例中的主人公为什么会出现辞职走人的情况?

2. 在校大学生如何避免初涉职场时产生类似的问题?

一、沟通菜鸟常犯的错误

沟通菜鸟们由于经验的不足和认识的局限,容易犯一些沟通方面的错误。以下是绝大多数人都会犯的错误,如果你也存在这些问题,请给自己提个醒,不要让这些错误继续下去。

（一）不注意倾听

欧内斯特·海明威曾经说过："我很喜欢倾听,我从细心聆听中已经学到了很多,但是大部分的人却从来不去倾听。"

所以,不要做"大部分"人,不要总是急切地等着轮到自己说话,学着真正倾听别人在说什么。

（二）问太多问题

如果在谈话中你提太多的问题会让人觉得有点像被审问。换作你,你也不喜欢被问太多。一种折中的办法是陈述中伴随着问题。

（三）神情严肃

当和陌生人谈话时,或者谈论平常你几乎不谈的主题,可能会出现冷场或不合时宜的心情。你可能紧张得不知道具体该做什么。

（四）表达方式欠佳

沟通中重要的不只是说话的内容,还包括表达方式。声调和肢体语言也是信息传达的重要组成部分,当你在这些习惯中有所变化时就会产生很大的不同。

（五）贪恋聚光灯

每一个说话者都希望自己能一直在聚光灯下。当某些人在说一些趣闻或者一些本来是你打算要阐述的观点时,请不要打断他们。

（六）争论谁对谁错

避免争辩和要求自己的每一个话题都正确。通常一次谈论并不是一场真正的辩论。这是保持好的心情的一种方式。没有人会在意是否你每一次谈话都"赢"。反而坐下来、放松并且保持好的心情更能让别人记住你。

（七）谈论不合适的主题

如果在一个聚会或者某些地方你很想和某些人交流,那么你可能需要避免一些话题。比如,谈论你糟糕的身体状况或者人际关系,差劲的工作或者老板,连环杀手,只有你和其他一些人才懂的技术行话或者其他一些需要场外人员来帮助驾驭的话题。你可能也需要求助你的朋友来挽救会话中的宗教信仰和政治立场。

（八）感到厌烦

不要啰啰嗦嗦地花10分钟谈论你的新车而忽略周围朋友的发言机会。当别人对你产生厌烦时,请及时抛弃你谈论的话题。

（九）不要反反复复地说

公开说出你的想法,分享你的感觉。如果某人在分享他的经历,也请公开分享你的一段经历。不要只站在那里点头和简短地回答。如果有人加入谈话他们当然也喜欢你加入他们。

就像在生活中的很多时候一样,你不能总等着其他的聚会到来才离开第一个聚会。我们需要积极主动,成为开始谈话的第一人。

（十）不要起太大作用

你可能会觉得对于此次谈话你起的作用并不是很大,但是请尽量尝试。睁开你的眼睛,提高你的观察技巧去捕捉周围有趣的谈论素材。通过感兴趣的事物来开阔视野,来充实个人的知识储备。阅读报纸关注新的主题。使用你的肢体语言,学会如何交谈并且尽量表现亲善来提高你的交流技巧。

二、职场双赢的沟通技巧

人际沟通中有六种沟通思维模式,分别是赢、双赢、赢输、输赢、双输、无交易。这里我们要研究的是双赢的思维模式。双赢的理念能够创造伙伴,而非树立对手。寻找让每个人都获得满足的方法,不仅有助于事业上的成功,更能丰富人生。双赢是一种成功的策略,不必牺牲自己来成全别人,因为它是以互惠为前提,找出解决冲突的办法。双赢是一种有效解决冲突的方式。这是一种利人利己的思维方式。

一个双赢的人,会自然而然地具有诚信、成熟、豁达的个性特质,这些特质传达个人内心深层次信念及价值观的个性品格。处于双赢关系的人,能够建立高度信赖的情感账户,他们始终能够以诚实、正直及忠诚的品德来服人,他们的行动与行为、决策与立场完全一致。

建立双赢关系的途径和方式有:

1. 了解别人

认识别人是一切感情的基础!

2. 注意小节

一些看似无关紧要的小节,如疏忽礼貌,不经意的失言,其实最能消耗感情账户的存款。在人际关系中,最重要的正是这些小事。

人的内心都是敏感、脆弱的。不分男女老少,不分贫富贵贱,即使外表再坚强无情,内心仍有着细腻脆弱的情感。

3. 信守承诺

守信是一大笔收入,背信则是庞大支出,代价往往超过其他任何过失。一次严重的失信可能使人信誉扫地,再难建立起良好的互赖关系。

每个人都不要轻易地许诺。即使不得不如此,事先一定尽量考虑所有可能发生的变数与状况,避免自食其言。唯有守信才能赢得他人的信赖,唯信赖才能打开沟通之门。

当然,偶尔也会有人力无法控制的意外发生。不过就算客观环境不允许,依然要努力实践诺言,知其不可为而为之。否则,我们应该详细说明原委,请对方让自己收回承诺。

4. 阐明期望

几乎所有人际关系的问题都是由彼此对角色与目标的认识不清,甚至相互冲突所致。所以不论在办公室工作,还是与朋友共事,都是越明确越好,以免产生误会、失望与猜忌。

对切身相关的人，我们总会有所期待，却误以为不必明白相告。如果你期望对方扮演某些角色，就应该和他进行开诚布公的讨论，阐明你的期望。

宁可慎乎始。在关系开始之初，就明确了解彼此的期待，纵使需要投入较多时间精力，却能省去日后的麻烦，这是一种必要的储蓄。否则，单纯的误会可能一发不可收拾，阻绝了沟通的管道。

坦诚相待有时需要相当的勇气，逃避问题，但愿船到桥头自然直，虽然轻松，但就长远看，慎乎始总胜过事后懊悔莫及。

5. 诚恳正直

诚恳正直可赢得信任，是一项重要存款。

背后不道人短，是诚恳正直的最佳表现。

6. 勇于道歉

向情感银行提款时，应勇于道歉。发乎至诚的歉意足以化敌为友。

由衷的歉意是正数，但习以为常就会被视为言不由衷，变成负数。

三、常见职场沟通场景分析

（一）客户拜访过程

（1）打招呼：在客户（他）未开口之前，以亲切的音调向客户（他）打招呼问候，如："王经理，早上好！"

（2）自我介绍：说明公司名称及自己姓名并将名片双手递上，交换名片后，对客户拨空见自己表达谢意，如："这是我的名片，谢谢您能抽出时间让我见到您！"

（3）破冰：营造一个好的气氛，以拉近彼此之间的距离，缓和客户对陌生人来访的紧张情绪，如："王经理，我是您部门的张工介绍来的，听他说，您是一个很随和的领导。"

（4）开场白：①提出议程；②陈述议程对客户的价值；③时间约定；④询问是否接受。如："王经理，今天我是专门来向您了解你们公司对某某产品的一些需求情况，知道你们明确的计划和需求后，我可以为你们提供更方便的服务，我们谈的时间大约只需要五分钟，您看可以吗？"

（5）巧妙运用询问术，让客户说。

（6）结束拜访时，约定下次拜访内容和时间。

在结束初次拜访时，营销人员应该再次确认一下本次来访的主要目的是否达到，然后向客户叙述下次拜访的目的、约定下次拜访的时间。如："王经理，今天很感谢您用这么长的时间给我提供了这么多宝贵的信息，根据您今天所谈到的内容，我将回去好好地做一个供货计划方案，然后再来向您汇报，我预计下周二上午将方案带过来让您审阅，您看可以吗？"

（二）部门沟通

随着企业的不断发展壮大，企业的内部分工也会越来越细化，业务部门越来越多，业务部门之间的沟通问题也越加突出。一些负责企业效益的业务部门或者核心业务部门,往往容易产生对其他支撑或者服务部门的忽视和抱怨。而这些现象又从另一个方面制约着企业效率的最大化,导致很多企业内部的"金矿"未被挖掘和开采,浪费了巨大的资源。

现在众多企业都趋于扁平化,使得跨部门之间的沟通更加频繁。部门之间地位平等,不存在上下级关系,按说沟通应该比较容易。但现实的情况是,部门之间协调的成本相当高昂,这种沟通成本不仅存在于大规模组织内,同样也困扰着中小型公司。

许多事情,其实并不复杂,而是相互之间的沟通不畅,以至于要搬出上司,甚至是上司的上司来协调。绕了大大的圈子,走了长长的弯路,耽误了你我他的宝贵时间。俗话说,浪费时间就是浪费金钱,这其实就是高昂的沟通成本。有句话说得很直接,搬出上司来协调,就是你我他的沟通无能。有效的沟通,能节约大家的时间,避免占用上司的时间。

提高组织内部跨部门沟通的运营效率的方法有:

1. 有效整合部门目标

有部门就必然存在部门利益、小团体利益,这是不争的事实。尽管大家理论上都知道要摒弃小团体利益,要从公司整体来考虑问题,但一旦公司利益侵犯到部门利益时,这个部门一般都会自觉不自觉地维护部门利益,而不是首先牺牲小团体利益。这是人的自利本性造成的,即使部门经理不想这么做,但迫于部门基层员工的压力也不得不这么做。这个问题的根本在于两者利益的不一致性,或者说两者的目标是不一致的。

为此,我们应该整合那种各自为政的部门目标,使部门的各个目标与组织的总目标相同。如很多大企业给部门设定预算目标时,都采取企业内部的计算依据,这样便于考核,但显然这种内部的计算依据不是面向市场的,而企业是面向市场的,它们的方向就明显不一致。企业设置的指挥棒方向性不一致,直接导致部门和企业的想法不一致,"志不同,不与谋",故而沟通难以为继。

2. 换位思考

在沟通过程中,双方的互相理解和换位思考非常重要。对于一个部门经理来说,换位思考也应该多了解其他部门的业务运作情况,多从其他部门的角度考虑问题,要理解其他部门的难处,这样才能沟通无极限。当其他部门不配合你的工作时,你应该检讨自己,站在对方的角度去看问题,而不能一味地埋怨、抱怨。

那么,企业能为员工的换位思考做些什么? 首先是可以制定一些制度,为员工创造一些条件进行跨部门沟通,也可以成立跨部门的项目小组进行工作。不过,最常用的也是最有效的一招就是实行岗位轮换或者是互相兼职。80/20 规律告诉我们,公司内部 80% 的信息交流与沟通发生在 20% 的人员之间,各部门的主管和秘书就是公司内部沟通的"关键少数"。所以,应该鼓励岗位轮换,请有业务背景的人员担当支持部门的主管,请业务链的上下工序主管互换。这既可以让员工学习到多种知识,很好地规划他们的职业生涯,也可以让各部门的员工站在一个更高的职位角度思考问题,使团队协作精神得以发挥。

3. 注重非正式沟通

企业内部沟通中有正式沟通和非正式沟通。正式沟通很普遍，在跨部门沟通时经常被运用，如会议沟通。但我们需注意，部门间需要沟通的较为敏感的问题，最好能在会议前私下解决，迫不得已需要在会议上讨论的，也应该先通气。此外，在会上的沟通讨论，要尽量以解决问题为主，而不能相互指责、相互挖墙脚。

部门经理们应该常"串门"，要多与沟通对象面谈。现在很多企业的部门都是模块管理，各自为块，部门经理们很少"互访"，用得最多的沟通就是电话沟通。对于面谈，很多人会说"我正事都忙不过来，哪有空去串门闲聊？"殊不知，面对面的沟通借助丰富的表情，表达更加准确，可以大幅减少信息失真，还可以增进部门间的感情和理解。

要避免告状式沟通。发现了相关部门的问题，最好与这个问题的相关部门责任人协调解决，而不能简单直接地把问题端给部门经理，更不能直接端给部门经理的上司。否则，对于这个责任人而言，就是"告状"；即使这个问题由上司出面干涉解决了，但以后的沟通协调可能更麻烦。

4. 坚持跟进

跨部门沟通的一个重要原则就是永远不要嫌麻烦。不要以为开完会、发个文件、写个报告就没事了，事后应该随时保持联系，主动了解其他部门的工作进度，掌握最新的情况。不要被动等对方告诉你问题发生了，而是要主动而持续地沟通，预防问题的发生。

很多人常常抱怨："事情怎么会这样，为什么不早说？"很多人都有过这样的经验，对方事前都没有主动联系，任由问题扩大，等到无法解决了，才紧急跑来求救。这样使人气愤也情有可原，但是如果别人不告诉你，为何你不主动去问对方？

不过，除了要跟进其他部门的执行之外，还需关注自己的部门状况。首先要确保与下属之间的信息是完全畅通的。要避免这样的事情发生，如有时部门主管之间约定的事情，下属却完全不知情，还在为这事徒伤脑筋；有时则是下属之间彼此协调好的事情，却没有事先告知主管就去做了，主管事后知道却大感不妥，推翻之前的决定，一切又得重新来过。其次，要跟进下属在与其他部门沟通时是否遇到了某些困难，你可以主动询问员工，是否需要你出面联系，以便尽早发现问题，尽早解决问题。

5. 倡导沟通文化

跨部门沟通还有一个最为明显的障碍是企业缺乏一种氛围。很多企业的企业文化没有鼓励沟通的内容。因此，企业的老板如果想打造一个优秀的团队，各部门之间不会因为沟通不畅而内耗的话，就应努力在企业中营造一个良好的沟通氛围。

比如很多员工在企业内部不愿意去沟通，这有可能是他曾经因为主动沟通而遭受过打击。因此，企业的负责人应该为员工营造一个交流的平台，能包容各种不同意见，不要随意打击下属的积极性。有些企业采取"头脑风暴法",把问题拿出来,每个人都可以说,什么意见都能讲,慢慢地再把它总结出来。方法很多,关键一点还是能包容不同的意见,企业要慢慢营造这种气氛。

企业应该鼓励部门的员工与相关部门的员工建立朋友关系,采用"人盯人"的战术,告别以前那种只是"半熟脸"、没事不说话的现象;在有可能的情况下,请需要配合的部门主管来参加本部门的业务会,一方面可以让他了解本部门的意图和需要获得的配合,而且还可以听取他的建议,以便在实施过程中可以更顺利地配合;而且其他部门主管可能也会吸取这个经验而请你"回访"。同时,不要总指望由企业出面组织部门之间的沟通和联谊,因为那恐怕一年也没有两次。跨部门沟通不应拘泥于某种模式,沟通的方式多种多样,沟通的目的是增进交流和默契的合作,达到整个事业的提升。

6. 调整组织机构

如果部门间需要频繁的沟通,则有必要考虑调整组织机构,使跨部门沟通变成部门内部沟通,这有助于改善沟通。如果信息传递链过长,会减慢流通速度并造成信息失真,则有必要减少组织机构重叠,拓宽信息渠道。

总之,有沟通才能把握全局、了解真伪,拓宽领导者视野;有沟通才能凝成合力、构成坚强团队;只有更好地沟通,才能使人心畅通、企业兴旺!

(三)工作汇报

工作汇报是一项工作的重要内容也是展示自己工作成就的机会,工作报告无论对于员工还是老板来说都是极其重要的。员工需要展示自己,老板需要了解员工,企业需要向外界展示企业经营成果,这些都体现在工作的总结汇报之中。

学会做工作汇报首先要学会做平时的总结,从工作中获得汇报的素材。这就包括:

(1)要学会聆听上级指示,善于抓住重点,善于总结。如果领导发现他说的你都做了自然会很高兴。

(2)和同事交流。和同事交流可以获得一些别人的长处和经验,有助于优化自己的想法,弥补一些缺点。

(3)熟悉企业文化,熟悉领导心思。在什么地方说什么话,对什么人说什么话,所以先别急着一言而尽,先熟悉再说话。

(4)自己做工作总结和工作日志。汇报是一个选择性的总结,那么就需要有很多的素材,所以学会自己做工作总结和写工作日志是很重要的。

汇报工作需要多花功夫,按照领导要求汇报,但是可以准备更多,这样才能起到更好的效果。这个时候多付出一点是值得的,因为这种努力是给别人看的,多一些又何妨。

汇报应注意的技巧：

汇报工作尤其是当面汇报工作更加应当注意一些技巧。

1.适当恭维。好话人人爱听，但是好话不是人人都会说。别拍没水准的马屁。

2.注意情境。如果老板正在气头上，你要和他说什么？那还是讨论炒鱿鱼的事靠谱点。

3.不要越级汇报。上级领导和上上级领导是不相同的。你的工作有什么事和上级领导说就好，至少先和上级领导说，不要到时候搞得他很难堪，结果你更难堪。

4.不要背后说坏话(不可尽言，不可胡言)。做人留余地，不在别人背后说坏话是很重要的。

（四）会议沟通

1. 会议沟通的五大要素

（1）议题要和参与开会的人有关。若参与开会的人觉得议题和自身没有关联或者对探讨的议题不懂，又或者在自身责权范围以外，则会议将很难使其他员工获得参与感。

（2）选定适当的出席人员。开会要能决定事情，要能产生开会后的影响力。因此出席会议的人，必须对议题有决定权，并且在职务上有权利与义务执行会议的决定。

（3）具备专业的会议主持人。主持人是会议进行的灵魂人物，因此，主持人要能引导发言，控制会场秩序，管理时间、管制发言人不偏离主题、归纳出席开会人的发言要点、做出结论，主持人能成功地扮演好上述角色，会议才能成功进行。

（4）会前要有充分的准备。会前需要制作会议准备检查表，例如会议主持人自我检查表，包括会议准备时的检查点(准备工作是否到位)、导入议题时的检查点(是否恰当地导入议题)、进行讨论时的检查点(是否有人跑题、超时，是否会争吵、相互指责或者离题万里等)、导出结论时的检查点(引导大家共同地导入结论)。

（5）参与开会人的态度。参与开会人员的态度可以通过以下方面体现：

第一，准时参加开会。

第二，会前要对讨论的议题做充分的准备。

第三，尊重别人的发言权。

第四，要注意聆听别人的意见。

第五，期望会议能得到最好的结论。

2. 议题达成的四个阶段

在开会时，常常会而不议，议而不决，决而不行，行而没果，这些都是无效会议的体现。通常来说，一个会议得出恰当明确的结论主要包括四个步骤：

（1）导入议题。进入议题讨论前，以准备的资讯说明研讨议题的目的及重要性，让开会的人员都感到这个议题对自己有切身的影响，从而愿意全心投入议题的讨论。

（2）充分发言。主持人要尽量引导大家的意见，包括指名发问、交替发问和以全体人员为对象发问。

（3）获得一致的结论。在会议中，要去掉大家无能力做到的想法，删除离题的意见，并对剩下的可行性意见，让参会人员评估每个意见的优劣点，最后评估选出的意见是否能达到议题的目的。

（4）确定责任人。确定责任人就是对每个结论确定负责实施的对象。对会议的每项结论要清楚地注明由谁负责，什么日期完成，何时何人检查等。

3. 做好会议追踪工作

在会议过程中，需要记录会议纪要，会后根据会议纪要进行必要的追踪，确定会议行动追踪表，并将会议决议事项的实施和出席会议人员签名表等记录表归档保存。

（五）与上级沟通

与上级沟通时，不能用问答题方式，少用判断题方式，要使用选择题方式。对于提出的方案，在执行前要对上级作全面的汇报，包括方案目标、计划方案、完成期限、衡量评估标准和需要的资源、权力、政策等。需要注意的是，要将辅助资料准备齐全。方案在执行过程中，要及时恰当地向上级反馈进展情况，设置检查点，要注意准备好几个问题：项目是否在按计划执行；如果项目不是按计划执行，其原因是什么；项目执行过程中该如何调整；下一步可能出现的问题与准备的措施；需要上级提供哪些支援等。需要注意的是，向上级表达观点时要简洁明了，用词要准确且谨慎。

知识链接1

与不同类型领导沟通的策略

力量型领导问题：领导为典型的力量型，为人比较霸道，经常在下级还没有把问题说清楚时就打断，并武断地给下级一个并不能解决问题的答案。执行，会带来严重后果；不执行，会得罪上级。

解决措施：应该首先做好执行准备，然后写出书面报告，汇报目前的形势，可能发生的后果和补救方案。再找一个合适的机会，与领导进行沟通，领导看后会认真考量，最后进行认可和执行，按照领导要求和既定方针进行，千万不能阳奉阴违，自以为是，自作主张。

外行领导内行问题：某上级是个专业上的外行，在一次下达任务时，下级从专业角度做了一份完美的方案，却被上级否决，那么该怎么办呢？有下面五个选择：

①阐述方案的专业优点，说服上级接受。

②完全顺从上级的意思，具体听他安排。

③修改上级的不满意之处，取个折中方案。

④申辩威胁，强调完美，否则就不干了。

⑤其他。

解决措施：一般在优秀的公司中，通常是外行领导内行。在上面五个选择中，前四个方案都不可行,应该从公司的绩效角度考虑,提供多个可行方案以供上级选择。

钱不够,活要干的问题:上级要求去办一件事,预计需要 10 万经费,但无论怎样沟通,领导就是不肯全给,领导的观点是花最少的钱,办最大、最好的事,而预算已经很精确,该如何解决呢?

解决措施:对于这样的问题,应该多提供一些选择方案,设计出 6 万元的方案、8 万元的方案、10 万元的方案和 12 万元的方案等,然后由领导选择。在不同的方案中包含的内容不一样,由领导作出最终选择。所以,在和上级领导沟通时,要多注意沟通技巧,达成有效的沟通结果。

(六)商务谈判

谈判是人们为了协调彼此之间的关系,满足各自的需要,通过协商而争取达到意见一致的行为和过程。谈判是人类行为的一个组成部分,人类的谈判史同人类的文明史同样长久。商务谈判是经济谈判的一种,是指不同利益群体之间,以经济利益为目的,明确相互的权利义务关系而进行协商,就双方的商务往来关系而进行的谈判。商务谈判是一项集政策性、技术性、艺术性于一体的社会经济活动。

商务谈判一般步骤如下:

1. 确定谈判态度

在商业活动中面对的谈判对象多种多样,我们不能拿同样的态度对待所有谈判对象。我们需要根据谈判对象与谈判结果的重要程度来决定谈判时所要采取的态度。如果谈判对象对企业很重要,比如长期合作的大客户,而此次谈判的内容与结果对公司并非很重要,那么就可以抱有让步的心态进行谈判,即在企业没有太大损失与影响的情况下满足对方,这样对于以后的合作会更加有利。

如果谈判对象对企业很重要,而谈判的结果对企业同样重要,那么就持一种友好合作的心态,尽可能达到双赢,将双方的矛盾转向第三方,比如市场区域的划分出现矛盾,那么可以建议双方一起或协助对方去开发新的市场,扩大区域面积,将谈判的对立竞争转化为携手竞合。如果谈判对象对企业不重要,谈判结果对企业也是无足轻重,可有可无,那么就可以轻松上阵,不要把太多精力消耗在这样的谈判上,甚至可以取消这样的谈判。如果谈判对象对企业不重要,但谈判结果对企业非常重要,那么就以积极竞争的态度参与谈判,不用考虑谈判对手,完全以最佳谈判结果为导向。

2. 充分了解谈判对手

知己知彼,百战不殆。在商务谈判中这一点尤为重要,对对手的了解越多,越能把握谈判的主动权,就好像我们预先知道了招标的底价一样,自然成本最低,成功的概率最高。了解对手时不仅要了解对方的谈判目的、心理底线等,还要了解对方公司的经营情况、行业情况、谈判人员的性格、对方公司的文化、谈判对手的习惯与禁忌等。这样便可以避免很多因文化、生活习惯等方面的矛盾,对谈判产生额外的障碍。还有一个非常重要的因素需要了解并掌握,那就是其他竞争对手的情况。比如,一场采购谈判,我们作为供货商,要了解其他可能和我们谈判的采购商进行合作的供货商的情况,还有其他可能和自己合作的其他采购商的情况,这样就可以适时给出相较其他供货商略微优惠一点的合作方式,那么将很容易达成协议。如果对手提出更加苛刻的要求,我们也可以把其他采购商的信息拿出来,让对手知道,我们是知道底细的,同时暗示,我们有很多合作的选择。反之,我们作为采购商,也可以采用同样的反向策略。

3. 准备多套谈判方案

谈判双方最初各自拿出的方案都是对自己非常有利的,而双方又都希望通过谈判获得更多的利益,因此,谈判结果肯定不会是双方最初拿出的那套方案,而是经过双方协商、妥协、变通后的结果。

在双方你推我拉的过程中常常容易迷失最初的目标,或被对方带入误区,此时最好的办法就是多准备几套谈判方案,先拿出最有利的方案,没达成协议再拿出其次的方案,还没有达成协议就拿出再次一等的方案。即使我们不主动拿出这些方案,但是可以做到心中有数,明确向对方的妥协是否偏移了最初设定的框架,这样就不会出现谈判结束后,才发现自己的让步已经超过了预计承受的范围。

4. 建立融洽的谈判气氛

在谈判之初,最好先找到双方观点一致的地方并表述出来,给对方留下一种彼此更像合作伙伴的潜意识。这样,接下来的谈判就容易朝着一个共同的方向进展,而不是剑拔弩张的对抗。当陷入僵局时也可以拿出双方的共识来增强彼此的信心,化解分歧。可以提供一些对方感兴趣的商业信息,或对一些不是很重要的问题进行简单的探讨,达成共识后双方的心理就会发生奇妙的改变。

5. 设定好谈判的禁区

谈判是一种很敏感的交流,所以,语言要简练,避免出现不该说的话。但是在艰难的长时间谈判过程中也难免出错,最好的方法就是提前设定好哪些是谈判中的禁语,哪些话题是危险的,哪些行为是不能做的,谈判的心理底线等。这样就可以最大限度地避免在谈判中落入对方设下的陷阱或误区中。

6. 语言表述简练

在商务谈判中忌讳语言松散或像拉家常一样的语言方式,尽可能让自己的语言变得简练,否则,你的关键词语很可能会被淹没在拖拉冗长、毫无意义的语言中。一颗珍珠放在地上,我们可以轻松地发现它,但是如果倒一袋碎石子在上面,再找珍珠就会很费劲。同样的道理,我们人类接收外来声音或视觉信息的特点是:一开始专注,注意力随着接收信息的增加,会越来越分散,如果是一些无关痛痒的信息,更将被忽略。

(七)说服

无论从事何种工作,人一生当中都要不断地与形形色色的人打交道,尤其是主要以人为对象的领导同志,更是无时无刻不面对与人打交道的问题。在与人的交往中,如何巧妙而不是机械地、委婉而不是生硬地说服对方理解、赞同、拥护自己的观点、想法或安排,并主动、自觉、心甘情愿地照此言行,是一门内涵颇深的艺术,运用得好,会产生巨大威力。拿破仑说,一支笔胜过两千条枪;毛主席也说,枪杆子、笔杆子,这两点都很重要。枪是用来消灭敌人的,很重要;笔是用来说服朋友或把敌人说服成朋友的,同样很重要。

一般而言,说服要遵守以下三个原则:

1. 自信尊人原则

要说服人家相信你的观点、想法或安排是正确的,首先自己要自信。自信未必一定能说服人,但不自信肯定不能说服人。不过,光自信不够,还必须充分尊重对方,在心底里多从正面、积极的方面看人家,约见要守时,握手要有力,交谈要耐心聆听。如果要说服对方认识错误,一定要注意别用挖苦的语言,要换位思考,用你希望别人对待你的方式对待人家,不能只顾自己痛快,不顾别人感受。

2. 实事求是原则

真诚的人、诚实的话容易被人接受,想给人以真诚、诚实的印象,就一定要有一说一,有二说二。说服最忌道貌岸然、装腔作势,嘴里假话、空话、大话不绝,因为你戴着面具,人家看不透你,不敢相信你这个人,怎么会相信你的观点、看法或安排?

3. 反自我利益原则

如果你想让别人接受的东西能给你带来利益,这种利益越多别人就越不接受,而对你个人没有好处甚至还有危害的东西,别人却很容易相信。这里有两点需要注意:一是你希望别人如何对待你,你就如何对待别人;二是别人希望你怎样对待他,你就怎样对待他。

课堂演练

【演练项目一】

【项目名称】叉手

【项目类别】个人项目

【项目目标】演示强迫性的改变可能引起的不自在和随之而来的抵触情绪。

【项目规则】请小组成员按照平时的习惯双手交叉握在一起,并注意看看自己的拇指和各个手指是怎样交叉的(是左手大拇指在上还是右手大拇指在上)。然后请大家松开后再重新合拢。这次手指交叉的顺序要正好相反(例如本来左手拇指在上的改为右手拇指在上)。

【演练项目二】

【项目名称】口述画图

【项目类别】多人项目

【项目目标】双向沟通比单向沟通更有效,双向沟通可以了解到更多信息。

【项目规则】

1. 图形贴于写字板后；

2. 人只能站在板后,不可走出来,有30秒思考时间；

3. 描述第1图时,台下学员只允许听,不许提问；

4. 描述第2图时,学员可以发问；

5. 每次描述完,统计自认为对的人数和实际对的人数。

【演练项目三】

【项目名称】盲人方阵

【项目类别】团队项目

【项目目标】领导在实现团队目标中的重要性,策划、组织、协调是实现目标的重要手段。

【项目规则】也叫黑夜协作,是一个以团队挑战为主的项目,在今天的经济生活中占有越来越重要的地位,项目主要凸显有效沟通等。每个学员都戴上眼罩并围站成一圈,教练给学员一根或几根长度合适的绳子。接下来,教练要求团队将绳子分别摆放成各种形状,如正三角形、正方形等。同时所有的学员须大致均匀地分布在正几边形的边上。

知识链接2

自信心培养七大步骤

步骤1:告诉自己,一定要实现目标

当制订好目标以后,一定要拥有自信,要树立全神贯注的信念。唯有专注于自己的工作,并切实去做才能实现目标。很多经验证明,充满自信和希望的一天就是迈向成功的第一步。

步骤2:要做最好的准备

凡事做好准备是做好工作的重要因素。因为准备充分,所以你才会信心十足,这就是为你带来信心,而且能够战胜对手,使自己获得成功的最佳秘诀。

步骤3:重心放在你最大的长处上

有大成就的人,知道把精力放在最擅长的地方。当你集中精神在你能表现最好的事情上时,你会觉得信心增强。

步骤4:培养信心

学着对自己仁慈些,要总结和整理自己成功的经验,想到自己已完成的事,你就对能做的事更有信心。只有自卑者才会把注意力盯在失败和缺点上。

步骤5:从你的错误和失败中吸取教训

唯一避免犯错误的方法是什么都不做,有些错误确实会造成严重影响,但是没有失败。聪明的人会从失败中吸取教训。愚者是一再失败,却不能从其中吸取任何教训。

步骤6:放弃逃避的念头方能产生信心

缺乏信心的人终日与恐怖结伴为邻,自我肯定的机会也就渺茫。有一句名言说得好:现实中的恐惧,远比不上想象中的恐惧那么可怕。大多数人在遇到困难时,大都考虑事物本身的困难程度,如此产生了恐怖感。但是一旦着手解决,就会发现其实比想象中要容易且顺利得多。

步骤7:要确实遵守自己所订下的约束

这是增强信心的最后一个步骤,也是所有步骤中最简单且最具有效果的。这里指的约束,泛指包含你的工作、经济、健康等各种问题。

当你自己做了某种程度的约束后再遵守这种约束时,你会发现由于实践导致了自我信赖,这种自我信赖是你已经开始坦然面对自己的实证,信心当然也会跟着而来;随着时间的推移,这种自我信赖根深蒂固地成为你的勇气与力量。

知识链接3

人际沟通应用中的三大禁忌

沟通中要避免一些错误的行为,因为它们很容易毁掉我们的关系,从而导致猜测、误解、恼怒、挫折感,使沟通被完全破坏。不幸的是我们每天都发现这些过失在我们身边发生。对于我们来说,承认这些过失是很容易的,但是在彼此的沟通中,这些过失又不断地重复出现,避免却很难。如果你想成功地进行沟通,你就要避免这三大沟通禁忌。

第一大沟通禁忌:说教。讲道理、责备、羞辱以及抓住过去的事情不放,都是说教的形式。这肯定会把好的沟通引入深渊。当我们认为自己比别人知道得多,或者经验更丰富,或者价值观更优越时,我们往往会变得严肃、自大,开始讲道理。但因为我们对他人的参考体系并不完全了解,我们的说教未必是中肯和受欢迎的。责备和羞辱是两种常见的说教方式。如果某人犯了错误,我们是否应当谴责他们,让他们感到滋味不好受呢?还是应当向他们指出什么地方出错了以及下次如何改正呢?既然人们通常并非有意地犯错,那就应当着眼于将来,帮助他们决定下次该怎么做无疑是一个更好的做法。指出别人的错误是一件很"诱人"的事情,一旦我们习惯于此,很容易抓住过去的事情不放,让人重新回忆和体验他们做错的事情,或我们不赞赏的事情。这样做很不好。

第二大沟通禁忌:命令。命令是当你告诉某人要做某事时,用的是一种不容商量的口吻,不给人以任何商量的余地。你的命令使得其他人感觉他们就像机器一样。如此命令的结果,要么引起一场争斗,要么是憎恶的屈服,这取决于你当时的地位。下一次当你又要说"你必须……"时,请你停下来,寻找更好的方式来传递你的信息。另一种更微妙的命令形式是"强加于人",通常你很礼貌地运用富有逻辑的陈述,你设想别人都同意你的观点,实际上你没有给他们发表意见的机会,而使谈话非常简洁迅速。你用威吓的方式使别人屈从你的观点。

应该运用你的神情和习惯用语,使别人比较容易地理解你想做什么或不想做什么,并提出改进意见。只要可能，关注你想要的结果，并且让别人决定他们应该采取什么行动。如果你发现你自己正在引出一场迅速获得你想要的结果的谈话，问问你自己是否强加于人了，还是以威慑力量使别人屈服了。如果是这样，你想想应做些什么？听听别人的意见，看看是否能帮助你更有效地达到你的目的，促进相互关系。

第三大沟通禁忌：多余的劝告。有些短语像"你将会……""你应该……""你试一下，如果你听从我的劝告，你将会……"我们上下嘴唇一碰，有可能使我们就像道学家、传教士或是在演讲一样。如果人们需要我们的劝告，他们会来找我们的，那时他们会认真地倾听。否则如果是我们强加于他们的，那么我们的劝告或许会被忽略，或许会被当作耳旁风。如果你一定要给予别人一些劝告，那么首先要征得允许，你该这样说："你不介意我提个建议吧？"或者说"你不想听听我对那个问题的看法吗？"这样更好一些。

本章小结

本章重点分析讨论了人际沟通的四大秘诀、人际沟通的五大技巧、人际沟通的五大步骤。分析了沟通菜鸟常犯的错误和职场双赢沟通技巧，并分析了一些常见职场沟通场景，为大学生们提供了一定的参考方向。

任何人的言语水平都不是天生具备的，无数事实证明，言语能力需要通过学习和训练逐渐提高。通向职场成功的道路上，人际沟通扮演着重要作用，良好的人际沟通有利于我们把握沟通对象的兴趣、爱好。我们需要了解和掌握人际沟通的步骤，还有其相应的一些秘诀和技巧。

因为人际沟通的诸多技巧是在工作和实践中习得的，所以对于大学生而言，关键是本着沟通非控制的目的，用心观察生活中沟通技巧好或不好的人，对他们的人际沟通过程和结果进行比较，从中借鉴好的经验，吸取失败的教训，运用在自己的学习、生活和人际交往中，以便减少阻力，实现个人和集体的双赢。

一个双赢的人，会自然而然地具有诚信、成熟、豁达的个性特质，这是传达个人内心深层次信念及价值观的个性品格。处于双赢关系的人，能够建立高度信赖的情感账户，他们始终能够以诚实、正直及忠诚的品德来服人，他们的行动与行为、决策与立场完全一致。

人际沟通的技巧及其应用，重点在于应用。懂得再多的技巧，而不将其应用于工作和生活实践，将不具有任何价值。

作　业

请根据自己的理解完成下面的表格。

回顾一下自己宿舍中发生过的一些问题。如果现在再发生这样的事情,你会用什么样的技巧和秘诀来处理?

1.

2.

3.

⋮

职场新人在沟通中常犯的错误有哪些?

1.

2.

3.

⋮

如何在职场中实现双赢?

1.

2.

3.

⋮

常见的职场环境中,分别有哪些不同的沟通策略和技巧?

1.

2.

3.

⋮

第五章　公众表达概述

【引言】

语言就其本质而言,是一种公众事物。　　　　　　　　　　　——T. E. 休姆

眼神里的语言世界任何地方的人都能理解。　　　　　　　　　　——爱献生

每次面对大众演讲我的心里都会很紧张,才上完一次厕所,一会儿又想要上,即使讲下一百场,心理仍有压力。　　　　　　　　　　　　　　　　　　　——卡耐基

人是社会的一员,在生活中,我们每天都少不了与周围的人进行相互的沟通交流,良好的沟通会给我们的生活增加更多的光彩,也会使我们在生活中更加阳光明媚。人的这一生中,没有什么比与他人融洽相处更能让我们身心愉悦。有的人善于沟通,他的人生发展就步步顺畅;有的人不善于沟通,很多平凡和简单的问题常常给他带来无穷的烦恼。而在公众环境中,用某种行为比如语言或者手势,正确地表达自己的思想,吸引其他人聆听并认可表达者所说的内容是一件极有成就感的事情。

在西方国家的早期资产阶级思想家眼里,言论自由作为公民自由的一个构成部分,是在自由主义基本规范下的一种延伸和发展,因此,公众表达自由也就紧密地与民主制度的现实可能性联系在一起。但是,学者也注意到,依靠公众表达来反映并维护社会多数人的公共利益并不可靠。其中最深刻的质疑来自群体心理学,它对民主理论的概念基础"理性"提出挑战。在自由主义理论中,大众媒介在民主社会中占据着重要的地位。公众表达依靠大众媒介来传播,是社会中多数人喜欢选择的方式。这赋予公众表达更深层次的背景和意义。

第一节　公众表达的内涵与意义

一个人可以面对多少人,就代表这个人的人生成就有多大!　　　　　　　——丘吉尔

我的言语高高飞起,我的思想滞留地下;没有思想的言语永远不会上升天界。

　　　　　　　　　　　　　　　　　　　　　　　　　　　　　　　——莎士比亚

案例故事1

小雯是一名女大学生,正在南方某大学读大二,身体健康,好学上进,课余喜欢一个人待着看看书、听听音乐。她特别不喜欢人多的场所,更害怕在公众场合抛头露面。她在和异性或老师谈话时会脸红,还会紧张得全身冒汗。一次,同学强拉小雯去参加学校举办的舞会,

有一位男同学邀请她跳舞,小雯立即感到脸发烧、出冷汗、手足无措,本想对他说"对不起,我不会跳舞",可小雯却感到喉部不适,发不出音,吐不清字,甚至全身发软。幸好,同学过来帮她解了围。事后,小雯老是问自己:"怎么会这样?我是不是有什么病?"

案例故事2

在社交场合,如果某人想和一个陌生人交谈,正好看到这个陌生人手里拿着一张报纸,某人便对他说:"同志,对不起,打扰一下。请问您手里拿的是什么报纸?有什么重要新闻吗?"

案例讨论:

1. 什么是公众表达?如何克服面对公众无法表达的困惑?

2. 案例故事2里面运用了什么语言技巧?

一、公众表达的概念

界定"公众表达"的概念,需要参照不同时代、不同学术渊源和思想流派的学者对公众表达的理解和评论,梳理学术界对公众表达的基本立场和态度。广义上的公众表达指社会普通民众就有关社会公共事务、公共决策等问题而发表的言论、意见。狭义的公众表达只是指表达语言,向对方说理,使之接受,试图使对方的态度、行为朝特定方向改变的一种影响意图的表达。本章主要是从狭义的角度分析公众表达的内涵和意义。

基础的表达是沟通,而且沟通一词的起源也早于表达。我们有必要了解一下沟通的概念。第二章详细阐述了沟通的含义与类型,在此不再累述,本章就沟通的来源和外延意义进行了解,对沟通的类型等知识点进行再回顾。

(一)"沟通"的来源

沟通,从词源上来说,本意指开沟而使两水相通。《左传·哀公九年》:"吴城邗,沟通江淮。"后来,泛指彼此能相通,两方能够经过疏通达到通连。

沟通的英文词汇始于1945年11月16日在伦敦发表的联合国教科文组织(UNESCO)宪章:"为用一切 Mass Communication 手段进行各国之间的相互了解而协同努力。"这里的Communication,是指两个或两个以上的人之间,甲的思想、信息传播给乙、丙、丁等。《牛津现代高级英汉双解词典》将其解释为:"传达、传播、传递;被传播之事,如新闻、信息、消息。"

(二)"沟通"的外延意义研究

沟通的理论主要有共享说、交流说、信息说、劝服说。

国内对沟通学的研究起步较晚,学者们分别从社会学、心理学、管理学、传播学等各个不同的学科角度对其作了界定和研究。(1)社会学的角度。社会学强调沟通是社会群体之间有目的的交流活动。徐为列提出:"有效沟通需具备两大条件,第一,信息发送者清晰地表达信息的内涵,以便信息接受者能确切地理解;第二,信息发送者重视信息接受者的反应并根据其反应及时修正信息的传递,免除不必要的误解。"(2)心理学角度。心理学强调沟通是心理刺激和唤醒。学者孙科炎和程丽平提出:"沟通就是信息的传(刺激)与受(被刺激)——发送者凭借一定的渠道,将信息传递给接收者,并寻求反馈以达到相互理解的过程。"沟通不仅仅是语言交流,不仅仅是讲道理或者其他任何一种简单的交流,沟通是一种复杂的心理刺激和唤醒活动。(3)管理学角度。管理学强调沟通在组织管理活动中的信息交流。周三多在《管理学原理和方法》一书中提出:"沟通是指可理解的信息或思想在两人或两人以上的人群中的传递或交换的过程,整个管理工作都与沟通相关。"沟通时协调个体、各要素,使企业成为一个整体的凝聚剂;沟通是领导者激励下属,实现领导职能的基本途径;沟通也是企业与外部环境建立联系的桥梁。(4)传播学角度。传播学强调沟通是一个包括信息发送者、信息、媒介、信息接收者等要素循环交流的过程。朱国华在其硕士毕业论文《港口企业沟通与企业文化的研究》中提出:"所谓沟通是将某一信息传递给客体或对象,以期其做出相应反应效果的过程,包含理想、情感、思想、态度、观点等各方面的交流。沟通是一个过程,它包括沟通主体、媒体、沟通客体、沟通效果、反馈等各个环节。"

国内外学者从不同的角度和不同的领域对沟通作了不同的界定。从学者的研究中,我们由浅到深,由点到面对沟通有了相应理解。概念的界定仅是一种导向,它为研究提供了框架。概念的界定除了要揭示事物的本质,还要服务于研究目的。因为不同的研究目的可以从不同侧面揭示概念的本质。

(三)表达的类型,或者说是沟通的类型

按照功能划分,沟通可以分为工具式沟通和感情式沟通。一般说来,工具式沟通是指发送者将信息、知识、想法、要求传达给接收者,其目的是影响和改变接收者的行为,最终达到目标。感情式沟通是指沟通双方表达情感,获得对方精神上的同情和谅解,最终改善相互之间的关系。

按照沟通发生的情境,沟通可以分为正式沟通与非正式沟通。正式沟通指在正式社交情境中发生的沟通,而非正式沟通指在非正式社交情境中发生的信息交流。在企业中,正式沟通指以企业正式组织系统为渠道的信息传递。非正式沟通指以企业非正式组织系统或个人为渠道的信息传递。根据信息载体的不同,沟通可分为语言沟通和非语言沟通。

当众讲话主要是通过声音传情达意,当众讲话时,人们在表意的同时,也把语调的高低、语速的快慢、语音的轻重、音量的大小、语气的徐疾等直接展现在听者面前,因而,以声音传递情感,往往直接而逼真,可感性很强。势态语是一种借助手势、表情、体态、动作来传情达意的特殊语言,它要借助非有声语言传递信息,表达情感,是参与交际活动的一种不出声的辅助语言。当代大学生多为"90后",人生阶段处于一种渴求交往、渴求理解的心理发展时期,在公众场合能顺畅地表达他们内心的真实想法,并得到广泛认可是他们心理正常发展、个性保持健康和具有安全感、归属感、幸福感的必然要求。而大学校园是当代大学生学习和

生活的精神文化家园,也是他们培养人际交往艺术和能力,面对公众进行演说,交流想法的主要场所。亚里士多德曾说过一句挺有意思的话:"能独自生活的人,他不是野兽,就是上帝。"在熙熙攘攘的世界里,为什么我们有些人容易与他人沟通,而有些人却难以与他人合作?当代大学生很多时候都处于与他人的沟通交往之中,在课堂上与老师沟通,在生活中与同学合作,在家里与亲人沟通,求职中则与陌生人合作。由此可见,学习公众表达的内涵,明白语言表达的重要意义,掌握基础的公众表达的相关知识、表达的基本形式与结构至关重要。这些都有助于当代大学生自身人际交往能力的不断提升。

然而很多人面对公众,往往羞于表达,害怕公众演讲。为什么会紧张害怕呢?心理学家分析,在公众场合害怕表达,紧张的内心会呈现以下顾虑:"我没有经验""讲不好怎么办?""我一定要……(结果往往相反)""我没有准备好"等。这些表现总结起来有三个方面的因素:(1)自然的生理反应;(2)过度在乎听众的反应;(3)过度在乎自己的表现。而这些因素取决于个人的心理素质和逻辑思维,心理素质好和逻辑思维强的人因上述因素影响公众表达的效果的程度就小,反之影响程度就大。

工作中一般需要公众表达的常见情形有主持会议、经验分享、培训工作、竞聘上岗、汇报工作、说明情况、沟通思想。简言之,就是说话、发言、主持、分享、简报和教导等。

二、公众表达的重要性及意义

当代大学生身处高校的扩招与经济增速放慢的历史时期。2013 年以来,我们迎来了一年又一年的"史上最难就业年"。几百万应届毕业生需要找工作,而工作岗位却不曾增加。从改革开放到现在,我国就业制度经历了 5 个阶段,3 种就业模式。我们现在正在经历的是就业市场制度,随之对应的就业模式便是市场选择模式,即所有大学生都通过市场化途径实现就业。在每年的求职高峰期都有很多同学因为人际沟通能力弱而错失很好的工作岗位。自从有了网络,就出现了网络沟通,现在很多大学生都通过网络沟通进行人与人之间的交往。MSN、QQ、UC 几乎成为当代大学生交流的主要平台,他们越来越依赖于虚拟的沟通环境,他们在网络中交友、恋爱,虚拟世界成为他们的感情寄托。"人机交往"代替"人际交往",使得他们怯于传统的面对面交流,在公众环境中不敢或者不会有效地表达自己的想法,展现自身的思想观念。在招聘会现场,我们常会遇到一些大学生由于沉溺于网络太深,使得他们一到大众面前就恐惧,说不出话来。也有很多大学生在递上自己的简历之后,只知道抓紧时间作自我介绍,却不知如何在较短时间内与招聘人员进行有效互动,争取录用机会。也有学生在求职面试时,因为紧张、恐惧而不能更好发挥,从而失去了被录用的机会。所以有效的表达是机遇的源泉。由此可见,在 21 世纪人才竞争的时代,良好的沟通和表达能力已成为现代优秀人才必备的素质,提升大学生公众表达能力已成为当务之急。

以往的研究中总结了当代大学生由于不善沟通和表达而导致的一些问题:

（一）沟通不善影响团队协作

只要在社会中存在一天，必然要与人交往，与人协作沟通。当代大学生追求潮流文化，张扬自我，每个人都有个性化的想法，但是如果不懂得沟通，融合彼此的意见，则很难提高团队的凝聚力，更何谈完成团队任务。

（二）虚拟世界代替现实沟通

现在，网络已成为一些人的生活必需品，许多学生习惯沉醉于虚拟世界中，更有网络成瘾者将时间和情感寄托于虚拟社会中，无法自拔，严重影响了正常的生活和言语表达。

（三）不善表达遭遇就业尴尬

研究者从许多用人单位处了解到，他们在招聘时很看重学生的沟通表达和协调能力。许多学生在学校的成绩确实优秀，专业知识方面也很过硬，但是平时参加的活动很少，面试的时候不善于沟通和表达自己，所以即便成绩优秀，用人单位也会慎重考虑。调查显示，多数大学生认为对找工作特别有帮助的能力分别是沟通能力、专业能力、基础知识和心理素质；同时也认为沟通表达能力、分析问题能力、解决问题能力、操作能力和基础知识是择业时自己所欠缺的能力。虽然现在国家为大学生就业提供了很多便捷优惠的政策，但还是有部分大学毕业生由于不能胜任自己刚就业的岗位，导致没过观察期就自动离岗。其主要原因还是学生沟通表达能力不够，不能施展所学的知识。为了能在毕业时找到自己心仪的工作，实现顺利就业，几乎所有的在校大学生都认为加强沟通表达能力的训练是非常有必要的。现在的大学生除了要有过硬的专业知识外，还需具备较强的沟通能力，这样才能在就业市场法则面前将自己最优秀的品质、最突出的才能表现出来。所以对大学生人际沟通能力与就业的相关性研究显得格外重要。在以往的研究中发现，测量大学生人际沟通方面的工具比较少，主要是利用国外早前的一些焦虑量表、人际关系诊断量表、人格量表等，但是考虑到人际沟通实际上是一个时代性的问题，随着新媒体时代的到来，人们的沟通需求和方式已不同往昔，尤其是大学生群体又走在时代的前沿，所以对测量工具的研究与开发成为本书的主题之一。就业面试是一个信息获得的重要渠道，也是组织中常用的人事选拔工具。在如今的招聘市场上，面试已然成为不可或缺的环节，无论是大规模的校园招聘，还是社会招聘。就算是网络招聘，招聘公司也会通知符合条件的人在某个时间段去参加面试。企业通过面试，与应聘者进行面对面的接触、考核和评估，面试者在面试中的表现成为左右录用决策的重要指标。面试是通过考官与应聘者双方面对面的信息沟通，考查应聘者是否具备与职位相关的能力和个性品质的一种人事测评手段。从考官的角度来说，应聘者的客观指标，如教育背景、实习经历、学习成绩、获得奖励等，相对直观，容易很快作出优劣的判断。但是应聘者的主观指标，包括自身信息、创新能力、领导能力、沟通协调能力很难量化，如果仅依靠考官的直觉判断通常会造成某种程度的误差。

从面试者角度来说，他们要千方百计地展示自己的相关素质，包括面试前的精心准备、个人形象的"设计"、面试中注意力的高度集中、高超的语言表达能力等。面试区别于一般情景下的交谈、面谈、谈话。面谈与交谈强调的只是面对面的直接接触形式与情感沟通效果，面试强调的是在特定场景下，经过精心设计，通过主考官与面试者面对面交谈、观察等双方沟通方式，了解面试者素质特征、能力状况及求职动机。"面对面交谈、观察的沟通方式"，不但突出了面试"问""听""察""析""判"的综合特色，而且也使得面试和一般的口试、笔试、操作演示等人员素质测评也区别开了。在以往关于就业面试的研究中，关于面试者主观因素的研究，主要体现在印象管理、非言语行为、语言行为等几个方面。关于企业面试的研究主要集中于对面试的种类及面试效用进行探讨。在面试能力的测评领域，除了浙江大学姜琦编制的讲述能力测量量表外，其他关于面试能力准备、面试反应、面试反思的探讨仍然属于空白区域。

第二节　公众表达的类型

【引言】

智慧是命运的一部分，一个人所遭遇的外界环境是会影响他的头脑的。

——莎士比亚

情商是开启心智的钥匙，激发潜能的要诀，它像一面魔镜，令你时刻反省自己，调整自己，激励自己，是获得成功的力量来源。

——英国《泰晤士报》书评

案例故事1

美国记者采访周总理。

"请问总理阁下，你们堂堂中国人，为什么要用我们美国生产的钢笔呢？"总理答："提起这支笔呀，是一位朝鲜朋友抗美的战利品，作为礼物送我的，我无功不受禄，原想谢绝，哪知朋友说，留下做个纪念吧，我于是就收下了这支贵国的钢笔。"

请问，案例中周总理运用了怎样的语言背景回答了记者的提问？

案例故事2

美国前总统罗斯福在一次宴会上，看见席间坐着许多不认识的人，他找到一个熟悉的记者，从记者那里一一打听清楚了那些人的姓名和基本情况，然后主动和他们接近，叫出他们的名字。当那些人知道这位平易近人、了解自己的人竟是著名政治家罗斯福时，大为感动。以后，这些人都成了罗斯福竞选总统的支持者。

请问，罗斯福总统运用了什么类型的语言技巧赢得了支持者？

案例故事3

自从爱因斯坦的《相对论》问世后,很多著名的大学都争着邀请他去演讲。

有一次,在去演讲的途中,他的司机说:"博士,关于《相对论》的演讲,我至少听过30次了,我相信我也能够上台跟你讲得一样好。"爱因斯坦笑了笑,说:"好啊,反正这所大学里没有人认识我,我就给你一次机会试试看。待会儿我扮作司机,你就当爱因斯坦吧。"

果然,司机的演讲博得了全场如雷贯耳的掌声。突然,有位教授提出了一个问题,而这个问题又恰恰是这位司机从来未听过的,根本无法回答。

司机额头直冒汗,他看了看爱因斯坦,忽然灵机一动,对这位教授说:"这个问题太简单了,就让我的司机来回答吧。"

爱因斯坦见势不妙,立即上前解答,替司机解了围。

回校途中,司机对爱因斯坦的才华更加佩服有加:"事实证明,我只能当司机,而你才是真正的科学家!"

案例讨论:

你对上述3个案例故事的领悟是什么?

一、公众表达的作用

(一)当众讲话的力量

能进行公众场合的表达,需要演讲者内心的勇气和逻辑思维,表达的内容蕴含着无穷的力量,这种力量包含着个人价值的成长,体现着社会层面的进步给个人价值提供的成长舞台。

具体来讲,当众讲话与个人价值的关联,体现在两个方面:一方面,给个人认知世界、了解世界提供了信息沟通的渠道,个人能通过外界的表达获得信息,外界也从个人的表达交换信息,这种信息交换的渠道促成个人的成长;另一方面,外界赋予个人的有效信息成为个人事业成功的催化剂。个人从外界表达的种类繁多的信息中甄别、筛选有用的信息存为己用,经过实践和时间的积累,促进个人成长,催化事业成功。

当众讲话的力量在社会层面的作用即是促进社会进步,这一价值在社会学家眼里尤为重要。纵观历史长河,很多历史性事件都有一次振聋发聩的公众表达行为,流传后世成为美谈。他们当中不乏政界领袖、企业领袖等各界名人。中国近代女革命家秋瑾对演讲的评论是:"要想改变人的思想和观念,非演讲不可。"而在《周易·系辞》中是这样描述演讲的重要性的:"鼓天下之动者,存乎辞。"也就是说,要推动社会进步和国家前进都需要依靠演讲的力量。这些不外乎说明了演讲的重要意义。当然,中国历史的长河中像诸葛亮、苏秦、张仪等都是演讲、沟通和说服的高手。他们公众演讲表达思想观念的力量一直影响着今天人们的生活和工作。这些历史性事件体现出来的公众表达的作用概括来说有两点:一言可兴邦;不战而屈人之兵。

（二）当众讲话的原则

1. 话由旨意

（1）紧扣目的的技巧。当众说话的目的是传递信息或知识，引起注意或兴趣，争取了解和信任，激励或鼓动，说服或劝告。

（2）发言活泼的原则。言语活泼表现在以下三个方面：多变的谈话风格，多变的视角，多变的句型。

（3）现场调控的原则。要有强烈的自信意识，林肯说过："不论人们如何仇视我，只要他们肯给我略说几句的机会，我就可以把他们说服。"这是何等自信！

2. 话因人异

任何一句话都是说给别人听的，正所谓"射箭要看靶子，弹琴要看听众"，说话也要看交际对象，要受对象身份、职业、经历、文化教养、思想、性格、处境、心情等因素的制约。这里面包括视听众身份而发言，视自己身份而发言。

3. 话随境迁

（1）利用社会背景。

（2）利用自然背景。

（3）利用特定场合。

4. 话贵真情

公共关系是指社会组织在日常运转中所发生的各种内部和外部的信息沟通、形象塑造、协调关系等活动，其目的是达到组织的和谐发展。其特征如下：主体性（主导性）、客体性（对象性）、双向性、长期性。

（1）感人心者，莫先乎情。

（2）发自内心。

（3）莫"滥情"。

（4）表达情感的技巧。

（三）公众演讲能力提升的具体方法

1. 模仿或复制

找到一个榜样，从他的演讲中汲取灵感，模仿或复制他的演说，这样可以让进步的速度更快一些。当然，创新是一个不变的过程，最后要根据自己的特点来发展适合自己风格的演说方式。

2. 乐于分享

读一些好的书籍、故事或是聆听别人的演讲，把心得和快乐经常分享给身边的人，这样既可以分享又可以锻炼自己的表达能力。当然，这更是一种无形的演练，从数量到质量的演变中，公众演讲能力自然会有很大的进步。

3. 学会总结

对于一个公众演说的人来说,总结能力是至关重要的。我们学会了精练、总结一些生活中的人、事、物以后,可以写成日志,也可以发表给一些杂志社,更可以口头表达给一些对这个话题感兴趣的朋友。

4. 主动和参与

为了更好地在公众演讲方面得到锻炼,也可以主动接触一些社会活动参与讨论和发言。这样的机会在一般的城市里还是很多的。例如培训会、演讲会、各类沙龙活动等,经常和朋友或陌生人交流沟通,自然会培养自己良好的社交能力,公众演讲能力也会随之进步。

5. 学习

通过演讲培训机构或者视频书籍提升自己的演讲能力,但要真正能够掌握公众演讲这项技能的话还需要不断地实战训练和学习。

知识链接

杰·利奇六条准则

1. 策略准则——尽可能地少表达有损于他人的态度和意见,尽可能地表达使他人受益的态度和意见;

2. 慷慨准则——尽可能地减少对自己的益处,尽可能地扩大自己付出的代价;

3. 赞扬准则——尽可能地少贬损他人,尽可能地多赞扬他人;

4. 谦逊准则——尽可能地少称赞自己,尽可能地多贬损自己;

5. 一致准则——尽可能地减少与他人的不一致性,尽可能地增加与他人的一致性;

6. 同情准则——尽可能地减少对他人的厌恶,尽可能地扩大对他人的同情。

二、人际魅力

人际魅力,是指在人际交往过程中形成的,个体对他人给予的积极和正面评价的倾向。每个人都有自己喜欢的人,并愿意与之交往;每个人也都有自己讨厌的人,不愿意和这些人交往,这就是一个人的人际吸引力。那么,大学生如何增强人际吸引力,做一个受欢迎的人呢?

(一)建立良好的第一印象

怎样表现才能给人留下良好的第一印象呢? 心理学家卡耐基在其著作《怎样赢得朋友,怎样影响别人》中总结出给人留下良好的第一印象的6种途径:

(1)真诚地对别人感兴趣;

(2)微笑;

(3)多提别人的名字;

(4)做一个耐心的听者,鼓励别人谈他们自己;

（5）谈符合别人兴趣的话题；

（6）以真诚的方式让别人感到他很重要。

（二）提高个人的外在素质

追求美、欣赏美、塑造美是人的天性。美的外貌、优雅的风度能使人感到轻松愉快，并且成为一种精神的享受，带来审美的愉悦。所以，大学生应恰当地修饰自己的外观形象，扬长避短，注意在不同场合下选择样式和色彩符合自己的服装，形成自己独特的气质和风度。同时，大学生应注意追求外在美和内在美的协调一致，即秀外而慧中。随着时间的推移，交往的加深，外在美的作用会逐渐减弱，对他人的吸引会逐渐由外及内，从相貌、仪表转为道德与才能。

（三）培养良好的品格和独立的人格

良好的品格对建立良好的人际关系是至关重要的。生活中，没有人愿意与自私、虚伪、狡猾、性情粗暴、心胸狭隘的人打交道。另外，还需要拥有独立的自我，不依赖他人，即使在孤独的时候，也能坚强自信地处理问题。这就要求我们培养终身学习的习惯，不断拓宽知识面，延伸自己的发展空间，在此过程中树立自信心，培养独立的人格。一个真正自信的人才能信任别人，并且赢得别人的信任。因此，要不断认识自己的优势，培养自己的人生原则，同时注意克服性格上的弱点，形成良好的个性特征。

（四）学习微笑，让快乐成为习惯

微笑是一种令人愉悦的表情，它能向别人传递你的自信和友好，同时也会马上感染他，使他对你亲切起来。微笑能使我们的生理和心理得到放松，也能缩短人际间的心理距离。微笑充满了神秘的作用，在不同的场合能传递不同的信息：表示欣赏、表示理解、表示欢迎、表示歉意、表示信任、表示自信、表现真诚友善、表现敬业乐业……事实证明，只要学会微笑，我们就会在人际交往中如鱼得水。每天早上出门前，先花一分钟照镜子，看看自己的表情，给自己一个灿烂的笑容吧！只有这样，才能给自己和大家带来愉快的好心情。

快乐要自己找，它不会从天上掉下来。生活中有很多快乐和美好等待我们发掘，运动、阅读、音乐、和朋友交流以及自然界、生活中的点点滴滴都会成为我们的快乐之源。快乐并不昂贵，有时候它只需要几分钟的幻想、几句交谈或者几声大笑。因为情绪是可以传染的，所以在人际关系中，快乐是一种礼貌，而忧伤是一种不礼貌。当快乐成为一种习惯的时候，你甚至不需要给快乐找理由。因为快乐，所以快乐。

（五）适度交往，相互支持

心理学研究表明，人与人之间空间距离上的接近，是促进人际吸引的重要因素，适度交往有助于相互了解、沟通情感、密切关系。即使两个人的人际关系比较紧张，通过交往，也有可能逐步消除猜疑、误会；反之，即使两人关系很好，但如果长期不交往，彼此了解减少，其关系也可能逐渐淡薄。大学生同住在一起，接触密切，这是建立友情的良好的客观条件，应充分利用这一条件，与朋友保持适度的接触频率，充分交流，才使人际关系不至于淡化。切忌

"有事有人,无事无人"。

　　在交往中,还需要学习如何给朋友支持。人字的结构就是互相支撑,每个人都需要朋友的支持,也应该对朋友伸出援手。一个善解人意、乐于助人的人一定是受欢迎的人,有时候,一个很小的细节都会让人对你的友善印象深刻。但要注意帮助别人要适度,不要做超出自己能力范围的付出,避免造成别人的负担;帮忙应合情、合理、合法,不能只讲义气,置道德、法律而不顾;帮助别人也要顾及他人的自尊,不要以施舍的姿态伤害别人。最后,帮助别人要雪中送炭,帮助最需要帮助的人。

本章小结

　　本章从公众表达的内涵与意义、公众表达的类型两个大的方面对公众表达进行了阐述,使同学们初步掌握公共表达的相关理论概念。希望通过本章知识点的学习,在实践中了解及掌握公众表达的含义,建立自信心和沟通欲望,具备进行公众表达的综合能力,提升自身综合素质,并在今后的学习、工作、生活中具备相关能力。

第六章　公众表达的艺术

【引言】

　　语言可以把人从墓中叫出来，也能把活人埋入地下；可以把侏儒变成巨人，也能将巨人彻底打倒！

——海涅

　　一言可以兴邦，一言可以丧邦。

——孔子

第一节　公众表达的方法与步骤

　　作为联系日益紧密的社会当中的一员，我们除了作为一个自我单元存在以外，更重要的是作为社会的成员出现在公共场合，并将自己的内在和底蕴通过公众表达的形式让他人感知和认可，从而体现我们的存在和价值。因此，作为即将走向社会的大学生，学习如何实施有效的公众表达，掌握公众表达的技巧、方法与步骤是非常有必要的。

一、分析你所处的环境

　　要进行恰如其分的公众表达首先要对表达当时所处的环境进行有效的分析，把握环境的趋向，在适合的时机进行表达切入，同时使自己的表达成为控制环境因素发生变化的能量源，那么我们的公众表达将达到最优的效果，充分实现我们的目的。

案例故事1

　　连战受邀回国祭祖后曾到北京大学进行了一次演讲，下面节选自他在与师生交流过程中的一段话：

　　大家还要想一个问题：中国的未来到底在哪里？我们要选择的到底是哪一条路？当然，在找寻这两个问题的答案的时候，我们都知道，历经曲折，历经挑战，我们走了不少的冤枉路，我们得到了多少惨痛的教训，这些都是非常困难的事情。但是身为一个知识分子，我相信大家都有这种百折不回的决心和勇气。因为在各位的肩膀上，要担负的就是要为历史负起责任来，要为广大的人民来找出路。如何能够让整个的中华民族不要再走上战争和流血，如何能够让和平来实现，如何提升我们人民的生活水准，如何维护不断提升我们国际的竞争力，这些重担都在各位的肩头上，一肩挑起来就是现代知识分子的一个伟大的格局。用什么话来形容这样的格局和勇气，来带领我们到一个正确的历史方向和目标，我想了再想，把它归纳成十二个字，那就是希望各位能够"为民族立生命，为万世开太平"。虽然还有一点老古板,好像太古董一样,但毕竟是我们老祖先心血的体现。用现代的话来讲,我想这十二个字可以缩减成八个字,那就是大家一定要"坚持和平",我们大家一定要"走向双赢"。当然有人会问我,你的勇气不小,你的基础在哪里,我要在这里跟各位坦白从宽。我认为这个基础在哪里呢?在于历史的一个潮流,在于民意的一种驱动。历史的潮流、民意的驱动让我、让许许多多的人有这样的一个勇气,能够站出来。什么是历史的潮流?大家都知道,中国国民党、中国共产党都以中国的富强、康乐为目标,但是不幸的日本铁蹄的侵略阻碍了、终止了这个国家文明的建设以及现代化的进程。

案例讨论:

1. 连战当时来内地的条件是什么?

2. 这段讲话当中透露出来的连战的基本思想是什么?

俗语说:"到什么山上唱什么歌。"周围的情势决定着我们实施表达的基本倾向,如果我们能够对环境进行清晰的辨识,掌控气场,那么我们的表达就能够融入环境当中,抓住主动权,因势利导地抓住受众的心,达到我们做出表达的预想目的。没有意识到环境因素而做出不恰当的表达必定会引起环境的排斥从而脱离受众的关注,甚至引起受众的反感,背离我们的表达目的。

案例故事2

我梦见自己在小学的讲堂上预备作文,正向老师请教立论的方法。

"难!"老师从眼镜圈外斜射出眼光来,看着我,说:"我告诉你一件事——

一户人家生了一个男孩,合家高兴透顶了。满月的时候,抱出来给客人看——大概自然是想得一点好兆头。

"一个人说:'这孩子将来要发财的。'他于是得到一番感谢。

"一个人说:'这孩子将来要做官的。'他于是收回几句恭维。

"一个人说:'这孩子将来是要死的。'他于是得到一顿大家合力的痛打。

"说要死的那是必然,说富贵的许是撒谎。但说谎的得好报,说必然的遭打。你……?"

"我既不愿说谎,也不愿遭打。那么,老师,我得怎么说呢?"

"那么,你得说:'啊呀!这孩子呵!您瞧!多么……阿唷!哈哈!Hehe!he,hehehe-he!'"

案例讨论:

1. 说话的人犯了什么错误?

2. 如果你是那个人,话说错了你会怎样弥补?

当处于特定的场合需要面对公众进行表达时,我们必须顺应当时环境氛围的要求,恰当地进行表达,以确保我们所表达的内容能够适应受众的心理,适应自己所处的地位,适应自己的角色,适应当时的情势发展。恰当地对环境分析做出表达不仅能够让我们的表达更受到关注,而且在某些时候还能够改变劣势,反败为胜。

案例故事3

下面是诸葛亮舌战群儒的故事:

鲁肃:孔明啊,这是江东长使——张昭、张子布。

张昭:在下江东微末之士,张昭是也。久闻先生高卧隆中,号称卧龙,自比管仲乐毅,莫非真的有此比吗?

孔明:这只是在下生平小可之比,先生不必在意。

张昭:啊哈哈……听说刘使君三顾茅庐,才请得先生出山。之后,刘使君如鱼得水,准备席卷荆襄,独成霸业。哎呀,如今,荆襄九郡已落于曹操之手。敢问,此时此刻,鱼在水中,还是鱼在汤锅?

孔明:我主公若想取荆襄,那是易如反掌,刘表曾再三相让,我主公不忍取同宗基业,这才让曹贼窃得荆襄。如今,我主屯兵江夏,如龙入海凤腾空,别有良途,子布先生勿虑。

张昭:哦……呵呵,先生自比管仲乐毅,管仲者,相助齐桓公,独霸诸侯,一匡天下;乐毅者,扶持弱燕,一鼓作气,连下齐七十二城。此二人堪称兴国济世之才也。而先生呢,呵呵,枯坐草庐,笑傲风月,除抱膝吟叹之外别无所长。刘使君未得先生前,尚能割据城池,自保有余;得先生之后,则抛兵弃甲,望风而窜,上不能报天子以安庶民,下不能剿贼军而守疆土,半年不到,弃新野,失樊城,败当阳,走夏口,仓皇南北,碌碌东西,竟无一寸立身之地。(群臣笑)在下直言相告,先生雅量,盼勿见怪。

孔明:鹏飞万里,燕雀不识其志,我本以为燕雀应在林间,没想到今日都聚于廊下。我主刘玄德确曾败于汝南,托附于刘表。是时,兵不足万,将只关张;然而,当曹操率五十万大军杀来时,我主于博望火攻,白河用水,致使曹仁、李典、夏侯惇十万兵马片甲无归,即使管仲乐毅用兵,也未必过此。当阳路上,后有追兵,前有大江,二十万百姓扶老携幼追随我主公,日行只十里,我主公宁受刀剑也不弃百姓,如此仁义之君百世以来,足下可曾听说过吗?然而却有夸夸其谈之辈,闭目塞听,视而不见,如论沽名钓誉,他们无人能及;如论临敌用兵,他们却百无一能,只能贻笑天下了。

(张昭无奈弯腰而退)

虞翻:曹操拥兵百万,上将千员,龙骧虎视,欲鲸吞江夏,敢问足下有何良策?

孔明:曹操收袁绍蚁聚之兵,劫刘表乌合之众,哪怕他号称百万千万,我也不惧。

虞翻:足下军败于当阳,计穷于夏口,惶惶求救于江东,竟敢说不惧,真是狂言欺世啊。

孔明:我主公仅有兵勇数千,岂能敌曹操百万之众。现退守江夏,仍与曹贼势不两立,待机杀敌;而江东兵精粮足,雄踞长江天堑,却有一班风雅之士,苦口婆心劝说其主归降曹贼。

如此看来,我主公真是天底下最不惧曹操之人了。

(虞翻摇头拱手而退)

顾雍:孔明,想效仿苏秦张仪,用三寸肉舌扫平东吴吗?

孔明:万万不敢。足下只知苏秦张仪乃能言善辩之士,却不知,他们亦真豪杰。苏秦,佩六国相印,张仪两次相秦,皆有安邦定国之功,绝非恃强凌弱、避死贪生之徒。而时下有人,一听说曹操拥军百万,且不问虚假真实,即刻欲叩首乞降。这等人还敢笑苏秦张仪吗?

顾雍:孔明以为,曹操何许人也。

孔明:汉贼,天下皆知,又何必问。

顾雍:此言差矣。汉传世四百年,天命已尽。如今,三分天下曹操已得其二,剩下其一,也暗怀归心。刘使君不识天命,逆流而行,安能不败啊。

孔明:足下此话,真是无君无父不忠不孝之言。人生于天地间,当以忠义为本,我等既为汉臣,就当与曹贼势不两立,大汉已传世四百年,为何不能再传四百年? 如果不能,就是因为有了足下这样无君无父之人,坏了大汉天下也。

(顾雍一哼而退)

只见一人从后帐大笑而出:哈哈……孔明真是当世奇才啊,各位先生如果口舌相难,就不是待客的道理了。

孔明:敢问老将军名讳?

鲁肃:此乃江东上将黄盖黄公覆。

孔明:黄盖将军所言,堪称这条长廊上最明白的话。

黄盖:呵呵,主公有请。

孔明:请。

(众随入内帐)

案例讨论:

1.诸葛亮去江东的基本立场是什么?

2.诸葛亮是怎样改变以一敌众的劣势的?

公众表达并不是一味地迎合环境的需求,而是要善于把握和分析环境需求,在融入环境的同时不卑不亢、有理有据地进行阐述。从诸葛亮舌战群儒的过程中我们可以看出,虽然当时所处的环境中大部分人都想挑战他,给他很大压力,但是他既没有失礼数,也没有迎合,该反驳的时候反驳,该指责的时候指责,用表达的魅力控制着整个环境氛围的变化,可谓是精彩绝伦的公众表达实例。

因此,在公众表达的过程中,我们需要认真地观察环境,敏锐地分析环境,最终有力地把控环境,才能够清晰准确地理清思路,找准方向,实施有效的表达。归纳起来,对环境的分析应该注意以下几点:

（1）分析所处场合。

（2）分析环境氛围。

（3）分析所处情势。

（4）分析社会大背景。

二、分析你的听众

我们实施公众表达的最终结果是让我们的听众认同我们的观点,达到我们实施表达的目的,因此听众有什么样的需求是我们关注的焦点,也是我们能否实现表达效果的关键。大量的研究和实例显示,只有在对听众认真分析过的基础上做出的表达才是有意义的。

案例故事4

萧何以谋反罪诛杀韩信后,又召集群臣,设下油锅,要韩信的谋士蒯通当众供认韩信谋反的罪行,蒯通无法直陈其词,使用正意反说的方式,先数落了韩信的"十罪",接着又列举了韩信的"三愚":"韩信收燕、赵、三秦,有精兵四十万,恁时不反,如今乃反,是一愚也;汉王驾出成皋,韩信在修武,统大将二百余员,雄兵八十万,恁时不反,如今乃反,是二愚也;韩信九里山前大会战,兵权百万,皆归掌握,恁时不反,如今乃反,是三愚也。韩信负着十罪,又有此三愚,岂不自取其祸!"蒯通明为数落韩信的罪状和愚蠢,暗则为韩信鸣冤叫屈,致使满朝文武为之动容,赢得了众人的同情,迫使萧何难以下手烹杀。

案例讨论：

1. 蒯通为什么能够解除危机?

2. 蒯通是怎样利用听众的心理的?

善于分析听众实施公众表达,是展开充分表达的前提,没有认真地分析听众就开始高谈阔论,即使再巧舌如簧也起不到任何作用,根本就是对牛弹琴。

那么,我们应该如何吸引我们的听众呢?

首先,我们要注重自己的形象,面对不同的听众,在不同的场合,我们要进行公众表达时,第一印象非常重要,这可能影响你实施表达的成败。日本首相曾因地震中身穿工装、头戴安全头盔向灾区人民做演讲的形象,改变了民众对日本政府的态度。这就是以形象吸引听众的典型案例。

其次,我们要注意分析听众的感情基调,声情并茂地实施公众表达,这样就会产生强大的感染力。正所谓"情自肺腑出,方能入肺腑",如果实施公众表达的人能够先把自己感动了,这样的表达势必也能够打动听众。

最后,我们还要分析听众的喜好,适度地运用一些吸引听众的技巧。比如幽默就是吸引听众的一大法宝,正如一餐饭当中的开胃菜会引得你胃口大开一样,适时地引入幽默的元素会让我们的表达更加具有亲和力。还可以恰当地穿插一些互动，让听众参与表达，给听众最直接的体验刺激。

三、选择和研究你的话题

在实施表达的过程中，我们既要让听众认可我们的观点，又要使自己的观点符合听众的要求，那么就必须在实施表达之前选择适当的话题，并在表达过程中不断研究话题方向，力求在不失偏颇的同时达到表达效果。在选择和研究话题的过程中，选择切入点是相当重要的，可以采取正面切入、侧面切入和反面切入等方法，还可以通过对听众反应的观察和分析找到适合的时机，植入自己的话题或者子话题，构建我们的表达系统，让我们的表达有条不紊。

案例故事5

战国时，楚王的宠臣安陵君能说善道，很受楚王器重。但他遇事并不张口就说，而是很讲究说话的时机。他有一位朋友名叫江乙，对他说："您没有一寸土地，又没有至亲骨肉，然而身居高位，享受优厚的俸禄，国人见了您，无不整衣跪拜，无不接受您的号令，为您效劳，这是为什么呢？"

安陵君说："这是大王太抬举我了，不然哪能这样！"

江乙便不无忧虑地指出："用钱财相交的人，钱财一旦用尽，交情也就断了；靠美色相交的人，色衰则情移。因此，狐媚的女子不等卧席磨破，就遭遗弃；得宠的臣子不等车子坐坏，已被驱逐。如今您掌握楚国大权，却没有办法和大王深交，我暗自替您着急，觉得您的处境太危险了。"

安陵君一听，恍然大悟，毕恭毕敬地拜问江乙："既然这样，请先生指点迷津。"

江乙说："希望您一定要找个机会对大王说：'愿随大王一起死，以身为大王殉葬。'如果您这样说了，必能长久地保住权位。"

安陵君说："谨依先生之言。"

但是，过了很长时间，安陵君依然没有对楚王提起这话。

江乙又去见安陵君，说："我对您说的那些话，您为何至今不对楚王说？既然您不用我的计谋，我就再不管了。"

安陵君急忙回答："我怎敢忘却先生的教诲，只是一时还没有合适的机会。"

又过一段时间，机会终于来了。此时楚王到云梦打猎，一箭射死了一头狂怒奔来的野牛。百官和护卫欢声雷动，齐声称赞。楚王也高兴得仰天大笑，说："痛快啊！今天的游猎，寡人何等快活！待寡人千秋万岁之后，你们谁能和我共有今天的快乐呢？"

此时，安陵君抓住机会，泪流满面地走上前来，说："臣进宫就与大王同共一席，出宫与大王同乘一车，如果大王千秋万岁之后，我愿随大王奔赴黄泉，变做芦草为大王阻挡蝼蚁，那便是臣最大的荣幸。"

楚王闻言,大受感动,对他更加宠信了。

案例讨论:

1. 安陵君为什么会得到楚王的宠信?

2. 实施公众表达时怎样才能找到合适的切入点?

《荀子·劝学》里说:"言未及之而言谓之躁,言及之而不言谓之隐,未见颜色而言谓之瞽。"这句话告诉我们,在进行表达之前要选择和研究自己的话题,否则就要闹笑话,达不到表达的效果,甚至有可能会让别人对我们产生误解。因此,公众表达是需要对自己所表达的题目进行研究考量的。

在实施表达以前,我们需要对要表达的题目进行选择和研究,这里面包括:我们要根据要达到的目的从人们的兴奋点入手,精准把握题目的方向,要引起大家的持续兴趣,全面开花;还应在过程中巧妙地借助情景材料引发深层次的发挥,由此我们的表达是层层递进、步步为营、引人入胜的,公众表达的效果就体现出来了。

选择和研究话题有以下几种取向可以供我们选择:

(1)满足求知欲的话题。因为人们都有好奇心,都喜欢听新鲜事,所以,我们在选择表达题目时适当地加入相关的元素会让听众产生强烈的兴趣。

(2)事关听众利益的话题。人们都对自己的切身利益非常关注,如果我们在选择话题时从他们切身利益出发,动之以情、晓之以理,更会激发他们的共鸣,与此同时还可以找到机会植入我们想要表达的意愿,达到表达目的。

(3)有关理想、信仰的话题。人都是有一点精神的,都是想实现自我价值的,当我们表达这些话题的时候,人们会不自觉地进行关注。

(4)娱乐性话题。用幽默、笑话等方式引出话题也是非常重要的一种方法,以轻松幽默的形式进一步引出我们的主题,达到公众表达的目的,效果非常明显。

(5)满足听众优越感的话题。每个人都喜欢听"好话",都喜欢别人夸自己,因此,在我们实施公众表达的过程中从满足听众优越感出发调整我们的表达效果就能够出奇制胜。

四、自信心表达

成功实施公众表达的秘诀不在于有多么伶俐的口齿,也不在于演讲稿的华丽精彩,而在于表达者的自信,只有自信的人充满激情的表达才能够让听众感受到最真实的、最有力的、最受感动的语言魅力,而只有自信的人才能够把内在掌握的知识恰如其分地用语言表达出来,并且能够更好地结合环境、听众,不断地让自己所表达的内容更具吸引力。

案例故事6

下面是周恩来1955年4月19日在万隆会议上补充发言的片段：

中国代表团是来求团结而不是来吵架的。我们共产党人从不讳言我们相信共产主义和认为社会主义制度是好的。但是，在这个会议上用不着来宣传个人的思想意识和各国的政治制度，虽然这种不同在我们中间显然是存在的。

中国代表团是来求同而不是来立异的。在我们中间有无求同的基础呢？有的。那就是亚非绝大多数国家和人民自近代以来都曾经受过，并且现在仍在受着殖民主义所造成的灾难和痛苦。这是我们大家都承认的。从解除殖民主义痛苦和灾难中找共同基础，我们就很容易互相了解和尊重、互相同情和支持，而不是互相疑虑和恐惧、互相排斥和对立。这就是为什么我们同意五国总理茂物会议所宣布的关于亚非会议的四项目的，而不另提建议。

我们的会议应该求同而存异。同时，会议应将这些共同愿望和要求肯定下来。这是我们中间的主要问题。我们并不要求各人放弃自己的见解，因为这是实际存在的反映。但是不应该使它妨碍我们在主要问题上达成共同的协议。我们还应在共同的基础上来互相了解和重视彼此的不同见解。

现在，我首先谈不同的思想意识和社会制度问题。我们应该承认，在亚非国家中是存在不同的思想意识和社会制度的，但这并不妨碍我们求同和团结。第二次世界大战后，亚非两洲兴起了许多独立国家，一类是共产党领导的国家，一类是民族主义者领导的国家。前一类国家并不多。但是某些人所不喜欢的，就是6万万中国人民选择了中国共产党领导的、属于社会主义体系的政治制度，而不再为帝国主义所统治了。

后一类国家很多，像印度、缅甸、印度尼西亚和亚非许多国家都是。我们这两类国家都是从殖民主义的统治下独立起来的，并且还在继续为完全独立而奋斗。我们有什么理由不可以互相了解和尊重、互相同情和支持呢？五项原则完全可以成为在我们中间建立友好合作和亲善睦邻关系的基础。我们亚非国家，中国也在内，不论在经济上或文化上都很落后。我们亚非会议既然不要排斥任何人，为什么我们自己反倒不能互相了解、不能友好合作呢？

案例讨论：

1. 周总理这篇补充发言的主旨是什么？

2. 这篇发言从哪些方面体现了总理的自信？

公众表达的自信不是凭空而来的，而是经过训练和磨砺的结果，雅典演说家狄摩西尼就是通过艰苦的努力从一个口吃的人成为著名的演说家，因此要培养表达自信我们要从以下几个方面入手：

首先要克服恐惧的心理。排除自己内心里的杂念，少一些顾虑，可以做一些分散注意力的练习，通过一些磨砺训练提升自己内心的抗受力。

其次要多练习。我们在表达的时候之所以没有自信是因为缺乏表达的技巧和方法,表达的技巧和方法不是在书本上学来的,而是通过具体的实践不断地积累起来的。因此要做到充满自信的公众表达,我们需要不断地练习积累经验。

要做到自信表达还有一个非常重要的要素就是讲真话。虚假的东西都是经不起推敲的,我们所表达的感情、表达的事件、表达的内容、表达的意愿都应该是真实而实际的,不是捏造的,这样的表达具有穿透肺腑的强大力量,能够引起听众的强烈共鸣,促使表达效果的完美发挥。

五、消除干扰顺利表达

因为是面向多人的公众表达,难免有不可预见的干扰出现,自身在表达的过程中也可能会遇到一些意想不到的突发事件,这都会影响到我们实施表达的效果,也可能就因为这样的干扰,我们的表达无法再进行下去。因此,要做有效的公众表达还必须拥有灵活处理问题,及时弥补错误的能力,以便于在表达的过程中及时处理问题,消除干扰。

案例故事7

李公朴先生遇刺后,闻一多先生拍案而起,向民众发表了慷慨激昂的演讲,内容如下:

这几天,大家晓得,在昆明出现了历史上最卑劣最无耻的事情!李先生究竟犯了什么罪,竟遭此毒手?他只不过用笔写写文章,用嘴说说话,而他所写的,所说的,都无非是一个没有失掉良心的中国人的话!大家都有一支笔,有一张嘴,有什么理由拿出来讲啊!有事实拿出来说啊!(闻先生声音激动了)为什么要打要杀,而且又不敢光明正大地来打来杀,而偷偷摸摸地来暗杀!(鼓掌)这成什么话?(鼓掌)

今天,这里有没有特务?你站出来!是好汉的站出来!你出来讲!凭什么要杀死李先生?(厉声,热烈的鼓掌)杀死了人,又不敢承认,还要诬蔑人,说什么"桃色事件",说什么共产党杀共产党,无耻啊!无耻啊!(热烈的鼓掌)这是某集团的无耻,恰是李先生的光荣!李先生在昆明被暗杀,是李先生留给昆明的光荣!也是昆明人的光荣!(鼓掌)

去年"一二·一"昆明青年学生为了反对内战,遭受屠杀,那算是青年的一代献出了他们最宝贵的生命!现在李先生为了争取民主和平而遭受了反动派的暗杀,我们骄傲一点说,这算是像我这样大年纪的一代,我们的老战友,献出了最宝贵的生命!这两桩事发生在昆明,这算是昆明无限的光荣!(热烈的鼓掌)

反动派暗杀李先生的消息传出以后,大家听了都悲愤痛恨。我心里想,这些无耻的东西,不知他们是怎么想法,他们的心理是什么状态,他们的心怎样长的!(捶击桌子)其实简单,他们这样疯狂地来制造恐怖,正是他们自己在慌啊!在害怕啊!所以他们制造恐怖,其实是他们自己在恐怖啊!特务们,你们想想,你们还有几天?你们完了,快完了!你们以为打伤几个,杀死几个就可以了事,就可以把人民吓倒了吗?其实广大的人民是打不尽的,杀不完的！要是这样可以的话,世界上早没有人了。

你们杀死一个李公朴,会有千百万个李公朴站起来！你们将失去千百万的人民！你们看着我们人少,没有力量？告诉你们,我们的力量大得很,强得很！看今天来的这些人都是我们的人,都是我们的力量！此外还有广大的市民！我们有这个信心:人民的力量是要胜利的,真理是永远要胜利的,真理是永远存在的。历史上没有一个反人民的势力不被人民毁灭的！希特勒,墨索里尼,不都在人民之前倒下去了吗？翻开历史看看,你们还站得住几天！你们完了,快了！快完了！我们的光明就要出现了。我们看,光明就在我们眼前,而现在正是黎明之前那个最黑暗的时候。我们有力量打破这个黑暗,争到光明！我们光明,恰是反动派的末日！（热烈的鼓掌）……

案例讨论：

1. 闻一多先生是如何做到在生命受到威胁的时候还继续表达的?

2. 闻一多先生是如何巧妙讽刺特务的?

案例故事8

一个高高瘦瘦的女孩新买了一件短上衣,兴冲冲地向朋友们展示,让大家品评。其中一个朋友见她穿了新衣服身材越发如"洗衣板",不禁脱口说道:"这件衣服并不适合你。"穿新衣的女孩在众人面前立刻不知所措,面沉如水。那个朋友意识到自己说错话了,想把局面挽回,所以她转而笑吟吟地说道:"像你这样既苗条又修长的身材,如果穿上那种宽松飘逸长至膝下的衣服,那才会神采奕奕、美丽大方,这件衣服虽然也非常好看,但是总觉得配不上你的好身材,显不出你的气度来。"女孩听罢转怒为喜……

案例讨论：

1. 评价的朋友为什么改变了说法?

2. 如果你是那个评价朋友衣服的女孩子,你想解除尴尬时会怎么说?

当遇到表达过程中的干扰时,一定要沉着冷静,认真地分析周围环境并采取深呼吸等方式来平抑自己的情绪,同时想办法消除自己遇到的干扰。消除干扰的办法很多,这里列举几种:

（1）移情法。通过运用共同感情基调的表达来唤起听众的认同,消除干扰源对听众的不利影响,这种方法既排除了干扰又加深了表达者与听众之间的感情。

（2）幽默法。通过插科打诨的方法缓解尴尬的氛围,不仅能够使表达更加生动有趣,还能让听众回味无穷,让我们的表达在听众心目中留下深刻的印象。

（3）转移话题法。就是将听众的注意力转移到别的话题上,带着听众远离不利、干扰的影响,牢牢把听众的注意力吸引在表达者身上。

（4）自我解嘲法。通过自贬自抑的方式虽然顺着干扰往下说了，但是反而引起了听众的注意力，不仅摆脱了窘境，还争取到了主动权。

六、支持你的观点

我们做公众表达最重要的目的就是让对方感受到我们的情感，认同我们的观点。要达到这样的目的，我们就必须在表达的过程中运用技巧和方法，组织材料不断地支持我们的观点，通过对观点的强化使听众的思路逐渐和我们融合为一，最终产生强烈的共鸣，认同我们的观点。

要想受众支持我们的观点，我们应该从以下几个方面入手：

（1）有备倾听。要想别人认同我们，首先得有准备地了解群众的心声，明确他们的需求，从需求出发从而抓住听众，使我们的观点能有更多的切入点。

（2）善用典故和名人名言。当我们的语言缺乏说服力的时候，我们要学会用现成的，大家都熟知的语言篇章来支持我们的观点，适当地使用名人名言或者是列举典故，将使我们的观点更加牢固。

（3）把握情感。唯有真情实感能够打动人，心灵与心灵之间的碰撞更加让人倾倒。有的公众表达可能并不是很长，但是真挚的情感让人潸然落泪，有的表达可能语言并不是很精彩，但是表达者全情的投入让人心潮澎湃。

（4）以有名托无名。当听众对你所说的内容不了解时，我们需要用一些有名的人或事情来引入。

案例故事9

一位议员向一群国外的学生介绍自己：我是×××市的议员……学生们不为所动。他转念一想接着说道：你们知道莱昂纳多吗？学生们立马来了兴趣。他继续说道：我和小李子曾是一个班的同学。他开始以莱昂纳多为切入点铺开话题慢慢引人入胜。他所表达的内容也受到了学生们的好评。等他离开的时候，他已经成为学生们非常喜欢的人了。他成功地获得了学生们的心，赢得了选票。

案例讨论：

1. 议员是如何支持自己的观点的？

2. 为什么他的观点会受到学生们的认可？

七、增效表达

通常公众表达在语言之外还需要很多其他的因素来增加表达的效果，让我们的表达更具吸引力，更能引人入胜，更能让我们达到表达的目的。从某种意义上讲，表达就是表演达意的意思，表达者通过以语言为主的表演形式，让听众清晰了解我们所要表达的内容以及这些内容当中包含的意义,从而促使听众认同我们的观点甚至在我们的观点指引下行动。

增效表达需要我们掌握一些方法和技巧,需要我们在表达之前和表达之时注意细节的变化,适当予以调整,从而增强表达效果。常用的增效表达方法有以下几点:

(1)得体的衣着妆饰。人与人见面的第一印象往往决定了人们的交流是否能够顺利进行,因此在做公众表达之前我们必须对自己的外表进行相应的妆饰,在衣着、饰品的选择上做好功课,避免产生不必要的麻烦。

(2)从容不迫的面部表情。前面我们讲到了要充满自信地进行演讲除了要做好充分的准备外,还要学会自如地运用面部表情来支持自己的这种自信,还需要不卑不亢地展示自己的姿态,让众人认为我们所说的东西是值得相信的,这就需要我们通过面部表情来展示这种从容。面部表情如果僵硬不自然,那是因为我们本来就底气不足,而有时候需要我们克服这种恐惧,让自己显得从容一些。

(3)开合有度的肢体语言。姿势、面部表情、手势和眼神交流,这些都会影响到听众对表达者的反应。实施表达的人要学会利用这些肢体语言来表达意思,传递信息。研究表明,人体动作可发出约 70 万个生理信号,而人们对眼睛直接接收到的信息更为信任。因此,当表达者的肢体语言与所说的话不一致时,人们更愿意相信看到的肢体语言,而不是听到的话。

案例故事10

英国前首相撒切尔夫人是众所周知的铁娘子,她到任何场合都非常注重自己的穿着和妆饰,正因为她庄重雅致的穿着打扮让选民认识到了她的果敢与严谨,因此她的选民都认为选择她是绝对正确的,她势必带领英国人民改变糟糕的经济形势和国际环境,给整个英国带来福音。事实证明,她没有辜负选民的希望,但是谁又能想到让这位铁娘子走上政坛的竟然是她得体的打扮。

案例讨论:

1. 撒切尔夫人的成功取决于哪些因素?

2. 如果让你去做农机推广会的宣讲员,你会选择什么样的妆饰?

案例故事11

三国时期,诸葛亮因错用马谡而失掉战略要地——街亭,魏将司马懿乘势引大军 15 万向诸葛亮所在的西城蜂拥而来。当时,诸葛亮身边没有大将,只有一班文官,所带领的五千军队,也有一半运粮草去了,只剩 2500 名士兵在城里。众人听到司马懿带兵前来的消息都大惊失色。诸葛亮登城楼观望后,对众人说:"大家不要惊慌,我略用计策,便可教司马懿退兵。"

于是,诸葛亮传令,把所有的旌旗都藏起来,士兵原地不动,如果有私自外出以及大声喧哗的,立即斩首。又让士兵把四个城门打开,每个城门之上派 20 名士兵扮成百姓模样,洒水扫街。诸葛亮自己披上鹤氅，戴上高高的纶巾，领着两个小书童，带上一张琴，在城楼上凭栏坐下，燃起香，然后慢慢弹起琴来。

司马懿的先头部队到达城下，见了这种气势，都不敢轻易入城，便急忙返回报告司马懿。司马懿听后，笑着说："这怎么可能呢？"于是便令三军停下，自己飞马前去观看。离城不远，他果然看见诸葛亮端坐在城楼上，笑容可掬，正在焚香弹琴。左面一个书童，手捧宝剑；右面也有一个书童，手里拿着拂尘。城门里外，20多个百姓模样的人在低头洒扫，旁若无人。司马懿看后，疑惑不已，便来到中军，令后军充作前军，前军作后军撤退。他的二子司马昭说："莫非是诸葛亮家中无兵，所以故意弄出这个样子来？父亲您为什么要退兵呢？"司马懿说："诸葛亮一生谨慎，不曾冒险。现在城门大开，里面必有埋伏，我军如果进去，正好中了他们的计。还是快快撤退吧！"于是各路兵马都退了回去。

案例讨论：

1. 诸葛亮为什么能够成功让司马懿退兵？

2. 司马懿又是因为什么样的心理状态才退兵的呢？

这个故事是表情从容实施公众表达的典型案例，诸葛亮未用一兵一卒，靠着沉着冷静、从容不迫的面部表情迷惑了敌人，迫使敌人撤退。

八、公众表达的规则与问题

做好公众表达需要一个系统化的工作过程，要使所有的要素都成为我们达到最终目标的资源，而不是阻碍。因此我们需要系统地考虑问题并加以整合。归纳起来，实施公众表达的过程中应该注意以下规则与问题：

（1）表达之前必须收集材料。这些材料包括自身状况的材料、听众状况的材料、环境状况的材料、观点题目的支撑材料等，材料越完整越能让你的表达趋向你所期望的目标。

（2）为表达列出提纲。为了避免出现逻辑上的混乱，让听众产生迷惑，我们需要对所表达的内容加以分类和梳理，使之成为较为明确的体系，因此我们应该有一个较为简洁明了但是清晰准确的提纲。

（3）紧密围绕自己的观点。观点的澄清和支撑系统的建立能确保我们表达效果的好坏，我们必须围绕自己所提出的观点，采取各种方式进行论证，不断地让听众更加明确和支持我们的观点。

（4）利用好语言。语言表达是我们实施表达的最主要方式，我们必须在语言上下足功夫，从语言的准备、语调语腔的把握、语言内容的调整、语言修辞的运用、语言潮流的跟进等多方面不断加强语言的吸引力和说服力。

（5）针对不同表达类型制订不同对策。公众表达有不同的目标，或是告知，或是说服，或是发动，不一而同，因此我们要针对不同的表达类型制订不同的表达对策，以使我们在遇到问题和困难时能够迅速地解决，保障表达的实施。

第二节 社交中公众表达的艺术

公众表达是语言和身体综合素质相结合,融入环境并对他人产生影响的表达形式。要将这种表达形式的作用发挥到极致,是需要一定的艺术内涵的。在社交活动中,表达的作用,集中体现在语言活动的整个过程中。从某种意义上讲,社交的过程,实际上就是人们心理活动的过程。说和听,既是语言沟通情境的行为,又是人们相互间心理活动的反映,是人们心理构成的重要成分,这是因为人的情绪和情感体验是借助于面部表情、动作姿态、语言和语调参与交际和沟通来实现的。进行社交活动的始终,可以充分展示交际者的表达心理。因此,在社交过程中,要重视言语表达交际的艺术。

一、言语委婉

公众表达方式多种多样,由于谈话的对象、目的和情境不同,表达方式也没有固定的模式。表达有时要直率,有时则要委婉,要视对象而定。该直接时不直接,该委婉时不委婉,同样达不到有效社交的效果。当然,表达委婉并不容易做到,它需要有高度的语言修养。如运用什么语气,采用哪一种句式,运用什么言辞,以及"讳饰""暗喻"等,既要有高度的思想修养,也要有丰富的汉语知识。用得好,批评的意见也可以使听众听得舒服,乐意接受,而且在极大程度上可以激起听众的兴趣和热情,其作用往往超过一般的直言快语。

二、言语真诚、恰到好处

其实表达得体即是出于真诚,说话、姿态、表情等恰到好处,不含虚假成分。然而真诚还有它另外一面,那就是避免过于客套,过分地粉饰雕琢,失去心理的纯真自然。绕弯过多,礼仪过分,反而给人"见外"的感觉,显得不够坦诚。与人交际,谦逊礼让是完全必要的,然而不分对象、不分场合,一味地过于客套未免有虚伪的嫌疑。在公众场合一味地迎合就很难说是真诚。许多情况下,我们需要直抒胸臆的言语艺术,是怎么样,就怎么说,还事物以真面目。直言不讳,是待人接物很重要的表达技巧之一。

三、适时适度、发自内心

公众表达是对自己思想和感情的表达,是要给人听的,要使别人对自己说的感兴趣、听得明白,就应当掌握一些说的技巧。一是选择好话题,话题要有积极意义,要适合对方的知识范围、经验和对方当时的心境。二是语言要简练、通俗、生动,要说得得体,合时宜。三是善用敬语,要谦恭有礼,要多用亲切友好的词语。四是适时适度、发自内心地赞扬别人,可以营造融洽的交往气氛,强化人际吸引力,但赞扬要真诚适度,不要乱戴高帽。

四、适当的目光接触

常言道:"眼睛是心灵的窗户。"目光接触,是人际交往间最能传神的非语言沟通。在交往中通过目光的交流可以促进双方的了解,目光的方向、眼球的转动、眨眼的频率,都可以表示特定的意思和流露情感。正视表示尊重,斜视表示轻蔑,双目炯炯会使听者精神振奋,柔和、热诚的目光会流露出对别人的热情、赞许、鼓励和喜爱,目光东移西转,会让人感到心不在焉。社交中,适当的目光接触可以表达彼此的关注。在人际交往中,不能忽视眼神的作用,平时应注意培养用眼睛"说话"的能力。

五、正确运用声调,加强语言表达

同一句话用不同的声调,在不同的场合说出来,可以表达不同的甚至是相反的意思和情感。在人际交往中,恰当地运用声调,也是保证交往顺利进行的重要条件。在一般情况下,柔和的声调表示坦率与友情;缓慢、低沉的声调表示同情和关注对方;用鼻音则显得傲慢、冷漠、鄙视,这会引起对方的反感。在人际交往中,要细心体会声调的微妙,学会正确运用声调,以加强语言表达的效果。

六、读懂人心这本书

有人说,如果能把人心像书一样拿在手上阅读,你就会以热情和自信的态度来面对芸芸众生。这话颇有道理。其实,人就像一本书,如果说阅读的方法的话,这种"阅读的方法"就是观察力,要能够"读"出你表达对象的心理,这样在你对公众的表达中你才能更有自信心。当然,"人心隔肚皮",要掌握"人心"并不是一件轻而易举的事情。人都有隐蔽着的内在思想、动机等,这些都是人们不愿轻易示人的,但是,这些隐蔽的东西总会不自觉地通过外在的行为表现出来,从而被人们觉察到。

一般来说,观察他人主要有两个方面:

一是观察对方主要的特征是杞人忧天的消极型还是爽朗开明的积极型。

二是归纳出围绕在这种特征上的其他种种特征。

比如消极型的人往往有"为难"的表示;而一个爽朗开明的沟通对象,则多多少少会有一些"要说"的话。观察他人也有很多技巧,这一点在我国古代的一些经典著作中曾有过精辟的论述,现归纳如下:

(1)从对方的一言一行中考察他的为人和性格。

(2)观察一个人时,不能只听他怎么说,更重要的是观察他的行动。我们不能被对方漂亮的言辞所迷惑,只看其现象,而看不到他的本质。

(3)根据对方的好恶以及交友原则去观察他的为人,这也是一种有效地观察他人的方

法,因为"物以类聚,人以群分",从他所结交的朋友身上也可以看出他本人的性格特征。

（4）在与人沟通时,如果对方能真诚地对我们给予批评,这就说明他想要与你真正地交朋友,这也为我们观察他人和选择理想的交往对象提供了一种有效的方法。

（5）观察一个人时,一定要有自己的主见,不能人云亦云,轻信别人对他的评价,"众口铄金"的现象并不是不存在的。

本章小结

公众表达可以说是一件综合艺术品,它融汇了个体的内涵、环境的分析、情感的把握、社交的礼仪、逻辑的技巧等多方面的内容。语言在公众表达的过程中不仅仅是用于沟通的工具,更是展现个人魅力的强大武器。因此,要做到有效的公众表达需要深厚的积累和持之以恒的锻炼,正如打仗必须有备无患,"兵马未动,粮草先行",只有肚子里有货,才能言之有物,相反则空洞无物、词不达意。与此同时,言由心生,公众表达的意义在于我们完成表达之后能够达到我们所期望的目标,达到说服他人产生共鸣的效果,所以只有动之以情才能让人感同身受,激发共情。总之,我们在进行公众表达时以创造艺术品的理念来用心打造,让语言活起来,它就能成为我们无往不利的交往利剑,剑锋所指、所向披靡。

作　业

请完成以下练习:

1. 请举出一个你认为很精彩的公众表达的例子。

2. 请以"大学生村官动员集资修路的讲演"为题,写一篇500字左右的演讲稿。

第七章　公众表达的基础应用

有思想而不表达的人就等同于没有思想。——李开复

生活中我们每天要花大部分时间在说话上,在不同的演讲活动中,我们扮演着不同的角色,演讲的效果决定了一切。如何成为出色的演讲人? 这是现代大学生应该好好研究的一个问题。

当众表达其实并不困难,只要你能遵循一些简单却又十分重要的规则,就可以做到这一点。以平常心对待公众表达,从演讲中体现个人价值,从演讲中收获快乐。

第一节　公众表达的基础练习

【引言】

公众表达是一种财富,将伴随你五十到六十年,如果你不喜欢,你的损失同样是五十到六十年。

——沃伦·巴菲特

一定要锻炼自己的公众表达能力。因为未来在企业发展过程中,需要不断地推销你的企业,推销你的产品,推销你自己。一个真正成功的职场精英,他一定要学会把自己的思想梳理得很有逻辑,并用很清晰的语言表达出来。

——周鸿祎

公众表达是一个人面对三个以上的听众说话的能力。在人际沟通方式中,公众表达是一种不可或缺的有效且能够体现个人优秀素质的交流形式。从政府官员到企业高管,从职场新人到高薪白领,从求职学生到备考公务员,甚至是青少年朋友,生活中随时随处都要公众表达——工作总结、工作汇报、方案讲解、产品介绍需要公众表达;订货大会、宣讲动员会的成功离不开公众表达;述职应聘、升学面试、竞选班干部必须要公众表达,因此在日常生活中,我们要通过公众表达的基础练习来提高自己的公众表达能力。

案例故事

马云的一段演讲

马云总是给人一种"语不惊人死不休"的感觉,他有很多经典语言在民间传颂。以下是阿里巴巴收购雅虎中国时,马云第一次面对雅虎中国所有员工发表的演讲:

今天我要把我人生的成功经验跟所有人进行分享,希望你们能够从中受益。但是,我要

告诉大家,这对绝大多数认为自己很聪明又很勤奋的人,往往没有任何价值。反而是那些不愿意思考我讲得对与错的人、回去就听话照做的人,往往会受益匪浅。我要告诉大家,这个世界真正的成就是由很多懒人创造的。

大家知道,爱迪生有一句名言,"天才就是1%的灵感加上99%的汗水"。爱迪生欺骗了全世界。我要告诉大家,这个世界很多的成就是由懒人创造的。说到这里,很多人可能觉得我是吹牛,但是事实胜于雄辩,让我们来看一看。

这个世界上最富有的人叫比尔·盖茨,他很懒。他大学都没有念完,他也懒得去记那些程序,所以他自己发明了一套程序,让全世界有电脑的地方都长着相同的脸,他就变成了世界首富。

这个世界上最有价值的品牌叫可口可乐,他的创始人也很懒。他嫌中国的茶很麻烦、西方的咖啡太复杂,他就用一点水加一点调料,让全世界有人的地方都喝着像血一样的液体,它就变成了全世界最有价值的品牌。

这个世界上经营最成功的快餐品牌叫麦当劳,他的创始人也很懒。他嫌中国的包子很麻烦、法国大餐又太复杂,他用两片面包加一块肉,让全世界有城市的地方都有黄色的M标志。

这个世界上最有价值的球员叫罗纳尔多,他更懒。他每次就站到对方的球门框前,等到球经过他的时候顺脚一踢,他就变成全世界最有价值的球员了。有人说他带球速度过人,别人一场跑90分钟,他一场跑15秒,他当然速度过人了。

这样的例子不胜枚举,我要告诉大家,这个世界真正的成就是由很多懒人创造的。比如说,有人懒得爬楼梯,发明了电梯;有人懒得走路,发明了汽车、火车、飞机;有人懒得计算,发明了计算器。所以,如果你要懒,一定要想出懒的办法,懒出风格、懒出境界,就像我一样都懒得长高。

……

雅虎中国的员工听完讲话后都感觉心潮澎湃,震撼于这个世界真正的成就是由懒人创造的。一场好的演讲要么引起大家强烈的共鸣,要么给予大家强烈的冲击。在马云的演讲中,这两者都得到了很好的体现。

案例讨论:

1. 公众表达的技巧有哪些?

2. 做好公众表达会让你在哪些方面得到提升?

一、大学生公众表达的规则

(一)好的开头

"良好的开端是成功的一半。"就展开演讲而言,它通常由三个部分组成,即开头、中间以及结尾。在这三部分中,开头和结尾最为重要,演讲的开始就像是一场正式演出前的序曲,序曲给听众留下的是第一印象,并由此激发他们的兴趣。遗憾的是,很大一部分学生都有过演讲开头开得不好的经历——不是紧张地结结巴巴说了几句,就是开头还没说上两句就转入正题。这样做是不正确的。说话人很有必要在讲话的开头认真准备,以使听众的注意力能够集中在有利于说话人讲话的方向上。一个好的开头需要做到以下几点:

(1)激起听众的兴趣。演讲的开头一般是听众注意力最为集中的时候,如果你开头能抓住听众的注意力和好奇心,人家就很愿意听下去。

(2)了解你的听众。试着去了解你的听众,分析他们的聆听需求,拉近听众和你的距离。距离拉近了,交流就会更加容易。

(3)真诚的表达。态度决定一切,人与人之间的沟通是需要以真诚做基础的。你讲的内容听众也许认同,也许不认同,但这都不要紧,只要他们能感受到你是真诚的,他们就会愿意听下去。

成功的开头是很不容易做到的,要考虑很多因素。要考虑当时的环境、听众的情绪和你讲话的主题,同时还需要有个人的特色。

(二)怎样结尾

做一次演讲在某种程度上就像是旅行家的一次旅行经历。一个人越是接近终点,他就越是希望尽快抵达它;很多说话人所遇到的情形即是如此。然而,说话人结束讲话的方式也各有不同:有些在他们结束讲话前有所暗示,有些为此而说上一两句,还有些是忽然结束——既无暗示,又没有表现出任何结束讲话的迹象,听众对此感到茫然。对任何说话人来说,上述几种结束方式中最后一种方式不可取。以适当的方式结束讲话十分重要。从心理学的角度讲,听众对匆匆结束的讲话会有不同反应——有人会以某种方式表示其失望的情绪,有人会对此感到奇怪,有人会产生一种受到冷落的感觉。

实际上,以不恰当的方式结束讲话通常对讲话以及讲话人本人会产生负面影响。因此,关注其说话形象的说话人应该对其结束说话的方式非常小心。精彩的结束语犹如与人话别,能促人深思,耐人寻味,给听众留下深刻的印象。因此,在演讲的结尾要努力调动一切积极因素,把听众的情绪推向高潮,给你的演讲画上一个圆满的句号。

(三)自信心

自信心是说话人成功的关键所在。这就要说话人在讲话前做充足的准备,在演讲过程中要注意语调、面目表情、手势,以及与你的听众保持目光接触。这些传递给听众的就是自信的信息。

(1)语调:一次没有激情的演讲对听众来说就像是喝白水,枯燥、乏味,而一次高亢、激情的演讲就像是一次神奇的旅行,它能带给听众别样的感觉。这就要求讲话人在讲话的时候一定要注意语调的把握。语调,是语音、语气、速度、节奏的统一,它好比乐曲的旋律一样,能表达出多种多样的情感,体现出语言的完美性。在讲话中,对语调升、降的把握往往能透露一些信息给听众,以此引起听众的注意力。

(2)面目表情:在人际交往中,表情可真实地反映出一个人的态度、情感,及其心理活动与变化。而且,表情传达的感情信息要比语言巧妙得多。当然,把握表情并不是一件容易的事。从大体上说,人的眼神、笑容、面容是表达感情最主要的三个方面。尤其是眼神,能够最明显、最自然、最准确地显示一个人的心理活动。讲话中,与听众的目光交流往往就处于一个很重要的位置。它不仅能直接与听众进行情感的沟通和交流,还能第一时间把握听众的情绪。再者,目光交流从某种程度上还可以反映出一个人的自信心。切忌在讲话时不停眨眼,眼神飘忽不定,目光闪烁、斜视、瞟视。注视他人时,应以对方面部中心为圆心,以肩部为半径,这个视线范围就是目光交流的范围。而且,注视他人时,时间不宜过长。

(3)手势:手是人体的表情器官之一。手势是使用频率最高的体态语言形式。由于双手活动幅度较大,活动最方便、最灵巧,形态变化也最多,因而手势的表现力、吸引力和感染力也最强,最能表达出丰富多彩的思想感情。在讲话中,寓意深刻、优美得体的手势,能产生极大的魅力,激发听众的热情,加深听众对演讲内容的理解,使演讲获得成功。但在讲话中,最忌讳的就是手舞足蹈、摆弄手指,或用手挠头发、揉眼睛。所以讲话中手到底应该放置在哪里是我们应该注意的。如果你在讲台后面,你可以将双手自然地放在讲台两侧。如果没有讲台的话,可将双手自然垂在身体两侧,或者让双手握在胸前,也可以用手来操作教学设备,握住提示卡、笔、教鞭或是做手势等。无论在什么情况下,都不该把双手置于裤子口袋内,或是把手背在身后。

(四)如何克服怯场

要克服怯场,说话人首先要做的是找出怯场的原因。从心理学的角度讲,言语恐惧是人类的一种自然反应,心理学家认为,紧张是一种有效的反应方式,是应付外界刺激和困难的一种准备。有了这种准备,便可产生应付瞬息万变的力量。因此紧张并不全是坏事。我们应该学会自我消除紧张状态。说话人要对怯场保持一种客观的态度。无论在何种情况下都应尽量保持冷静,朝积极的一面去想你自己和你的听众。告诉自己:我能讲好,肯定能。说话人感到紧张的第二个原因是缺乏经验,不同的情况对不同的说话人构成了不同的压力,因此说话人一定要对讲话做充分准备。克服怯场最有效的方法就是多加练习。练习公众表达的方法之一,就是想象着你在和朋友谈话;不要过分考虑说话对象的身份、地位、年龄、性别,以平常心对待,你在向他们解释什么事情,以使他们能更好地理解你。当你这样想时,紧张情绪就会逐渐消退。

(五)学会停顿

很多说话人忽略了停顿。事实上,当一个人说话的时候,停顿起着重要的作用——它有助于集中听众的注意力。许多缺乏经验的说话人在说话时过于紧张,以至于无停顿可言。这不仅使听众感到疲劳,而且还会影响他们对演讲要点的理解。听众需要时间来消化说话人所讲的内容。要学会说话的时候适当地"闭嘴",停顿是一种需要掌握的技巧。有意识的停顿,不仅使讲话层次分明,还能突出重点,吸引听话人的注意力。适当的停顿,能够使听的人明白你所讲的内容分为几个段落,大概有几个意思,前后是不是互相照应。只有条理清楚地讲话,才具有说服力,表现出很强的逻辑性,使别人佩服你的口才。如果不懂得适时地停顿,滔滔不绝地一直讲下去,会使人产生一种急促感,对你的讲话也就"不知所云"了。那么什么时候需要停顿呢? 当我们转换话题,承上启下,或提出重点,总结中心思想的时候,就需要停顿。此外,如果你想表达出蕴藏在内心的激情,讲话就应该抑扬顿挫,所以停顿并不仅限于声音的停顿,还可以配合动作、手势进行。

事实上,开口说话并不是一件难事,只要给自己一个合适的定位,持有一种冷静、客观的态度,再掌握一些实用的技巧,你就能把自己潜在的演讲能力发挥出来。在公共场合演讲,要学会换位思考,掌握听众的情感和意愿,投其所好,不要在意听众会对你有什么样的评价,你只需记得把自己最好的一面表现出来就可以了。

二、大学生公众表达的技巧

当代大学生公众表达的技巧包括朗读、朗诵、讲故事、介绍解说等,其中朗读和朗诵是做好公众表达最重要的两个技巧,下面我们就以这两个表达技巧为例做详细介绍。

(一)朗读表达技巧

朗读是把书面语言转化为发音规范的有声语言的再创造过程。也就是说,朗读要运用普通话把书面语言清晰、响亮、富有感情地读出来,变文字这个视觉形象为听觉形象。

朗读是一项创造性的口头语言艺术,需要创造性地还原语气,使无声的书面语言变成活生生的有声的口头语言。如果说写文章是一种创造,朗读则是一种再创造。

朗读的创造性要求朗读者在重视原作的基础上,融入自己的思想感情,运用各种技巧进行语言艺术的再加工。

朗读有助于培养阅读理解能力,有助于提高口头表达能力。

"听一篇文章或一部文学作品的朗读,如果内容好又朗读得好,常常比我们自己感受得更深刻。"

在普通话水平测试中,朗读是对应试者普通话运用能力的一种综合检测形式。大部分测试者在此项失分相对较多,如果明确朗读的基本要求,掌握朗读的基本技巧,相信会对大家有帮助并有助于大家在测试中取得好的成绩。

朗读训练必须做到正确、流利、有感情。

正确:不添、不漏、不颠倒、不重复、不读错字音、不读破句子。

流利:连贯、流畅。

1. 停连

停连是指朗读(或说话)过程中声音的中断和连接。

我们在朗读时,既不能一字一停,断断续续地进行,也不能字字相连,一口气念到底,无论是朗读者还是听众,无论是生理要求,还是心理要求,朗读中的停顿都是必不可少的。它既是显示语法结构的需要,更是明晰表达语言、传达感情的需要。

如果停连不当就会造成歧义,如:

(1)佳佳对/蓉蓉不好。

　　佳佳对蓉蓉/不好。

(2)过路人/等不得在此穿行。

　　过路人等/不得在此穿行。

(3)哥白尼认为日月星辰绕地球转动这种学说/是错误的。

　　哥白尼认为/日月星辰绕地球转动这种学说是错误的。

(4)我看见她/笑了。

　　我看见/她笑了。

(5)打开/海蓝色的封面。

　　打开海蓝色的/封面。

2.停顿与标点符号的关系

(1)一致关系。书面语中的标点符号有着不可忽视的作用,朗读的停顿有时必须服从标点符号,多数情况下,书面语中有点号的地方同朗读时需要有停顿的地方是一致的。

标点符号表示的停顿,可以分为四级,如:

顿号 < 逗号 <分号、冒号<句号、问号、感叹号

一般来说,句号、问号、感叹号的停顿比分号长些;分号的停顿要比逗号长些;逗号的停顿比顿号长些;而冒号的停顿则有较大的伸缩性,它的停顿有时相当于句号,有时相当于分号,有时只相当于逗号。如:

她一手提着竹篮,/内中一个破碗,/空的;//一手拄着一支比她更长的竹竿,/下端开了裂://她分明已经纯乎是一个乞丐了。(鲁迅《祝福》)

这段中凡是有标点的地方,朗读时都必须停顿,而且要根据不同的点号,做长短不同的停顿。

(2)不一致关系。有时,书面语的标点同朗读中的停顿也常常有不一致的地方,分为两种情况。

①没有标点却要停顿。如:

始终微笑的和蔼的刘和珍君//确是//死掉了。(鲁迅《记念刘和珍君》)

课堂练习:试用不同的停顿区别下列句子的不同语意。

A.学习文件　　　　　　B.学习/讨论

A.读了/一篇课文　　　　B.读了一遍/课文

A.反对/目无纪律的行为　　B.反对目无纪律的/意见

②句中有标点,却不停顿。如:

a."糟啦,糟啦! 月亮掉在井里啦!"(《捞月亮》)

两个"糟啦"可以连起来读,也可以把全句都连起来读,以表示吃惊、紧张、急促。

b. 桌子放在堂屋中央,系长桌帏,她还记得照旧去分配酒杯和筷子。"祥林嫂,你放着吧,我来摆。"四婶慌忙地说。她讪讪地缩了手,又去取烛台。"祥林嫂,你放着吧,我来拿。"四婶又慌忙地说。(鲁迅《祝福》)

在句中引号里的内容可以不停顿,一气读出,这样处理,可以突出四婶的紧张心理——"千万不要碰!"反映出对吃人封建礼教的深刻揭露和鞭挞。

练习:

桃树、杏树、梨树,你不让我,我不让你,都开满了花赶趟儿。(朱自清《春》)

3. 各种不同性质的停顿

(1)顺应语法的停顿。这类停顿可以依据标点来处理,有时也可以突破标点的限制。(见停顿与标点符号的关系)。

(2)显示层次的停顿。文章的层次可以借助于朗读者的停顿得到显示。如:

段落 > 层次 > 句子

一般说来,文章中的节(段)这样的大层次比较容易划分,而一节(或一段)文字,甚至一句话中,也往往有更小更细的层次,划分这些层次并用朗读中的停顿表现出来,就不是一件容易的事。如:

头上扎着白头绳,/乌裙,蓝夹袄,月白背心,//年纪大约二十六七,//脸色青黄,但两颊却还是红的。(鲁迅《祝福》)

(3)体现呼应的停顿。文章中的呼应关系在朗读时主要通过停顿来体现。全篇整体性的呼应较易把握,而文章中的局部的呼应关系,往往由于朗读者的忽略而造成呼应中断,或呼应模糊,因此影响了语意的表达。如:

①在建设工作中,犯一些错误,有一些缺点,是难免的。问题在/于对待缺点错误的态度。(吴晗《论谦虚》)

②这小燕子,便是我们故乡的那/一对,两对么?(郑振铎《海燕》)

练习:

①看着/莽莽苍苍,一片锦绣,"河水萦带,群山纠纷"的/大地。

②总之,我们要拿来。我们要/或使用,或存放,或毁灭。

③然而,首先要这人沉着,勇猛,有辨别,不自私。

④葡萄成熟的季节,一大串一大串挂在绿叶底下,有红的、白的、紫的、青的、暗红的、淡绿的,五光十色,美丽极了。

(4)指向强调的停顿。为了突出句中某些词语重要,引起听众的注意,加深听众的印象,可以在这些词语的前面或后面稍加停顿,这便是强调性的停顿。如:

①惨象,已使我目不忍视了;流言,尤使我耳不忍闻。我还有什么话可说呢?我懂得衰亡民族之所以默无声息的缘由了。沉默呵,沉默呵!不在沉默中/爆发,就在沉默中/灭亡。(鲁迅《记念刘和珍君》)

朗读最后一句时,如果在"爆发"和"灭亡"的前面作一停顿,就可以使听众充分感受到这里发出了"不爆发即灭亡"的呼告及对读者投入斗争的召唤。

②有的人活着/他已经死了;/有的人死了/他还活着。(臧克家《有的人》)

练习:

我与父亲不相见已二年余了,我最不能忘记的是他的/背影。(朱自清《背影》)

(5)区别语意的停顿。朗读中,停顿还有一种区别意义的作用。

特别是书面语中的某些歧义短语和句子,可以用朗读的停顿来揭示其不同的语法结构,从而表达不同的意义。如:

① A.改正/错误的意见(动宾短语) B.改正错误的/意见(偏正短语)

② A.通知到了(补充短语) B.通知/到了(主谓短语)

③ A.我不相信他是坏人(他不是坏人) B.我不相信/他是坏人(他是坏人)

④亲爱的/爸爸妈妈欢迎您! 亲爱的爸爸/妈妈欢迎您!

⑤我看到儿子/提着爸爸从北京买来的礼物,高高兴兴地走进屋来。

⑥魂灵的有无,我不知道;然而在现世,则无聊生者/不生,即使厌见者/不见,为人为己,也还都不错。(鲁迅《祝福》)

(6)表达音节的停顿。朗读诗词时,必须用停顿来表达音节,以加强节奏感。如:

①白发/三千丈,缘愁/似个长。不知/明镜里,何处/得秋霜?(二三式)

②竹外/桃花/三两枝,春江/水暖/鸭先知。蒌蒿/满地/芦芽短,正是/河豚/欲上时。(二二三式)

③北国/风光,千里/冰封,万里/雪飘。望/长城内外,惟余/莽莽;大河/上下,顿失/滔滔。山舞/银蛇,原驰/蜡象,欲与/天公/试比高。须/晴日,看/红装素裹,分外/妖娆。(毛泽东《沁园春·雪》)

④我为/少男少女们/歌唱,我/歌唱/早晨,我/歌唱/希望,我/歌唱那些/属于未来的/事物,我/歌唱/正在生长的/力量。(何其芳《我为少男少女们歌唱》)

练习:朗读以上例句

4.停连的表现方法——声断气连

落停:停顿时间相对较长,句尾声音顺势而落,声止气也尽。(换气)

多用在一个相对完整的意思讲完之后,句读停顿中多用在句号、问号、感叹号处。

扬停:停顿时间相对较短,停之前声音稍上扬或持平,声虽止但气未尽,一听就知是才说了半句话。(偷气)

多用在一个意思还未说完,而中间又需要停顿之处,句读停顿中多用在分号、逗号、顿号处。

直连:顺势而下,连接迅速,不露连接的痕迹。(扬停)

曲连:连接处有一定的空隙,但又连环相接,迂回向前。(落停)

梅雨潭是一个瀑布潭。仙岩有三个瀑布,梅雨潭最低。走到山边,便听见哗哗哗哗的声音;抬起头,镶在两条湿湿的黑边儿里的,一带白而发亮的水便呈现于眼前了。我们先到梅雨亭,梅雨亭正对着那条瀑布;坐在亭边,不必仰头,便可见它的全体了。亭下深深的便是梅雨潭。这个亭踞在突出的一角的岩石上,上下都空空儿的;仿佛一只苍鹰展着翼翅浮在天宇中一般。

5.语速

(1)什么是语速? 语速是指朗读或说话时每个音节的长短及音节之间连接的紧松。

世间一切事物的运动状态和一切人在不同情境下的思想感情总是千差万别的。朗读各种文章时,要正确地表现各种不同的生活现象和人们各不相同的思想感情,就必须采取与之相适应的不同的朗读速度。如:

①其间有一个十一二岁的少年,项带银圈,手捏一柄钢叉,向一匹猹尽力地刺去,那猹却将身一扭,反从他的胯下逃走了。

②月亮底下,你听,啦啦地响了,猹在咬瓜了。你便提捏了胡叉,轻轻地走去。(鲁迅《故乡》)

以上是两种不同的动态。这不同的动态在我们心里引起的感觉是不一样的。朗读时必须体现出前者"将身一扭,从他的胯下逃走了"之快和后者"你便提捏了胡叉,轻轻地走去"之慢。

(2)决定语速不同的各种因素。

①不同的场面。急剧变化发展的场面宜用快读;平静、严肃的场面宜用慢读。如:

海在我们的脚下沉吟着,诗人一般。那声音仿佛是朦胧的月光和玫瑰的晨雾那样温柔,又像是情人的蜜语那样芳醇;低低地,轻轻地,像微风拂过琴弦;像落花飘零在水上。

海睡熟了。

大小的岛拥抱着,偎依着,也静静地恍惚入了梦乡。

星星在头上眨着慵懒的眼睑,也像要睡了。

许久许久,我俩也像入睡了似的,停止了一切的思念和情绪。

不晓得过了多少时候,远寺的钟声突然惊醒了海的醋梦,它恼怒似的激起波浪的兴奋,渐渐向我们脚下的岩石掀过来,发出汩汩的声音,像是谁在海底吐着气,海面的银光跟着晃动起来,银龙样的。接着我们脚下的岩石就像铃子、铙钹、钟鼓在奏鸣着,而且声音愈响愈大起来。

没有风。海自己醒了。喘着气,转侧着,打着呵欠,伸着懒腰,抹着眼睛。因为岛屿挡住了它的转动,它狠狠地用脚踢着,用手推着,用牙咬着。它一刻比一刻兴奋,一刻比一刻用劲。岩石也仿佛渐渐战栗,发出抵抗的噪叫,击碎了海的鳞甲,片片飞散。

海终于愤怒了。它咆哮着,猛烈地冲向岸边袭击过来,冲进了岩石的罅隙里,又拨刺着岩石的壁垒。

音响就越大了。战鼓声,金锣声,呐喊声,叫号声,啼哭声,马蹄声,车轮声,机翼声,掺杂在一起,像千军万马混战了起来。(鲁彦《听潮》)

思考:这段描写是怎样实现速度的转换的?

②不同的心情。紧张、焦急、慌乱、热烈、欢畅的心情宜用快读;沉重、悲痛、缅怀、悼念、失望的心情宜用慢读。

前者如:

……她猛然喊了一声。脖子上的钻石项链没有了。

她丈夫已经脱了一半衣服,就问:"什么事情?"

她吓昏了,转身向着他说:"我……我……我丢了佛来思节夫人的项链了。"

他惊惶失措地直起身子,说:

"什么!……怎么啦?……哪儿会有这样的事!"

他们在长衣裙褶里,大衣褶里寻找,在所有口袋里寻找,竟没有找到。

他问:"你确实相信离开舞会的时候它还在吗?"

"是的,在教育部走廊上我还摸过它呢。"

"但是,如果是在街上丢的,我们总得听见声响。一定是丢在车里了。"

"是的,很可能。你记得车的号码吗?"

"不记得。你呢,你没注意吗?"

"没有。"

他们惊惶地面面相觑……

(莫泊桑《项链》)

后者如:

在一个深夜里,我站在客栈的院子中,周围是堆着破烂的什物;人们都睡觉了,连我的女人和孩子。我沉重地感到我失去了很好的朋友,中国失掉了很好的青年,我在悲愤中沉静下去了,然而积习却从沉静中抬起头来,凑成了这样的几句:

惯于长夜过春时,挈妇将雏鬓有丝。梦里依稀慈母泪,城头变幻大王旗。忍看朋辈成新鬼,怒向刀丛觅小诗。吟罢低眉无写处,月光如水照缁衣。(鲁迅《为了忘却的记念》)

③不同的谈话方式。辩论、争吵、急呼,宜用快读;闲谈、絮语,宜用慢读。

前者如:

周朴园　鲁大海,你现在没有资格跟我说话,矿上已经把你开除了。

鲁大海　开除了?!

周　冲　爸爸,这是不公平的。

周朴园　(向周冲)你少多嘴,出去!

(周冲愤然由中门下)

鲁大海　好,好。(切齿)你的手段我早就明白,只要你能弄钱,你什么都做得出来。你叫警察杀了矿上许多工人,你还——

周朴园　你胡说！

鲁侍萍　（至大海说）走吧，别说了。

鲁大海　哼，你的来历我都知道，你从前在哈尔滨包修江桥，故意叫江堤出险——

周朴园　（厉声）下去！

仆人们　（拉大海）走！走！

鲁大海　你故意淹死了两千二百个小工，每一个小工的性命你扣三百块钱！姓周的，你发的是绝子绝孙的昧心财！你现在还——

周　萍　（冲向大海，打了他两个嘴巴，）你这种混账东西！

（大海还手，被仆人们拉住。）

周　萍　打他！

鲁大海　（向周萍）你！

（仆人们一齐打大海。大海流了血。）

周朴园　（厉声）不要打人！

（仆人们住手，仍拉住大海。）

鲁大海　（挣扎）放开我，你们这一群强盗！

周　萍　（向仆人们）把他拉下！

鲁侍萍　（大哭）这真是一群强盗！

（曹禺《雷雨》）

④不同的叙述方式。作者的抨击、斥责、控诉、雄辩、抒情，宜用快读；一般的记叙、说明、追忆，宜用中速或慢读。

前者如：

反动派暗杀李先生的消息传出以后，大家听了都悲愤痛恨。我心里想，这些无耻的东西，不知他们是怎么想法，他们的心理是什么状态，他们的心怎样长的！（捶击桌子）其实很简单，他们这样疯狂地来制造恐怖，正是他们自己在慌啊！在害怕啊！所以他们制造恐怖，其实是他们自己在恐怖啊！特务们，你们想想，你们还有几天？你们完了，快完了！你们以为打伤几个，杀死几个，就可以了事，就可以把人民吓倒了吗？其实广大的人民是打不尽的，杀不完的！要是这样可以的话，世界上早没人了。

（闻一多《最后一次讲演》）

后者如：

在延安人的记忆里，毛主席永远穿着干净的旧灰布制服，布鞋，戴着灰布八角帽。他的魁梧的身形，温和的脸，明净的额，慈祥的目光，时时出现在会场上，课堂上，杨家岭山下的大道边。主席生活在群众中间，生活在同志们中间。主席的音容笑貌，举手投足，人们都是熟悉的，理解的。人们怀着无限的信任和爱戴的感情团聚在他周围，一步不能离开，也一步不曾离开。如今，主席穿上做客的衣服，要离我们远去了。

（方纪《挥手之间》）

⑤不同的人物性格。年轻、机警、泼辣的人物的言语、动作宜用快读；年老、稳重、迟钝的人物的言语、动作宜用慢读。

前者如：

"这有什么依不依。——闹是谁也总要闹一闹的；只要用绳子一捆，塞在花轿里，抬到男家，捺上花冠，拜堂，关上房门，就完事了。可是祥林嫂真出格，听说那时实在闹得利害，大家还都说大约在念书人家做过事，所以与众不同呢。太太，我们见得人多了：回头人出嫁，哭喊的也有，说要寻死觅活的也有，抬到男家闹得拜不成天地的也有，连花烛都砸了的也有。祥林嫂可是异乎寻常，他们说她一路只是嚎，骂，抬到贺家墺，喉咙已经全哑了。拉出轿来，两个男人和她的小叔子使劲的擒住她也还拜不成天地。他们一不小心，一松手，阿呀，阿弥陀佛，她就一头撞在香案角上，头上碰了一个大窟窿，鲜血直流，用了两把香灰，包上两块红布还止不住血呢。直到七手八脚的将她和男人反关在新房里，还是骂，阿呀呀，这真是……"

（鲁迅《祝福》）

后者如：

"冬天没有什么东西了。这一点干青豆倒是自家晒在那里的，请老爷……"

我问他的景况。他只是摇头。

"非常难。第六个孩子也会帮忙了，却总是吃不够……又不太平……什么地方都要钱，没有定规……收成又坏。种出东西来，挑去卖，总要捐几回钱，折了本；不去卖，又只能烂掉……"

他只是摇头；脸上虽然刻着许多皱纹，却全然不动，仿佛石像一般。他大约只是觉得苦，却又形容不出，沉默了片时，便拿起烟管来默默地吸烟了。　　　（鲁迅《故乡》）

（3）朗读速度的转换。朗读任何一篇文章，都不能自始至终采用一成不变的速度。朗读者要根据作者感情的起伏和事物的发展变化随时调整自己的朗读速度。这种在朗读过程中实现朗读速度的转换是取得朗读成功的重要一环。

练习：

华盛顿是美国第一任总统。是他领导美国人民为了自由为了独立浴血奋战，赶走了统治者。

华盛顿是个伟人，但并非后来人所想象的，他专做伟大的事，把不伟大的事留给不伟大的人去做。实际上，他若在你面前，你会觉得他普通得就和你一样，一样的诚实、一样的热情、一样的与人为善。

一天，他身穿没膝的大衣，独自走出营房。它所遇到的士兵，没一个认出他。在一处，他看到一个下士领着手下的士兵筑街垒。

"加油！"那个下士对抬着巨大水泥块的士兵们喊着："一、二，加油！"但是，那下士自己的双手连石块都不碰一下。因为石块很重，士兵们一直没能把它放到位置上。下士又喊："一、二，加油！"但是士兵们还是不能把石块放到位置上。他们的力气几乎用尽，石块就要滚落下来。

这时，华盛顿已经疾步跑到跟前，用他强劲的臂膀，顶住石块。这一援助很及时，石块终于放到了位置上。士兵们转过身,拥抱华盛顿,表示感谢。

"你为什么光喊加油而把手插在衣袋里呢?"华盛顿问那下士。

"你问我?难道你看不出我是这里的下士吗?"

"哦,这倒是!"华盛顿说着,解开大衣纽扣,向这位鼻孔朝天、背着双手的下士露出他的军装。"按衣服看,我就是上将。不过,下次再抬重东西时,你就叫上我!"

可以想象,那位下士看到站在自己面前的是华盛顿本人,是多么羞愧,但至此他也才真正懂得:伟人之所以伟大,就在于他绝不做不尊重他人的那种倒人胃口的蠢事。

(4)注意问题。读得快时,要特别注意吐字的清晰,不能为了读得快而含混不清,甚至"吃字";读得慢时,要特别注意声音的明朗实在,不能因为读得慢而显得疲疲沓沓、松松垮垮。总之,在掌握朗读的速度时要做到"快而不乱""慢而不拖"。

6. 重音

(1)什么是重音。在朗读中,为了准确地表达语意和思想感情,有时需要突出强调那些起重要作用的词或短语,被突出强调的这个词或短语通常叫重音,或重读。

在由词和短语组成的句子中,组成句子的词和短语,在表达基本语意和思想感情的时候,不是平列地处在同一个地位上。有的词、短语在表达语意和思想感情上显得十分重要,而与之相比较,另外一些词和短语就处于一个较为次要的地位上,所以有必要采用重音加以区别。

同样一句话,如果把不同的词或短语确定为重音,由于重音不同,整个句子的意思也就发生了很大的变化,如:

练习:我是山东省滕州市的小学语文教师。

(2)确定重音的依据

①依据语法结构。有些句子,平平常常,没有特殊的感情色彩,也没有什么特别强调的意味。这种句子的重音可以依据其语法结构来确定。

语法重音的位置比较固定,常见的规律是:

a. 短句里的谓语部分常重读:

风停了,雨住了,太阳出来了。

b. 定语常重读:

家乡的桥我梦中的桥。

西方的天空,还燃烧着一片橘红色的晚霞。

c. 动词或形容词前的状语常重读:

为了看日出,我特地起个大早。

小草偷偷地从土里钻出来。

他一次次地昏迷过去,又一次次地苏醒过来。

d. 补语常重读：

我上小学的时候，日子过得很苦。每一次比赛胜过时间，我就快乐得不知道怎么形容。

e. 有些代词也常重读：

这就是我——一个共产党员的自白。他什么也没有看见。

如果一句话里成分较多，重读也就不止一处，往往优先重读定语、状语、补语等连带成分。

这类重音在朗读时不必过分强调，只要比其他音节读得重些就可以了。

②依据语意和感情。有些句子或由于构造复杂，或由于表意曲折，或由于感情特殊，它的重音往往不能一下子确定，必须联系上下文，对它细加观察，进行认真推敲，尤其要把它放到特定的语言环境中加以考察，才能确定其重音，通常把这类重音叫作逻辑重音（强调重音）。

强调重音指的是为了表示某种特殊的感情或强调某种特殊意义而故意读或说得突出一些的词句，目的是引起听者注意自己所要强调的某个部分。

语句在什么地方该用强调重音并没有固定的规律，而是受说话的环境、内容和感情支配的。同一句话，强调重音不同，表达的意思也往往不同，如：

我去过上海。（回答"谁去过上海"）

我去过上海。（回答"你去没去过上海"）

我去过上海。（回答"北京、上海等地，你去过哪儿?"）

不信，请看那朵流星，是他们提着灯笼在走。

因而，在朗读时，首先要认真钻研作品，正确理解作者意图，联系上下文，进行认真推敲，尤其要把它放到特定的语言环境中加以考察，才能较快较准地找到强调重音之所在。

它同语法重音有时是一致的，有时则是不一致的。当逻辑重音（感情重音）和语法重音不一致时，后者必须服从前者。

（3）各种类型的重音。

①突出语意区别的重音。这类重音意在显示语意中的某些差异，这些差异往往是句意的重心所在，必须加以强调。其中有：

a. 并列性的重音：

当然，能够只是送出去，也不算坏事情，一者见得丰富，二者见得大度。 （鲁迅《拿来主义》）

练习：

桂林的山真奇啊……桂林的山真秀啊……桂林的山真险啊……

古时候有一个人，一手拿着矛，一手拿着盾，在街上叫卖。

b. 对比性重音：

我爱热闹，也爱冷静，爱群居，也爱独处。（朱自清《荷塘月色》）

练习：我们的战士，对敌人这样恨，而对朝鲜人民却是那样的爱，充满了国际主义的深厚感情。（魏巍《谁是最可爱的人》）

世界上的任何东西，不管是大是小，是多是少，是贵是贱，都各有各的用处，不要随便就浪费了。

c. 排比性的重音：

排比性的句子，其中能显示彼此具有区别性特征的词语需要重读，而那些重复的词语通常不可以重读。

它既不需要谁来施肥，也不需要谁来灌溉。狂风吹不倒它，洪水淹不没它，严寒冻不死它，干旱旱不坏它。它只是一味地无忧无虑地生长。（陶铸《松树的风格》）

练习：

井冈山的翠竹啊！去吧，去吧，快快地去吧！多少工地，多少工厂矿山，多少高楼大厦，多少城市和农村，都殷切地等待着你们！（袁鹰《井冈翠竹》）

没有一片绿叶，没有一缕炊烟，没有一粒泥土，没有一丝花香，只有水的世界，云的海洋！

②突出句子关系的重音。这类重音意在表现句子（特别是复句）中的各种不同的语法关系，以此来强调句子某种内在的逻辑关系。其中有：

a. 转折性的重音：

他们可以承担一个浩大的战争，可以承担重建家园的种种艰辛，可是却承担不了如此沉重的离情。（魏巍《依依惜别的深情》）

是的，胜利来了，可是人们所盼望的经过流血争取的独立自由和平民主的生活又要为蒋介石和美帝国主义所破坏。（方纪《挥手之间》）

b. 呼应性的重音：

文章中某些体现呼应关系的词语要重读。如：

用什么来表达自己的心意呢？战士们又有什么呢？他们只有一双结着硬茧的手，一颗赤诚的心。（魏巍《依依惜别的深情》）

练习：

陈毅："关于详细计划，改日再与齐先生细说吧。"

齐仰之："不、不，现在就说，现在就说！"（沙叶新《陈毅市长》）

③突出修辞色彩的重音。这类重音意在鲜明体现句子中某些修辞现象，这些不同的修辞色彩的语言表现力最强的地方，最能体现文章的意旨。其中有：

a. 词语的锤炼：

真的猛士，敢于直面惨淡的人生，敢于正视淋漓的鲜血。

两年前的此时，即一九三一年的二月七日夜或八日晨，是我们的五个青年作家同时遇害的时候。当时上海的报章都不敢载这件事，或者也许是不愿，或不屑载这件事……（鲁迅《为了忘却的记念》）

b. 比喻：

重读文章中的比喻性词语，可以使被比喻的事物生动形象，加深对所描写事物或阐明道理的理解。但要注意，有比喻词的比喻句，不要重读比喻词"像""好像""仿佛"等。如：

如果说瞿塘峡像一道闸门，那么巫峡简直像江上一条迂回曲折的画廊。

练习：

我似乎打了一个寒噤；我就知道，我们之间已经隔了一层可悲的厚障壁了……（鲁迅《故乡》）

c. 夸张：

文学作品中常用夸张的手法来表现人或事物的某一特征，表达作者对人或事物的感情态度，并引起读者的共鸣，使读者获得对事物的深刻印象。如：

每年特别是水灾、旱灾的时候，这些在日本厂里有门路的带工，就亲身或者派人到他们家乡或者灾荒区域，用他们多年熟练了的，可以将一根稻草讲成金条的嘴巴，去游说那些无力"饲养"可又不忍让他们的儿女饿死的同乡……（夏衍《包身工》）

练习：

可是在中国，那时是确无写处的，禁锢得比罐头还严密。（鲁迅《为了忘却的记念》）

d. 借代：

你杀死一个李公朴，会有千百个李公朴站起来！（闻一多《最后一次的讲演》）

练习：

我们应当禁绝一切空话。但是主要的和首先的任务，是把那又长又臭的懒婆娘的裹脚，赶快扔到垃圾桶里去。（毛泽东《反对党八股》）

e. 双关：

周繁漪　好，你去吧！小心，现在，（望窗外，自语）风暴就要起来了！（曹禺《雷雨》）

f. 反语：

中国军队的屠戮妇婴的伟绩，八国联军惩创学生的武功，不幸全被这几缕血痕抹杀了。（鲁迅《记念刘和珍君》）

g. 联珠：

他比先前并没有什么大改变，单是老了些，但也还未留胡子，一见面是寒暄，寒暄之后说我"胖了"，说我"胖了"之后即大骂其新党。（鲁迅《祝福》）

练习：

竹叶烧了，还有竹枝；竹枝断了，还有竹鞭；竹鞭砍了，还有深埋在地下的竹根。（袁鹰《井冈翠竹》）

h. 反复：

盼望着，盼望着，东风来了，春天的脚步近了。（朱自清《春》）

练习：

好个"友邦人士"！日本帝国主义的兵队强占了辽吉,炮轰机关,他们不惊诧;阻断铁路,追炸客车,捕禁官吏,枪毙人质,他们不惊诧。中国国民党治下的连年内战,空前水灾,卖儿救穷,砍头示众,秘密杀戮,电刑逼供,他们也不惊诧。在学生的请愿中有纷扰,他们就惊诧了!（鲁迅《"友邦惊诧"论》）

7.句调（语调）

（1）什么是句调（语调）？

在汉语中,字有字调,句有句调。我们通常称字调为声调,是指音节的高低升降。

而句调是指语句的高低升降,我们也称为语调。句调是贯穿整个句子的,只是在句末音节上表现得特别明显。

句调根据表示的语气和感情态度的不同,可分为四种:平调、升调、降调、曲调。

语调是有声语言所特有的,它是句子的语音标志,任何句子都带有一定的语调。借助语调,有声语言才有极强的表现力。

同样一个"我"字,采用不同的语调可以回答各种不同的问题:

①谁是班长?——我。（语调平稳,句尾稍抑）

②你的电话!——我?（语调渐升,句尾稍扬）

③谁负得了这个责任?——我!（语调降得既快又低）

④你来当班长!——我?!（语调曲折）

可见,朗读中的语调是细致而复杂的,它可以表达各种丰富的感情。

（2）四种基本的语调。语调是千变万化的,它的基本类型有以下四种。

①平调（→）——语调平稳,没有明显的升降变化。（语句音高变化不明显）。

一般用于不带特殊感情的陈述和说明,以及表示迟疑、深思、冷淡、悼念、追忆、庄严等思想感情的句子。

在我的家里,珍藏着一件白色的确良衬衫。（《一件珍贵的衬衫》）

在一个晴朗的下午,总部和党校的同志刚做完宿营准备工作,朱总司令来到了。（刘坚《草地晚餐》）

愿母亲在地下安息!（朱德《回忆我的母亲》）

我到现在终于没有见,大约孔乙己的确死了。（鲁迅《孔乙己》）

②升调（↑）——语句音高由低逐渐升高（句子开头低,句尾明显升高）。

常用于表示疑问、反诘、惊异、命令、呼唤、号召的句子:

"这儿到底出了什么事?"奥楚蔑洛夫挤进人群里去,问道,"你在这儿干什么?你究竟为什么举着那个手指头……谁在嚷?"（契诃夫《变色龙》）

"共产主义是不可战胜的!"（杨沫《坚强的战士》）

……这是胜利的预言家在叫喊:——让暴风雨来得更猛烈些吧!（高尔基《海燕》）

152

如今建国伊始,百废待举,不正是齐先生实现多年梦想,大有作为之时吗?(沙叶新《陈毅市长》)

③降调(↓)——语句音高由高逐渐降低,末了的字低而短。

这种语调一般用于陈述句、感叹句、祈使句,表示肯定、坚决、赞美、祝福、祈使、允许和感叹等感情。在普通话语句中降调出现频率高。

十二年过去了,那小姑娘的爸爸一定早回来了。(冰心《小桔灯》)

他从破衣袋里摸出四文大钱,放在我手里,见他满手是泥,原来他便用这手走来的。(鲁迅《孔乙己》)

然后他呆在那儿,头靠着墙壁,话也不说,只向我们做了一个手势:"散学了,你们走吧。"(都德《最后一课》)

多可爱的小生灵啊!(《荔枝蜜》)

④曲调(↑↓)——语句音高曲折变化,对句子中某些音节,特别地加重、加高或延长,形成一种升降曲折的调子。这种语调常用来表示夸张、强调、反语等较为特殊的语气:

"哈!这模样了!胡子这么长了!"一种尖利的怪声突然大叫起来。(鲁彦《故乡》)

"友邦人士",从此可以不必"惊诧莫名",只请放心来瓜分就是了。(鲁迅《"友邦惊诧"论》)

(3)关于语调的几点说明:

①朗读中的语调是一个涉及面很广的较为复杂的问题,上面分的这四种基本类型,只是一个大体分类,或者说是对语调的基本情况的一个大体描述,只是一个框框,给语调分类也绝不是硬要把丰富多彩的语调变化强行纳入一些简单的公式。

②不要把这里说的语调类型同书面语中的陈述句、祈使句、疑问句、感叹句等句子类型完全等同起来。书面语中的句子的语气类型远不能概括口语中千变万化的语调。

③朗读中的语调始终是同断和连、快和慢、轻和重等联系在一起的。

④朗读是一种艺术。这种艺术性主要是通过语调加以体现的。朗读语言同生活语言的区别就在于语调。

生活语言当然也有语调,但那种语调一般是没有多少起伏变化的,显得自然、从容。而朗读语言的语调则有明显的起伏变化,从而能使语意表达得更加顺畅、明晰、突出。朗读中一旦失去这种富于变化的较为明显的语调,它就无异于一般的生活语言了,实际上,朗读也就不存在了。

⑤朗读中的语调的表现又不同于艺术表演(如朗诵、话剧表演)中的语调的表现。表演语言的语调带有明显的夸张性、表演性。如果把这种夸张性和表演性搬到朗读中来,使朗读时的语调奔突跳跃,大起大伏,这就会使朗读显得既不自然,也不真实。朗读中的语调介于生活语言和表演语言之间,没有语调的起伏变化固然不行,起伏变化过大同样也会失去朗读的特点。

8.综合练习

(1)朗诵叶挺同志的《囚歌》,注意句调的处理:

为人进出的门紧锁着,(→平调)(冷眼相看)

为狗爬出的洞敞开着。(→平调)

一个声音高叫着:(↗↘曲调)(嘲讽)

——爬出来吧,给你自由!(↗↘曲调)(诱惑)

我渴望自由,(→平调)(庄严)

但我深深地知道——(→平调)

人的身躯怎能从狗洞子里爬出!(↑升调)(蔑视、愤慨、反击)

我希望有一天(→平调)

地下的烈火,(稍向上扬)(语意未完)

将我连这活棺材一齐烧掉,(↓降调)(毫不犹豫)

我应该在烈火与热血中得到永生!(↓降调)(沉着、坚毅、充满自信)

(2)重音练习。

读出下列句子中词语的语法重音:

①东风来了,春天的脚步近了。

②一切都像刚睡醒的样子,欣欣然张开了眼。

③手势之类,距离大了看不清,声音的有效距离大得多。

读出下面语句中的强调重音:

于是有人慨叹曰:"中国人失掉自信力了。"如果单据这一点现象而论,自信其实是早就失掉了的。先前信"地",信"物",后来信"国联",都没有相信过"自己"。假使这也算一种"信",那也只能说中国人曾经有过"他信力",自从对国联失望之后,便把这他信力都失掉了。

(3)朗读郭小川《团泊洼的秋天》这首诗的最后三段,注意语法停顿和强调停顿。

请听听吧,这是战士/一句句从心中//掏出的话。

团泊洼,团泊洼,你真是那样/静静的吗?

是的,团泊洼是静静的,但那里/时刻都会//轰轰爆炸!

不,团泊洼是喧腾的,这首诗篇里/就充满着//嘈杂。

不管怎样,且把这矛盾重重的诗篇/埋在坎下,

它也许不合你秋天的季节,但到明春//准会/生根发芽

(二)朗诵表达技巧

朗诵就是把文字作品转化为有声语言的创作活动。

朗诵就是用清晰、响亮的声音,结合各种语言手段来完善的表达作品思想感情的一种语言艺术。

朗诵是口语交际的一种重要形式。

汉字的音节结构分为声、韵、调几个部分。声，又叫字头；韵，分为韵头、韵尾、韵腹三个部分；调，字神，体现在韵腹上。

汉字的发音应该遵循汉字的音节结构特点。要求"珠圆玉润"，应该尽量将每个汉字的发音过程处理成为"枣核形"，以声母或者韵头为一端，以韵尾为另一端，韵腹为核心。以下以"电"字为例，音节结构如下：

要达到枣核形是让自己的普通话更纯正的关键，但是，也不要片面强调字字如核，这样必然会违背语言交流的本质，去追求技巧和方法，削弱声音的感情色彩，破坏语言的节奏。

一个汉字的音程很短，大多在三分之一秒就会结束。要在短短的时间内兼顾声韵调和吐字归音，必须从日常训练开始严格要求：

①出字——要求声母的发音部位准确、弹发有力。

②立字——要求韵腹拉开立起，做到"开口音稍闭，闭口音稍开"。

③归音——干净利落，不可拖泥带水。尤其是"i""u""n""ng"等做韵尾时，要注意口型的变化。

如何使自己的声音更饱满、洪亮？感觉说话费劲，声音传不远，大致有两个原因：其一是没有充分利用共鸣器官；其二是气息不稳。

我们所发出的声响都是依靠两片声带震动而成，本质上没有多大的差别，但是震动经过了咽、喉、口腔、鼻腔、胸腔等人体自然的空间后被逐渐修饰、放大，形成自己的风格，最终传达到听众的耳朵里。在我们说悄悄话（用气声）的时候，声带并没有震动，仅仅依靠气息的摩擦，再怎样用力，也不会有任何声响，因为没有震动，也就没有共鸣！反之，要追求声音洪亮，一味依靠声带的强烈震动，只能造成声带充血，声音嘶哑。唯一的解决办法就是充分利用共鸣腔，让震动在口腔、鼻腔甚至胸腔得到共鸣、放大，自己的声音才会饱满、圆润、高扬。

这里有几个小技巧：

①体会胸腔共鸣：微微张开嘴巴，放松喉头，闭合声门（声带），像金鱼吐泡一样轻轻地发声。或者低低地哼唱，体会胸腔的震动。

②降低喉头的位置：（同上）喉部放松、放松、再放松。

③打牙关：所谓打牙关，就是打开上下大牙齿（槽牙），给口腔共鸣留出空间，用手去摸摸耳根前大牙的位置，看看是否打开了。然后发出一些元音，如"a"，感觉自己声音的变化。

④提颧肌：微笑着说话，嘴角微微向上翘，同时感觉鼻翼张开了，试试看，声音是不是更清亮了。

⑤挺软腭：打一个哈欠，顺便长啸一声。

以上技巧其实就是打开口腔的几大要点，以后在大声说话的时候，注意保持以上几种状态就会改善自己的声音。但是，切记，一定要"放松自己"，不要矫枉过正，更不要只去注意发音的形式，而把你说话的内容给忘了，这就本末倒置了。

再说气息的问题。

发音靠震动,震动靠气息,所以要使声音洪亮,中气十足,就要有饱满的气息。呼吸要深入、持久,要随时保持一定的呼吸压力。平时可以多做一些深吸缓呼的练习,最好在练习说话的时候先站起来,容易寻找到呼吸状态,要坐的话,也要坐直,上身微微前倾。

运用气息的时候,千万不要"泄气",要在上述的呼吸压力中缓缓地释放,并且要善于运用嘴唇把气拢住。这样来保持胸腹和嘴唇的压力平衡。

最后,顺便说说声音的线路问题。

我们的发音,有一个不易察觉的线路,比如打呼哨,声音很响亮,道理就在于气息畅通,声音集中,通行无阻。说话也是这样,要尽量让自己的气息贯通,让声音尽量沿着口腔内部的中纵线穿透而出。这样才能使声音集中而明亮。

问题讨论

1. 要做好朗读需要注意哪几方面?

2. 朗读和朗诵的区别是什么?

3. 要想做好公众表达需要如何做?

拓展空间

【拓展项目】

【项目名称】朗读训练

【项目目标】学会朗读,练习普通话,说好绕口令……

【项目类型】读绕口令

【拓展项目】

【项目名称】朗诵训练

【项目目标】有感情朗诵,诗歌朗诵、散文朗诵,注意重音、注意停连、注意语速。

【项目类型】朗诵诗歌、朗诵散文

知识链接1

朗读的好处

朗读就是运用普通话把书面语言清晰、响亮、富有感情地读出来,变文字这种视觉形象为听觉形象。朗读是一项口头语言的艺术,需要创造性地还原语气,使无声的书面语言变成活生生的有声的口头语言。写文章是一种创造,朗读则是一种再创造。

一个人说话的能力怎样训练?我觉得最初始的训练就应该是朗读。大家想一想,如果一个人面对着一篇现成的文字还不能流利地朗读出来,难道还能指望他即兴地像模像样地说好话吗?我们的学生总是羡慕那些口若悬河即兴演讲的人,羡慕那些说话头头是道、有条有理的人。但人家的口才也不是天生的,也是练出来的。朗读应该是锻炼口才的第一步。

学生在早晨大声读书的好处很多。

第一，对身体健康有利。在早晨，我们经常见到一些人在河边或在树林里或在阳台上大声地吆喝、发声，他们通过大声地呼喊吆喝把在身体里淤积一夜的浊气发泄出来，有利于身体健康。早晨大声读书也与此相类，所以也是一种锻炼身体的方式。

第二，大声读书有利于培养语感，形成对语言敏锐的感悟力。朗诵时声情并茂、声音响亮、抑扬顿挫，恰当地掌握语速的缓急和语气的轻重，则会将朗读者自身的情感融入文章中去，大大提高了语感素质。

第三，大声读书有助于强化记忆。朗读时，口、眼、耳、脑、心并用，调动各种感觉器官参与学习，增加了文章向大脑输送的渠道。

第四，大声读书可以加深对文章的理解。学生在学习语言时，声音对大脑皮层建立听觉表象的作用尤为重要，可以帮助学生记忆和理解语言。书读百遍，其义自见。也就是说，只有经过反复朗读，方能读出其中的韵味，领悟深层含义。有感情地朗读，使声音进入大脑后产生很强的形象感和画面感，可以激发学生的想象力。

第五，大声读书可以对学生进行美的熏陶。学生对诗词文章大声朗诵，从中品味诗词文章的语言美，领略诗词文章的节奏美，欣赏诗词文章的韵律美，感受诗词文章的情感美，体会诗词文章的意境美，从而领略中国语言文字和语言艺术的魅力所在。

第六，大声读书可以避免困倦和思想开小差。默读会使人渐生倦意，变得昏昏欲睡，而大声读书则在某种程度上可以克服倦意，振作精神。默读也极易让人游离于读书的内容之外，心游万仞，把小差开到十万八千里，而大声读书就可以会聚心思，专心于读书内容。

抛弃懒惰，激情投入，大声地读起来吧！

知识链接2

朗诵是一种创作活动

（1）朗诵是一种创作活动：它不是简单地把文字变成声音，而是要赋予文字所应该承载的信息和情感。

因为我们知道，文字是记录人类有声语言的工具，但文字也有其局限性。例如，它很难甚至不能把人们在说话时丰富多变的语气表现出来，不能把人们说话的情态完全体现出来，也未必能够把一句话的真实含义揭示出来。因此，朗诵者在把文字转化为有声语言的过程中，首先要深入理解作品的思想内涵，把握文字创作者真实的意图，调动自己的情感，使其运动起来；接下来，还要运用停连、重音、语气、节奏等有声语言的表达技巧把作品的思想内涵阐释出来，把情感抒发出来。理解、感受、表达等各个环节都要求朗诵者进行创造性的工作，所以说，朗诵不是简单地念字，而是一种复杂的创作活动。

（2）朗诵是一个复杂的系统性工程：朗诵不仅仅是口耳艺术，它还综合了其他门类艺术的特点。

　　绝大多数的朗诵都是面对广大受众进行的,这就决定了朗诵不是自言自语地说话,不是自我欣赏式地宣泄,朗诵者要懂得与广大受众进行交流,进行语言的、眼神的、肢体的、心灵的交流。有的朗诵者很有观众缘,只要在台上一站,就能立刻赢得观众的关注和喜爱,这与其肢体语言的运用、心理状态的调节都密切相关。朗诵者往往要站在舞台上进行朗诵,这与朗诵者的站位、灯光舞美的设计运用紧密联系,任何一个环节出现疏漏,都会影响整个朗诵作品的艺术水准,影响朗诵的效果。配乐诗朗诵的大量出现,使音乐在朗诵的创作中占有了重要的地位。好的配乐,有助于营造意境、调动情感、推动进程、引发共鸣。营造意境,能使朗诵者和受众在不知不觉中迅速进入规定情境;调动情感,有助于使听说双方的情感运动起来;推动进程,使诗歌借助音乐作品的乐章结构起承转合,作品的层次和结构更加清晰和完整;引发共鸣,使语言作品的高潮部分和音乐作品的高潮部分相契合,共同弹动听说双方心灵中最细腻、最易感的部分,达到水乳交融、身心俱动的境界。

　　(3)朗诵是朗诵者自身修养的综合体现。

　　古语说得好,"腹有诗书气自华"。朗诵者在受众面前进行朗诵时,其气质、风度、自身修养都会不同程度地体现出来,可以想象,说着自己不能理解的词句,抒发着自己没有真切体会的情感,与受众进行着虚假的沟通,这样的朗诵当然不会有好的效果。同时,朗诵的过程也是进行自身修养的过程,在这个过程中,朗诵者的文学修养日益深厚,心灵变得易感,有声语言表达技巧日益精进,精神状态也会更加积极乐观。

　　由此我们可以看出,朗诵是一门艺术,是一项创造性的活动,是人类文化现象中的重要一环。在我国,朗诵具有几千年的历史,"《孟子》中的'诵其诗,读其书'就明显地反映了先秦以至更早时期朗诵的盛况"。其后,汉赋、唐诗、宋词中的许多作品都易于上口,广为传诵,至今依然是人们朗诵的佳品。1981年3月,北京朗诵艺术团成立,该团组织了多种形式的朗诵活动,在广大听众特别是青少年中产生了强烈的反响。20世纪末,唐宋诗词朗诵之风蔚然兴起,朗诵艺术的魅力伴随着中华文化的传播而再次闪耀出夺目的光辉,其文学性、艺术性和大众性等特点日益突出。

第二节　公众表达训练

【引言】

　　如果重进大学,会首先学好演讲和说服这两门课。

——尼克松

斗狮士的故事

　　在古罗马举行的一场斗狮比赛中,将要临近比赛时,突然有一个斗狮士向负责人提出要退出比赛。因为在开赛前的5分钟,他害怕了。

这时提出退赛,负责人当然不同意。于是,负责人给了斗狮士两个选择:一是选择与狮子搏斗;二是当着体育场所有人发表一个公众演讲,解释自己退出比赛的原因。最终,斗狮士选择了与狮子搏斗。但是,斗狮士明显不是狮子的对手,几个回合下来,狮子就把他打翻在地了,当狮子张开血盆大口准备吃掉斗狮士的一刹那,斗狮士对狮子说:"狮子啊狮子,你吃了我不要紧,但是你吃完我之后要面对现场的几万人发表一场获奖感言呢!"这句话一说完,狮子便夺路而逃了。

可想而知,面对公众演讲时,恐惧、紧张不是少数人的现象,大多数人都有这样的压力。因此,不要觉得只有自己会紧张,其实,紧张是一种正常现象,自己要学会放松。

案例讨论:

1. 为什么演讲时会紧张?

2. 如何克服演讲时的紧张?

【预备知识】很多人在演讲时发现自己很紧张、有压力,无法驾驭自己的情绪,本来准备得很充分,上台时却发挥不出真实的水平,下台后又开始后悔。

一、演讲如何克服紧张情绪

(一)紧张原因剖析

1. 自卑

演讲紧张的第一个原因是自卑,这是由中国传统文化造成的。

人们从小就受到"言多必失""枪打出头鸟""沉默是金""祸从口出"的熏陶,因此,在日后的行为中总是非常谨慎,不太愿意发言,怕出现状况,给自己造成不好的影响。这也是很多人参加学习、培训时不愿意坐在第一排的原因,其实坐在第一排有很多好处:可以督促自己认真听讲,可以接收更多的资讯,等等。

多数中国人受传统文化的影响,缺乏相应的锻炼,无形中给自己造成很多压力,导致自卑心理严重。

2. 准备不充分

如果一个人准备得不充分,演讲时一定会感到紧张。这就相当于上战场时带了枪,却没带子弹。演讲前的准备包括很多内容,如演讲内容的确定、引用数据的准确性、名言警句的出处、对听众的了解、个人情绪、睡眠状况等。

3. 怕出错求完美

(1)怕出错。中国人很多时候比较悲观,总在担心"万一讲不好""万一搞砸了"怎么办,很少会想"万一讲对了""万一听众认可了"。这两种可能性的概率是基本相等的,如果总是想着负面的、不好的结果,就会容易出错、容易紧张。

"怕"字由一个"忄"和一个"白"组成,可以理解为怕就是白担心。既然怕解决不了任何问题,那人们在各种场合发言时就没有必要再害怕了。把用在担心上的时间转化为熟悉演讲的内容、思路可能更有效。

(2)求完美。很多人追求完美,希望做一个完人。但是往往越是追求完美,结果就越糟糕。没有任何一个演讲或发言是完美的,每次演讲或发言后都需要总结经验、吸取教训,找出可以改进和完善的地方。

演讲是一门遗憾的艺术,央视主持人主持春晚时都会出错,何况是一个普通人。有遗憾和不完美是正常的,人们没有必要苛求自己、给自己增加压力。当一个人不过分追求完美时,就会变得放松,以最好的心态演讲,从而影响自己、影响听众。只有这样,才能讲得更好,更好地影响观众,产生更好的效果。

4.恐高

(1)恐惧高人。这里的高人是指领导、专家等比自己强的人。往往有这些人在场的时候,演讲者就会感觉很有压力,担心自己是在班门弄斧。实际上,演讲者应该转变想法:只有在鲁班门前弄斧,暴露自己的不足,高人才可以给予指点,自己才能更好地成长和提升;即使两人观点不同,也可以进行讨论、交流,高人的观点可能比较权威,但并不一定是真理;即使自己表现得不够好,但是领导、专家也都经历过同样的阶段,一定可以互相理解。

此外,有些人向领导汇报工作时会很有压力,其实,没有人比自己更了解自己的工作,领导并不了解自己工作的细节。

因此,调整好自己的心态,即使有高人在场,也可以自由发挥。

(2)恐惧站得高。很多人坐着讲话时很有底气、自信心很强,可是一站起来,就感觉差别很大,压力倍增,手脚不知道如何摆放,浑身感觉不自在。如果身前有讲台遮挡,情况还能会好一点;如果把桌子拿走,就会感觉压力更大,而且站得越高,压力越大。

人们去咖啡厅、茶馆时,总喜欢挑选靠窗、靠边、靠墙的位置,表面看是这些位置便于欣赏风景,从另一个角度考虑,则是这些位置比较能够给人安全感。演讲也是如此,当身体的三分之二都被遮挡时会比较有安全感,但当没有遮挡物时,就好像自己所有的短处都被听众一览无余,开始担心自己高、矮、胖、瘦、脸型、服装,给自己施加压力。

事实上,只要在所处的领域发挥到极致,成为成功人士,所谓的缺点、缺陷也可以成为发挥优势的契机。演讲不是选美,不以个人的容貌评判高低,听众也不注重演讲者的外表。例如,在一个培训班上,一个大腹便便的学员做自我介绍时说自己有一个很大的优点,就是特别"中厚",当别人理解为他很忠厚时,他说自己的"中厚"是指中间比较厚,其他学员听后立刻报以热烈的掌声,最后还选举他为班长。

5.太在意别人的看法

很多人在演讲时太在意听众的看法,在意听众给自己的评价和分数。当一个人总想着这些时,就会一心二用。

演讲者在台上受万众瞩目,应当一心一意、集中精力表达自己准备的内容,只有这样的演讲才能获得听众的认可。听众的良好反馈只是演讲的附属品,如果演讲者太在意听众的看法,使得注意力分散,那就得不偿失了。

6.陌生或重要场合

有些人在陌生环境演讲时会感觉压力较大,就像到别人家里做客会感觉比较拘谨一样,这时演讲者需要提前到会场了解情况,做到心中有数,培养熟悉的感觉。有些人反而在熟悉的环境演讲会比较紧张,这是因为他们认为听众不认识自己时演讲效果无所谓,但是在熟悉的场合,听众都了解自己的水平,反而不敢发挥了。

此外,有些人在重要场合演讲时会较为紧张,其实,演讲就像学生参加考试一样,有时候越在乎结果越考得不好,越不太在乎结果越发挥得好。因此,演讲者要学会放松,调整心态。

7.第一次演讲或人多的时候

任何事情都有第一次,包括演讲。第一次演讲时没有经验,紧张是正常现象,当同样的事情或场合经历过几次之后就会应对自如。

在人多的场合演讲也容易紧张,这时演讲者不妨换一种心态,将听众分成多个小团队,如将100人分成10个小团队,这样就可以大大缓解自己的压力。

8.曾经有失败的经历

古语有云:"一朝被蛇咬,十年怕井绳。"曾经的失败经历会给人留下阴影,以至于每次遇到相同或相似状况时都会胆怯、紧张,从而不敢发挥。这种人是典型地活在过去,而没有活在当下。过去失败不代表永远失败,上一次失败不代表这一次还会失败,活在过去是没有意义的。人们应该活在当下,只要这一刻很好,并且做了充分准备,就要相信结果一定会很好。如果受失败经历的影响较为严重,应当采取一对一的辅导治疗,消除过去的阴影,重新树立自信。

(二)突破紧张的八大方法

1.充分准备

俗话说,"宁可千日无机会,不可一日不准备"。尤其是管理者,在各种场合中都要做好准备,即使没有被安排发言,也要思考发言的切入点,稍微做些准备,以备不时之需;即使这次会议没有发言,下次有机会发言时,有了上次做的梳理和准备,就可以发挥得很好。

没有准备就等于准备失败,演讲者要做好充分准备,时刻准备着讲话、梳理思路。

2.积极暗示

在演讲前,演讲者要给自己正面的、积极的暗示。很多人习惯在演讲前提示自己"不要紧张""不要害怕",结果却更加紧张、更加害怕。虽然本意是给自己正面的暗示,但是大脑只接受负面的信息,因此联想到的只有紧张、害怕。因此,演讲者要告诉自己"我准备得很好、很充分""听众一定会非常喜欢",这些正面暗示会给自己带来正面的能量。

例如,演讲者可以在演讲前想想以前成功的案例,回忆当时听众的表现。如果没有成功的演讲,也可以回忆自己开心、幸福的时刻,甚至可以把听众想象成白菜、萝卜等。凡事皆正面,能量变无限。即使是一棵已经枯萎的小树,如果主人不抛弃、不放弃,坚持给它浇水、悉心照料,也有一天会枝繁叶茂。

3. 无语练胆

很多人演讲时紧张的表现是不敢看听众的眼睛,这就需要在平时练习与人对视,特别是直视异性的眼睛,让自己找到更多的自信。例如,会议马上要开始时,发言者从与会人员的面前走过,可以扫视一下与会人员的眼睛,以增强自信心。另外一种锻炼方法是在会场给人拍照,通过拍照看对方的眼睛,增强自信心。

4. 做深呼吸

紧张时可以做一次深呼吸,如果一次没有效果就做两次、三次、四次。深呼吸可以让人心情平静,平静之后再开口讲话,感觉就会完全不一样。

5. 调整动作

通常而言,人们情绪不好的时候容易没有激情、垂头丧气,情绪好的时候就会昂首挺胸。心理学中有一种说法叫"动作创造情绪",意思是当一个人昂首挺胸时,他会发现自己的气息非常通畅,说话时很有底气;心情不好时,通过蹦迪、爬山等活动可以使心情变好。

因此,演讲者上台时要先调整自己的姿势和动作,要抬头挺胸,使自己更加自信。演讲中感觉紧张、不能控制身体发抖时,可以通过稍微挪动步伐使自己放松。甚至,演讲者可以做一些较大幅度的动作,如把拳头握起来,甚至把双手握起来,帮助自己增强自信。当一个人充满自信时,手就不会乱放,避免了不知道手放何处的尴尬。演讲时要避免将手放在背后、裤兜里,这些都是不太好的行为。

6. 专注所说

有些人之所以在演讲时感到紧张,是因为一心二用,只要专注所说、投入进去就会越来越放松。演讲的最高境界是忘我,不管结果的好坏,尽情地发挥,这样取得的效果更好。

例如两个妇女骂街,能够吸引无数听众,无论是买菜的人、回家的人,还是办事的人都停下来听她们的演讲,她们讲得很有激情,声音很有节奏,还有动作手势,表情自然到位。她们不紧张,不在意自己讲得是否完美,不考虑准备得是否充分,不考虑有无熟人在场,这是因为她们达到了忘我的境界。她们没有学过专业的演讲,没有经过专门的锻炼,但是效果却很好,这说明心态是最重要的。

实际上很多时候,人们紧张的原因就是束缚太多、负担太重,如果除去这些,按照真实的水平,演讲者可以发挥得更好。

7. 多讲多练

多讲多练是最简单的,也是最通用的方法。每个人第一次演讲时都会感到紧张,会有很大的压力,很多成功人士第一次演讲时也会紧张得发抖,但是通过经常锻炼、不断积累,就可以变得游刃有余。

就像开车一样,新手拿到驾照后都不敢上路,第一次上路、第一次上高速、第一次走夜路、第一次下雨天走泥泞的路、第一次走很窄的路,每个"第一次"都会很紧张。但是当都尝试过之后就会变得很轻松,可以自如应对。

因此,演讲者要多讲多练,即使前面的几种方法都记不住,只要能够坚持多讲多练,同样可以锻炼自己的能力,增强自信。

8. 相信自己

演讲者一定要相信自己,只有相信自己,才能带给听众确定的信息;只有相信自己,才能带给听众能量。如果连自己都不相信自己,别人也一定不会相信。因此,每一次演讲前,只要做了充足的准备,就应当给自己更多的信心,相信自己能够做到、做好、做成功,会获得好的效果。演讲者只有树立这样的心态,才能产生好的效果。

(三)演讲前的准备

对于好的演讲来说,之前的准备是非常重要的。演讲没有准备,相当于不带子弹上战场,这时的情况紧急及压力不言而喻。很多人被大家公认演讲口才好,其实他很可能在台下准备过无数次没有发表的演讲,可能在其他场合研究过类似的资料,也可能在开始演讲前打过腹稿,从这个角度来讲,演讲前的准备是非常重要的。

有些人认为现场发挥也很重要,但是如果没有好的前期准备,好的现场发挥便无从谈起。所以说,准备是先于发挥的。前期的充分准备可以使人们克服紧张恐惧感,让人们更加自信、自如、轻松地驾驭现场。

1. 明确演讲目的

(1)演讲的目的误区:

①精彩。很多人一上台演讲,就希望自己的表达能够非常精彩。其实,盲目追求精彩会使演讲效果打折,因为演讲者对自己的要求很高,达不到要求时就会对自己缺乏认同感,认为自己的准备还不够充分,从而打击自己的信心,无形中给自己增加了压力。这时,演讲者的表达就会受到限制,原来敢讲的现在变得不太确定。

实际上,演讲不是为了精彩。凡是为了精彩而进行的演讲都是在误导自己、误导听众。

②全面。很多人一上台演讲,就希望自己能够讲得很全面。其实,当一个人的演讲追求大而全时,就会发现好像都讲了,又好像都没讲,无法给听众留下任何深刻的印象。反过来,如果演讲时抓住关键一点做表述,给人留下的印象更深刻。所以说,演讲不是为了讲得大而全。

③崇拜。很多人一上台演讲,就希望在听众中产生良好效果,得到听众的认可,让听众崇拜自己,这样做的效果同样不会很好。因此,演讲不是为了得到听众的崇拜。

④完全认同。很多人一上台演讲,就希望得到听众的认同。其实,当今社会是一个多元化的社会,每个人的生长环境、学习经历、价值观不同,对同一问题的看法也会不同,几乎没有任何人的观点可以得到所有人的认同。

"三三三"法则可以帮助演讲者正确处理这个问题,即三分之一的人比较认同、三分之一的人一般认同、三分之一的人不认同或者中立。这在当今社会是很普遍的现象，如果演讲者在演讲时发现有三分之一的人听得不太认真，可能因为他们的价值观、经历和自己不同，没必要因为这样而怀疑自己。演讲者应该把精力、焦点放在三分之二认同的人身上，他们比较认同、欣赏自己的观点，这样可以使得自己更自信、思路更流畅、演讲更成功。

由此可见，演讲不是为了得到听众的完全认同。

（2）演讲的核心目的。演讲的核心目的可以概括为使人知、令人信、动人情、促人行。

①使人知。所谓使人知，是指将自己的意思表达清楚、信息传达出去，使人了解、知道。

②令人信。所谓令人信，是指演讲者要用自己的案例、经历、所见所闻等支撑自己的观点，让听众信服。

③动人情。所谓动人情，是指演讲者要动之以情、晓之以理，调动听众的情绪，产生很好的互动。

④促人行。所谓促人行，是指演讲的最终目的是让听众行动起来，将听到的、学到的运用于实践。

在这四个核心目的中，有时演讲者只需达到其中的一个或两个，有时需要同时达到。明确演讲的核心目的可以使演讲者不必受制于一些平常的想法，可以变得更加放松，发挥出自己的真实水平。

2. 如何设计演讲思路

（1）八种实用演讲思路。思路决定出路，好的思路可以使得演讲别具一格、有新意，更能够给听众留下深刻的印象。

①高度概括法。如果一个人的发言高度概括，就容易给人留下非常深刻的印象。生活中有很多鲜活的例子：

三拍领导。接受任务的时候，"一拍脑袋"答应要做这个项目，"二拍胸脯"保证做好，任务完不成时"三拍屁股"走人。

一停二看三通过。这句过马路的宣传语就是因为高度概括、朗朗上口，才被人们所熟记。

和谐人际沟通有三：

第一，从心开始。从心底愿意与人沟通。

第二，从新开始。要用新的眼光、新的认识去看待别人，避免翻旧账，采用"你总是""你又"等话语。

第三，从信开始。要相信对方会接受，自己能够讲好，能够沟通好。

演讲学习体会有三：

第一，有赶而发，即赶走自己的心魔。

第二，有敢而发，即敢于上台、敢于开口。

第三，有感而发，即结合自己内心的感觉、感受，发自内心地发表演讲。

通过一个字、一个词、几句话的高度概括,可以使说者更明确地表达自己的意思,听者更容易理解和记忆。学会用高度概括的方式表达、演讲,梳理自己的思路,演讲者的演讲会变得更精彩。

(2)数字提炼法。数字提炼法是指通过一个或几个数字提炼演讲的主题、内容。如:

①演讲三开。即开心、开眼、开悟,既让听众开心,又可以让听众开眼,最后达到让听众开悟的效果。

②三好一高一低。一个企业老板总是感觉自己的演讲效果不好,理不清思路,总是讲了上半句忘了下半句。后来专家给予辅导,建议他使用"三好一高一低"来进行思路调整与设计。"三好"即产量好、员工好、领导好,给予大家充分的肯定。"一高一低"是老板的建议,即提高产量、质量、收入,降低成本。六个字的调整使得老板思路清晰,员工深刻认识并容易记忆。

实际上,很多领导人讲话都在使用数字提炼法,如"三个代表"。演讲者如果学会使用数字提炼,演讲的效果会非常好。

(3)巧借公式法。巧借公式法是指通过公式表达自己的主讲内容。例如,戴尔·卡耐基说过,一个人的成功是15%的专业知识加上85%的人际沟通、公众演讲以及影响他人的能力。通过这句话,演讲者可以总结出多种成功的公式,如:

成功 = 15%的专业知识 + 人际沟通、公众演讲和领导力

成功的演讲 = 准备 + 思路 + 现场技巧

成功 = 动力 − 阻力

成功 = 能力 × 勤奋 × 态度

这样的讲话方式可以给听众留下深刻的印象。

劲酒集团的生产车间在一个县城里,他们为了更好地发展,制订了人才战略"四加四加二法则",即40%省外引进人才、40%省内引进人才和20%本地征用人员。对于这个法则,无论在总公司、分公司还是子公司,都非常容易被理解。

(4)拆字拆词法。拆字拆词法就是把字或词拆开来讲。

知识链接1

听

在沟通中,听是非常重要和关键的,上帝创造人类的时候只给予人类一张嘴巴,却有两只耳朵,就是要人类多听少说。

"聽"很好地表达了沟通的真谛,它由"耳"和品德的"德"的右半边组成,即要求人们不仅要用耳朵听,还要用心去听,要站在别人的角度设身处地地听。只有这样,才能成为沟通的王者。

食

"食"可以拆分为"人"和"良",即食品行业要良心做人,良心做食品,良心做企业。

和谐

"和谐"可以拆分为"和"与"谐","和"又可以拆分为"禾"与"口",即人人都要吃饭;"谐"又可以拆分为"言"和"皆",即人人都要说话。也就是说,真正的和谐要物质文明与精神文明一起抓。

这样的讲法会使听众印象深刻。演讲者可以根据不同观点对同一个字或词进行不同的拆分,或者先将自己的讲话总结成一个字或词,然后再将其进行分解,相信所有人都会印象深刻。

(5)形象语言法

所谓形象语言法,是指将演讲的内容通过形象化的语言表达出来,以达到良好的演讲效果,给人留下深刻的印象。

问题讨论

1.如何克服演讲时的紧张情绪?

2.如何设计好自己的演讲思路?

拓展空间

【拓展项目】

【项目名称】赢在标准

【项目目标】体验竞争,适者生存。

【项目类型】团队竞争情境项目

知识链接2

领导人的卸任演讲(一)

亲爱的同仁:

大家好! 长江后浪推前浪,恭喜你们有为的一代领导人能够担当此重任。此岗位非同小可,是我们政府的窗口行业,所以我在临别之际给各位提三点建议:

第一,希望你们时刻保持清醒的头脑。头脑清晰、思路明确、统筹安排才能作出科学的决策,决策科学才能少走弯路,才能长远规划。

第二,希望你们能够廉洁奉公、以身作则。在各种利益面前慎出手,面对各种诱惑莫伸手,努力打造风清气正的干部队伍,把党风廉政建设作为重点工作考核,增强每一个同仁的责任心,不为私人名利、不为权欲熏心、不拿群众一针一线,真正为人民服务。

第三,希望你们勤下基层,与群众打成一片。走群众路线、倾听群众心声,不要总高高在上、脱离群众。

以上三点建议,希望同志们谨记在心。谢谢大家!

领导人的卸任演讲(二)

亲爱的同仁:

大家好!长江后浪推前浪,恭喜你们有为的一代领导人能够担当此重任。此岗位非同小可,是我们政府的窗口行业,所以我在临别之际给各位提三点建议,讲十二个字:

第一,头脑清醒;

第二,以身作则;

第三,勤下基层。

以上三点建议,希望同志们谨记在心。谢谢大家!

领导人的卸任演讲(三)

亲爱的同仁:

大家好!长江后浪推前浪,恭喜你们有为的一代领导人能够担当此重任。此岗位非同小可,是我们政府的窗口行业,我在临别之际没有礼物送给大家,就送给大家三盆水吧!

第一盆水,希望大家经常洗洗头。洗掉旧框框、洗掉旧思维、洗掉短期行为,我们长远规划,这样才能作出科学决策。

第二盆水,希望大家经常洗洗手。不拿群众一针一线,真正地深入群众,为群众解决困难,为群众服务。在各种利益诱惑面前莫伸手,努力打造风清气正的、廉洁的干部队伍。

第三盆水,希望大家经常洗洗脚。洗掉疲劳、洗掉惰性,洗出脚踏实地、勤政为民的作风。希望大家勤下基层,多倾听群众声音,询问群众的困难,解决群众的问题,真正成为群众的公仆。

以上三盆水作为礼物送给大家,希望大家用好这三盆水。谢谢大家!

很多人听完第一篇演讲后,感觉讲得还不错,但是又不够好,因为说的都是套话,如果能够稍稍变换一种方式,效果可能会更好。第二篇演讲给听众的感觉会好很多,它高度概括,采用数字提炼法提炼出十二字,给人印象深刻。第三篇演讲采用了非常形象的语言,将提建议比作送礼物,拉近了与听众的距离,让听众终生难忘。这样的例子在生活中不胜枚举。

本章小结

公众表达的技巧在于多练习,有方法地练习,多朗读,针对性地朗读,掌握方法地朗读,有感情地朗诵,只有这样才能做好公众表达。

本章主要从大学生公众讲话的规则、大学生公众表达的技巧、演讲如何克服紧张情绪、突破紧张的八大方法、演讲前的准备、如何设计演讲思路等方面教会大学生公众表达的技巧,不仅有理论知识还有课堂练习,让学生理论联系实践,学会公众表达。

作 业

请根据自己的理解完成下面的表格。

请列出你在平时生活中演讲时遇到的困难
1.
2.
3.
…
通过本章学习,请列出解决演讲时遇到的困难的方法
1.
2.
3.
…

第八章　公众表达的综合应用

第一节　培训的基础理论

【引言】

打败竞争对手最有效的手段就是比对手学得更快！

——比尔·盖茨

缺乏智慧的灵魂是僵死的灵魂，若以学问来加以充实，它就能恢复生气，犹如雨水浇灌荒芜的土地一样。

——伊斯巴哈尼

培训是给有经验或无经验的受训者传授其完成某种行为必需的思维认知、基本知识和技能的过程。它是为了达到统一的科学技术规范、标准化作业，通过目标规划设定、知识和信息传递、技能熟练演练、作业达成评测、结果交流公告等现代信息化的流程，让受训者通过一定的教育训练技术手段，达到预期的水平，提高目标，提升战斗力、个人能力及工作能力。本章主要介绍 TTT 培训的相关知识。

TTT 是国际职业训练协会（IPTA——International Professional Training Association）的培训师认证课程——"国际职业培训师标准教程"（Training the Trainer to Train）的英文缩写。

案例故事

德国西门子股份有限公司是德国最大的企业之一，该企业拥有员工 4.5 万人，业务遍及全球。西门子公司之所以发展成为世界电气界的一颗璀璨明星，总结其成功的经验，最重要的一条就是人力资源开发。该公司的培训体系使得他们的人才开发呈现出许多显著的特点。

西门子公司一贯认为"人的能力是可以通过教育和不断地培训而提高的"。因而，该公司坚持由自己来培养造就人才。他们的培训从大学精英培训、新员工培训到员工在职培训，形成了独具特点的培训体系。

大学精英培训

西门子每年在全球接收 3 000 名左右的大学生，为了利用这些人才，西门子首先寻找的是"企业家类型人物"。进入西门子的大学生要接受综合考核，考核内容包括企业知识、实际工作能力和团队精神，公司根据考核的结果将他们安排到适当的工作岗位上。公司要从这些大学生中选出 30 名尖子进行专业培训，培养他们的领导能力。培训时间为 10 个月，分 3

个阶段进行：第一阶段，让他们全面熟悉企业的情况，学会从因特网上获取信息；第二阶段，让他们进入一些商务领域工作，全面熟悉企业的产品，并加强他们的团队精神；第三阶段，将他们安排到下属企业（包括境外企业）承担具体工作，在实际工作中获取实践经验、知识和具体工作技能。目前西门子拥有 400 名这种"精英"，其中四分之一在接受海外培训或在国外工作，大学精英培训为西门子公司储备了大量管理人员。

新员工培训

新员工培训又称第一职业培训。在德国，学生如果中学毕业后没有进入大学，要想工作，必须先在企业接受 3 年左右的第一职业培训。这期间他们接受双轨制教育，一周 5 天，3 天在企业接受工作培训，另外 2 天在职业学校学习知识。

西门子公司在 1992 年拨专款设立了专门用于培训工人的"学徒基金"。现在，公司在全球拥有 60 多个培训场所，在总部所在地慕尼黑设有维尔纳·冯·西门子学院，在爱尔兰设有技术助理学院，并都配备了先进的实训设备。在中国，西门子与北京市国际技术合作中心合作，共同建立了北京技术培训中心，西门子投资 4 000 万马克。合同规定，中心在合同期内负责为西门子在华建立的合资企业提供人员培训。目前，共有 1 万名学徒在西门子接受第一职业培训，大约占员工总数的 5%，他们学习工商知识和技术，毕业后可以直接到生产一线工作。

第一职业培训保证了员工一进入公司就具有很高的技术水平和职业素养，为企业的长期发展奠定了坚实基础。

员工在职培训

西门子认为，人是最主要的力量，知识和技术必须不断更新换代，才能跟上商业环境以及新兴技术的发展步伐，所以该公司正在努力走上"学习型企业"之路。公司每年投入 8 亿马克用于培训，有 60% 用于员工在职培训。西门子公司的员工在职培训主要有两种形式：西门子管理教程和员工再培训计划。

西门子管理教程分五个级别，各级别培训分别以前一级别培训为基础，从第五级别到第一级别所获技能依次提高，其具体培训内容大致如下：

第五级别：管理理论教程。培训对象：具有管理潜能的员工。培训目的：提高参与者的自我管理能力和团队建设意识。培训内容：西门子企业文化、自我管理能力、个人发展计划、项目管理、了解及满足客户需求的团队协调技能。

第四级别：基础管理教程。培训对象：具有较高潜力的初级管理人员。培训目的：提高参与者的组织管理能力和团队建设能力。培训内容：生产效率管理、财务管理、流程管理、组织建设及团队行为、有效的交流和网络化。

第三级别：高级管理教程。培训对象：负责核心流程或多项职能的管理人员。培训目的：开发参与者的企业家潜能。培训内容：公司管理方法、业务拓展及市场策略、技术革新管理、西门子全球机构多元文化间的交流、改革管理、企业家行为及责任感。

第二级别：总体管理教程。培训对象：(1)管理业务或项目，并对其业绩全权负责者；(2)负责全球性、地区性服务者；(3)至少负责两个职能部门者；(4)在某些产品、服务方面是全球性、地区性业务的管理人员。培训目的：塑造领导能力。培训内容：企业价值、前景与公司业绩之间的相互关系、高级战略管理技术、知识管理、识别全球趋势、调整公司业务、管理全球性合作。

第一级别：西门子执行教程。培训对象：已经或者有可能担任重要职位的管理人员。培训目的：提高领导能力。培训内容：根据参与者的情况特别安排。培训内容根据管理学知识和西门子公司业务的需要而订制且随着二者的发展变化，培训内容不断更新。

在公司的全体员工中，每年参加各种定期和不定期培训学习的多达 5 万人次。为适应技术进步和管理方式的变化，课程内容每年都有调整。部分培训项目都是根据公司当前生产经营和技术的需要而设置的，很大一部分是在工作岗位上完成的。

近年来，随着社会商业竞争的加剧，企业越来越认识到人才和学习的重要性，人是一个企业最宝贵的资产，不断提升员工素质，满足职位对员工技能的要求是创建一个学习型企业，在市场竞争中立于不败之地的法宝。所以，培训成了很多企业实现这一目标的有力帮手，那么，培训对一个企业到底意味着什么呢？

我们都知道，在一个生产型的企业中，机器需要维护，设备需要保养，这是因为硬件设施在将原材料转化为产品，源源不断地创造利润的过程中会有自然损耗，只有通过一定的方式保养，才能延长机器的使用寿命。同样，作为企业资源之一的人力，在工作的过程中一味地损耗和付出，自身劳动力价值必将随着时间的流逝而不断降低，所以也需要通过各种途径来加以弥补。而在当今的知识经济时代，增加个人价值和能力的最好学习方式是学习新知识和新技能，而培训就是满足这种要求的一种有效方式。

一、培训师的理论知识

(一)培训的价值

1. 知识像牛奶一样是有保鲜期的

目前的社会，知识的半衰期已经从 10 年降到 5 年、3 年……特别是在某些技术密集的高科技行业，甚至半年、几个月的时间行业尖端的知识就会更新一次。没有人可以仅仅依靠自己过去的经历和成绩就对明天充满把握。对知识的获取已经不是一劳永逸的事情，只有不断学习新的技能才能应对职业上的种种挑战。

2. 培训是维持人力资源这架巨大机器运转的润滑油

在企业运行的每时每刻，都需要通过培训来使员工的能力与企业文化、职位要求相适应，如新员工入职、转岗、晋级、新业务上马、推行新的管理制度等情况。可以说，在企业运作过程中，每当环境出现了变化，工作提出新要求，但员工的状态和能力又不能与之得到良好匹配的时候,就需要借助培训去弥补二者之间的差距。如果把企业比作一个庞大的机器,培训就像大大小小的齿轮之间的润滑油一样,使员工的技能和态度与企业的发展要求相匹配、相适应,并产生足够的动力。

3.培训是企业应对变革和战略发展的需要

随着各行各业外部环境的飞速变化,没有任何企业可以拿出一套成功的经验去应对现在和将来的所有挑战,一切应对方法还有赖于企业的广大员工在面对实际问题的过程中去不断创造和实现。因此,企业需要不断地培训员工相关的专业知识、职业技能、工作态度,使他们的个人素质和能力跟得上环境变化的步伐,增强企业的整体竞争力,保证企业的长期良性发展。

(二)培训对象

在对企业员工进行培训之前,培训师首先必须了解自己面对的是怎样的培训对象,只有了解了培训对象以及他们各自不同的特色和需求,才可以有的放矢地展开培训课程。

一般来说,培训对象为企业的员工,分别为新晋员工、老员工和管理人员。不同的对象在培训内容的侧重上是有所不同的,如表8.1所示。

表8.1　不同培训对象的培训内容

培训对象	培训内容要求
新晋员工	侧重于企业的价值观、行为规范、企业精神、有关工作岗位所需要的基本技能
老员工	与工作直接相关的职能,如新技术、新工艺等
管理人员	管理知识及技能、人际关系协调能力、工作协调能力、决策能力、领导组织能力等

在现实生活中,对管理人员的培训是一件令人困惑的事情。因企业的管理者一般都拥有比较高的学历、文化素质、丰富的阅历,已经形成了固定的管理风格。这样一批商业社会的精英人物,到底还需不需要培训呢?如果有必要的话,又该着重培养他们的哪些技能呢?

这里,通用电气公司的统计或许可以帮助我们解答上面的问题。

据美国通用电气公司的统计,通过提高发电机的能力的方法,每增加企业发电能力的5%,就需要花费相当多的时间和金钱;但通过经营管理方法的改进和提高,则无须花费多少金钱就可以达到提高发电能力5%的目的。

由此可见,发展提高企业管理人员的经营管理水平和能力,是使企业获得较高生产效率及提升竞争能力的理想、便宜的途径。如果要在他们宝贵而有限的培训时间内进行效果显著的引导和启发,就需要对他们的工作特点和能力需求作一个深入的分析,如表8.2所示。

各层管理者在管理技能上的侧重:

专业技能是指对生产产品或提供服务的特定知识、程序和工具的理解与掌握。

沟通技能是指在组织中建立融洽人际关系并作为群体的一员进行有效工作的能力。

理念技能是指从整体把握组织的目标、洞察组织与其环境的相互关系的能力。

表 8.2 不同管理者的技能

管理者＼技能	专业技能/%	沟通技能/%	理念技能/%
高层管理者	17.9	39.4	42.7
中层管理者	22.8	42.4	34.8
基层管理者	50.3	37.7	12.0

对于高层管理者来说,理念技能是最重要的,占到了42.7%;中层管理者最重要的是沟通技能,占到了42.4%;基层管理者最重要的是专业技能,占到了50.3%。要对企业各层管理人员进行有效培训必须要注意这种层次性特点。

除了对管理技能的侧重不同之外,不同层次的管理者在个人素质和处理问题的能力上的要求也是不同的。例如,高层管理者就偏重于对企业内外各种复杂现象的洞察能力,在重大问题上的决策能力,以及在企业发展方向上有开拓性的创造能力;中层管理者则需要有与上下级进行沟通的能力,在各部门之间的协调能力,以及对下属的领导能力;基层管理者除了要具备中层管理者的沟通与领导能力之外,还需要一定的专业能力,以指导和监督一线工作,同时还要对企业以及领导的要求有较强的理解和贯彻能力。参照表8.3,培训师可以在课程的选择和安排上考虑这些不同的能力要求。

表 8.3 各层管理者的工作能力要求

管理者＼能力要求	各层管理者的工作能力要求
高层管理者	洞察能力、决策能力、创造能力、统筹能力、批判能力
中层管理者	判断能力、领导能力、协调能力、沟通能力、专业能力
基层管理者	专业能力、计划能力、指导能力、沟通能力、理解能力

(三)培训对象的特点

培训课程面对的对象从行业、职位、背景、年龄等方面来看可以说是千差万别,如果考虑到这些,面对他们的时候,培训师的心里可能一点底都没有。幸运的是有一点是可以确认和把握的,那就是他们都是成年人。既然是成年人,就必然会有成年人学习的一些特点。抓住并针对这些特点,施以行之有效的授课方式和对待态度,必然会使学员在课程中的表现更好、收获更多;而作为培训师,当然会得到更多的赞誉。

成人学习的特点如下:

1. 学习目的明确、主动性强

成人经过工作的磨炼和社会的洗礼,已经清醒地认识到面对激烈的社会竞争,不断地学习已经成为当务之急。他们就是带着对课程主题的学习和个人成长的意愿而来的。他们会知道自己在这个课题领域已经知道些什么，还需要知道些什么。他们希望通过培训，来及时补充他们所需要的这部分知识和技能。相应地，他们就会自发、主动地向培训师探寻并去掌握相关知识。

2. 有丰富的个人化的工作经验

在培训课堂里坐着的每一个学员都有着自己独特的人生经历和工作经历，这些丰富的经验和对事物的感悟，在学习的时候将是宝贵的预备知识和助燃剂。也许一句平平常常的点评的话语就可以解释他们长久以来对某些现象的疑问，一段枯燥的理论却因为印证了他们某段人生经历而使他们频频点头、面露微笑。如果说，培训是为点燃学员心中学习的激情，那么，他们曾有过的相关知识和经历将会使这股激情燃烧得更旺、更持久！

3. 记忆能力减弱而思维能力增强

科学研究发现，随着年龄的增长，人在成年之后对知识的记忆能力在缓慢下降，尤其是过了 40 岁之后，下降的趋势更加明显。但在机械记忆能力、感知能力方面有所下降的同时，成人在意义记忆、抽象逻辑思维能力方面却在不断地增强。一段文字或一个故事或许不会在成年人的脑海中停留很久，但是，一个深远的寓意、一段富有逻辑性的推论、一种新颖实用的理论和观点，却会引发他们长久的思考和关注。

成人学习潜力巨大。现代成人学习理论认为，成人的学习能力在 30 岁时达到顶峰，30～50 岁是平稳的高原期，50 岁以后才开始下降。甚至还有不少专家估计，成人大脑未曾利用的潜力竟高达 90%，可见成人学习的潜力仍然是相当巨大的。

4. 参与意识强烈

成人是通过"做"来学习的，他们不满足于只是在课堂上听培训师讲解，他们希望有更多的机会可以锻炼自己的实际能力。而且实践也证明，在培训期间参与课堂活动多的人比没有参与的人收获大得多。另外，成人学习者往往很愿意与培训师共同承担教学任务。他们希望能够和培训师一起评估学习的需要和目标，选择教学活动，以及决定如何评价他们的学习效果。

5. 注重教学效率和实用性

对成人学习者来说，时间是非常宝贵的，因为他们很多人都是在职学习。他们希望在有限的时间里掌握可运用到实践中的有用知识。此外，成人学习者比较尊重知识渊博且教学效果好的培训师，同样，他们也能够很快地判断出一个培训师的教学准备是否充分。

（四）培训师的应对术

面对上述成年人学习的五个主要特点，在实际工作中培训师可以从以下方面进行应对及调整。

1. 尊重学员，激发信心，相信自律

由于成人学员具有强烈的独立人格，他们渴望在学习中得到别人的理解和尊重，因此，培训师要营造良好的学习环境和培训过程中的安全感。

（1）尊重学员。培训师在培训中不仅要注意听取学员的需求，随之调整自己的教学，而且要平易近人，态度谦逊，对学员的努力和取得的成绩要给予充分肯定。

（2）激发信心。培训师在培训开始时应适当介绍自己，让学员了解培训师的经历和能力，这可使他们产生安全感并对培训有信心。

（3）相信自律。因为学员是成年人，所以培训师应关注引导学习而不是维持秩序，只要在上课前宣布一下课堂纪律和相应的处罚条例即可，用自律代替他律。

2. 结合经验，讲解生动，引导学习

（1）结合经验。注重成人的经验并和教与学的设计相结合。成人常常以个人的经验来指导自己的活动，因此培训师在教学前一定要了解学员的知识、经验和需求。在教学中，培训师要激发成人学员回忆以前学到的知识，以促进学习的正迁移，避免负迁移。

（2）讲解生动。教学中的学习材料和案例要真实、有意义，培训师的语言要生动形象，要便于学员理解。如果培训师讲的东西过于抽象，学员就很难和原有知识、经验进行比较，而达不到预期效果。

（3）引导学习。在教学方式上，培训师要巧妙地质疑问难，引导学员溯本求源，探索知识，充分调动学员的学习主动性，提高其创造能力。

3. 循序渐进，及时反馈，注意强化

由于成人学员社会活动多，大脑易疲劳，造成遗忘速度快，这也使他们常常低估自己的学习能力，产生焦虑情绪，因此培训师要注意以下几点：

（1）循序渐进。按由易到难，由小组活动到个人活动的顺序安排知识、技能和态度的学习。学习内容的难易度与学员的水平相当，学员会表现出富有安全感、热情和乐于进取。

（2）及时反馈。培训师应不间断地对学员的反应给予及时反馈，以使每个学员准确知道自己已经取得了哪些进步，还要作出哪些努力。例如，当全班进行练习时，培训师应在教室里巡视并点评学员的工作情况；在学员回答问题后，培训师应用语言或表情给予赞许；每个学习阶段结束后，对本次培训情况作总结和回顾。

（3）注意强化。注意开展强化活动，以巩固培训的效果。可以在课程进行过程中对重要知识点不断重复，也可以在每一段落之后演练和回顾，还可以用精心设计的课后练习来增强记忆。

4. 多种方法，组织互动，制订目标

（1）多种方法。随着科技的发展，学员对培训技术手段的要求都有了不同程度的提高，培训师一定要注意利用最新的培训技术来为培训服务。

（2）组织互动。互动的一个很好的方式是组织小组活动。在小组中，学员能以培训师所不能替代的方式相互鼓励，为学习复杂的新内容创造有效且有益的安全感。小组活动还能激发学员展开学习竞赛的活力，提高学习兴趣，增强学习效果。

（3）制订目标。培训师要与学员一起分析学习目标并指出这些目标是需要通过评价建立起来的，在相似的课程中曾使用得很成功，要让学员相信只要付出适当的努力就能达到这些目标。而且，这些目标应该是灵活的，可以根据学员的具体情况作出调整。

5. 安排时间，注重实效，提升自我

（1）安排时间。针对学员上课时间紧的特点，对他们的教学安排应尽可能合理严密，使课程能够如期地开始和完成。

（2）注重实效。在培训内容的选择上，要偏重实用性强、与工作生活联系紧密、可以快速理解和掌握的。培训的内容不求大而全，但求少而精。学员能够从培训中获得有益于实践的知识即可。

（3）提升自我。培训师在长期培训过程中要注意自身专业知识和职业修养的提升。这个世界变化的脚步实在是太快了，特别是处于知识密集的培训行业。同一个主题，一段时间之后的培训内容和方法就会有巨大的变化。这就要求培训师不仅要在理论知识上，更要在实践上和企业的发展紧密联系。

二、培训师的素质要求与角色认知

（一）培训师的基本素质

近年来，随着国内企业界对员工培训需求的不断升温，培训已经成为一个相当热门的行业。同时，这也是一个对从业人员的综合素质和各方面要求很高的行业。要成为一个广受欢迎和推崇的培训师，不仅需要具备高学历、丰富的工作和培训经历等，还要有健康的身体、积极的心态、学习的能力等多方面的素质。所以，在运用培训的十八般武艺之前，培训师有必要了解一下本职业所需的一些素质，并加强这些基本功和内功的修炼。

下面列举了目前社会上对培训师的一些要求，这些在很多培训公司的讲师介绍或者各类型企业对培训师的招聘广告中是随处可见的。

①管理、经济等相关专业毕业，学历在硕士以上，如有海外留学或受训经历最佳。

②对主讲的课程有丰富的相关工作背景，特别是有著名大公司的任职资历。

③具有专业的培训或授课经验，良好的沟通、表达能力，以及组织教案，充分运用各种现代教学设备的能力。

④最好有专门的培训师培训（Trainer Training）经历。

⑤有从事咨询顾问方面的工作经历，有条件接触大量的实务案例，从而使授课的思路开阔，更加贴近实务。

一名合格的专业培训师应该具备这样的基本素质：较高的学历和丰富的行业管理经验、健康的身体、正直的品行和积极的心态。

1. 较高的学历和丰富的行业管理经验

在学历上，培训师基本上要求硕士以上的经济、管理类学位，若有海外留学或受训经历则锦上添花；在资历上，有丰富的相关工作背景，特别是著名大企业的任职资历或咨询顾问方面的工作经历，对企业的人事、市场、财务管理都有一定的认识和独到的经验。

2.健康的身体

高效运作一个培训项目是一件体力消耗十分大的工作，培训师必须每天很早就开始工作直到深夜。只有拥有健康的身体，才能够保证在高强度的压力面前不会倒下。在宾馆或饭店中进行培训，用餐的时候是否能够禁得住美食的诱惑，而不致营养摄入过多；能否长期坚持有效地锻炼身体，以在培训课上保持良好的身体状态；熬夜备课之后，第二天是否能够头脑清醒、思维活跃地引导学员，展开课程内容……这些都是培训师应该关注的有关健康的事项。

3.正直的品行

正直的品行是做一切事情的基础，对培训师来说尤其是这样。培训师在培训现场，会拥有较大的权力。怎么对待学员，讲一些什么话语和事情，传达什么样的观点和立场都将取决于他的道德标准。培训师和学员之间能否建立信任，是培训成败的关键。如果在培训课上没有原则地迎合负面的需求、挖客户或对手的墙脚，说一些自己都不相信的话或者牺牲课程质量以换取学员满意度，就会丧失学员的信任。

4.积极的心态

和销售一样，培训是一个与人打交道的工作，站在讲台上，不可避免地会有人对你作出褒贬。任何人都不可能讨所有人喜欢，任何培训都不可能使所有学员满意，任何学习都不可能使所有人达到一样的效果。基于此，培训师应该在课堂上大胆进行自我发挥，不要患得患失。只有充分相信自己，相信这门课程，才可以把信心传递给学员，获得圆满的结果。

（二）培训师的两个职责

目前，对培训师在培训中担当的职责有很多说法，但无可置疑的是培训师有两个基本的职责：一个是专家；另一个是培训引导者。

1.专家

所谓专家，就是对所讲授的课程内容有深入而独到的见解，在这方面知识的掌握上要较一般人，至少是比学员略胜一筹的人。担当专家职责的时候，培训师通过知识和见解的传递，对学员授之以"鱼"。

2.培训引导者

培训引导者，则是指引导受训学员围绕课题有关的内容，进行自发的探讨和总结的人。由于成人多半有着丰富的工作和生活经历，对很多事物有着自己的看法和经验，因此在学习新事物时，培训师只要能够引导、启发他们的思路，让学员对培训的内容主动进行思考和总结，就会取得良好的学习效果。在培训引导的过程中，培训师教会了学员解决问题、掌握技能的方法和思路，授之以"渔"。

培训 = 授之以"鱼" + 授之以"渔"

这两种职责对于培训师来说,都是必不可少的。为什么呢?

试想,如果仅仅作为专家出现在课堂上,只是以讲授的方式来进行培训,那么,企业和学员都会认为这和在学校上课没有什么区别,还不如请一位该领域的大学教授来上课,更重要的是这样的专家论坛式的单方面的授课对企业的实际运营、对员工所要提高的解决实际问题的能力没有多大的帮助。

同样的,如果培训师只是作为一个培训引导者,启发引导学员的思路,思考工作和生活中相关的实际问题,却不能给出客观而标准的回答,学员会有怨言。如果只是提出解决方案,那么,企业和学员也会有怨言。如果只是提出问题和进行思考的话,公司内部开头脑风暴会就可以了,何必要请培训师来讲课呢?既然要培训,肯定是企业和个人需要提高某方面的知识和能力。如果一场培训下来,只是做做游戏、听听故事、讨论讨论,在现场情绪激动,回来之后却没有什么可以记住和回味的东西,就只会让人觉得培训效果低下。

(三)培训师的三种角色

在培训前的准备和培训中的实施过程里,培训师要担当的角色从性质上来看,并不是单一的。概括地说,要完成一个培训项目,培训师至少要扮演编剧、导演、演员三种角色。

1.编剧

在正式培训前的准备过程中,培训师主要扮演编剧的角色。

这时候,培训师要根据课程目标和受训对象的特点,编写所需的教案、分发的资料、手册等书面材料。这就要考验培训师的笔下功夫和构思策划能力了。需要做的工作包括写出内容翔实的《讲师手册》,并且把其中的关键内容浓缩在演示材料(大多是幻灯片)中;编排整节培训课的授课内容和授课方式,使之错落有致而又能紧扣课题;选择能够吸引学员注意力的游戏、案例、讨论主题等。这些事前准备工作将极大地考验培训师的编写能力。

2.导演

培训一旦进入实战阶段,就是培训师实践导演工作的时候了。

在培训前撰写的剧本的基础上,培训师要按照事先编好的步骤,什么时候开场,什么时候给学员分组,什么时候提出问题让他们思考回答,什么时候组织一个游戏来活跃气氛……这些都需要培训师以娴熟的技巧来引导和指挥学员按部就班、有条不紊地完成。

在"导演"过程中,培训师要保证课堂的气氛活跃,引导学员轻松、自然地参与各种活动,并最终能够在思想上、行为上有所收获。

3.演员

最后要说的,也是培训师在培训现场最重要的一种角色——演员。

培训师要长时间地站在学员面前发表演讲,用语言、声调、手势、表情等来综合表达课程内容,传递信息和思想。在这个意义上,培训师必须要像演员一样有丰富的表现手段和高超的演讲技巧,才能够在几十双眼睛的注视下口若悬河、表现自如。

能够在初次见面的陌生人,甚至可能在某些方面知道得比你多的人面前,流畅自如地讲解一些简单或深入的知识,并不是一件轻松的事。要知道,当众演讲是一件令人恐惧的事情!幸好,培训师出色扮演"演员"这一角色还有不少有用的工具,如克服紧张情绪的技巧、演讲的技巧、身体语言的表达技巧等。

美国有一个调查问卷,向被访者询问最令其感到恐惧的事是什么?

数万份调查问卷显示的结果是:最令美国人感到恐惧的事情是当众演讲,而死亡则排在第七位。

问题讨论

1.培训师的培训技能主要有哪些?

2.怎样做到培训师的职责?

第二节 课程的设置开发

【引言】

先生不应该专教书,他的责任是教人做人;学生不应该专读书,他的责任是学习人生之道。

——陶行知

案例故事1

这是一次为 SH 物流公司举行的培训课。

课堂上,培训师时而在长篇大论地讲述,时而在白板上书写着,但是讲台下面却很混乱。中间下课休息时,学员聚集在一起议论,仓储主管小李说:"你们觉得这位名师如何?我可是耐着性子听了这两天半的课了,本以为他可能会讲些实用的内容,可是这三天的培训课快完了,我也没听到与我工作相关的内容!"而货运主管小齐大声说道:"主管在培训前可是发话啦,受训完回岗可是有任务的!我是做运输的,我想知道如何解决运输中的突发事故,比如遇到发错货、途中遭劫或货物被人做手脚了等问题时应该如何处理,结果听了半天,还没有摸到门道!""这可不行啊,我们可是花了大价钱请他来上课的!平常工作这么忙,能坐到这里听课多不容易啊!要不是看他斯斯文文的样子,我早就提议大家将他赶下台了!"检验员小杨也急切地插话。仓储主管小李又接着说:"我们抱怨也没用啊,还是快想想办法吧。要不我们将这些情况向 HR 经理反映一下。"货运主管小齐说:"对!对!我们花钱并不是坐在这里听听课就行了,他虽然讲的都没错,但对我们没有用啊!这些想法一定要讲出来,一定要讲出来!"

在企业人力资源管理活动过程中,这种令人失望的事并不少见,只是程度不同而已。

案例讨论：

1. 如何制订适合自己的课程？

2. 怎样让自己设置的课程达到最大的教学效果？

一、课程开发的流程

开发一个完整的课程，一般会从简单到复杂、从概貌到细节，依次地编写出这样 5 种文档："课程简介""课程大纲""课程时间表""讲师手册"和 PowerPoint（简称 PPT）文件。

"课程简介"包括的内容有培训目标、课程对象、讲师简介、课程时间等，是描述课程的一个基本框架，介绍课程以及讲师的背景。

"课程大纲"是根据培训主题和培训目标而制订出来的课程的梗概，包括这个课程分为几部分，每部分里又有什么要点。

"课程时间表"是在"课程大纲"的基础上，将每个部分、每个要点要花费的时间进行分配。

"讲师手册"是讲师授课的工具包，包括讲师在正式授课时所需要的开场白、案例及分析结果、相关测试及测试结果分析、游戏说明及其寓意、需提问的问题和答案、可能遇到的困难及对策等一切和课程有关的内容。"讲师手册"是所有文档中对课程内容涵盖最丰富也最完整的一个。

PowerPoint 文件是对"讲师手册"的一个提纲挈领的简述，以电子文档的形式演示给学员看，或者同时印刷出来供学员作为教材辅助学习。并且，在课程中 PPT 可以有效地给讲师提示该部分主要课程内容。

一般来说，经验丰富的培训师会跳过"讲师手册"的开发，而直接开发 PowerPoint 文件，因为那些培训的案例、故事、测试、分析等，对他们而言已经很熟悉了，上课的时候，只要对着PPT，他们就可以口若悬河、有声有色地展开课程。但是，刚入行的培训师在开发一个课程的时候，应该按照上面的步骤一一编写这些文档，包括"讲师手册"。因为这样的"备课"才是准备充分、材料翔实的，可以有效克服课堂上的紧张情绪，提高学员的注意力和满意度，进一步提升培训师的内力。并且，完整的培训文档有助于知识标准化，增强课程的延续性，可以使非课程开发者的其他培训师也迅速掌握和讲授这一门课程。

下面将逐步介绍这五个文档的编写。在介绍每部分的过程中，我们将以"科学的工作方法"和"时间管理"培训课程的文档开发作为例子，希望能将整个编写过程更清楚地展现出来。

（一）"课程简介"

"课程简介"需要的笔墨不多,却要毫无遗漏地将各个方面进行完整的介绍。一般来说,"课程简介"包括四部分内容:培训目标、课程对象、讲师简介、课程时间。

1.培训目标

在一个课程开始之前,分析培训需求、明确培训目标是一件非常重要的事情。如果是针对某一个企业的培训,就可以深入企业内部,访谈相关人员,作比较详细的需求分析。在面谈过程中,需要注意的是:

（1）擅长提问,注意倾听,因为大部分有价值的信息基本上需要通过面谈才能得到。

（2）面谈对象的职位最好比较全面,而不仅仅是部门领导。

（3）所得到的信息越具体越好,尤其是关于未来受训者那方面的。

（4）有时面谈不一定能得到什么真实有用的信息,条件许可的话就亲临工作现场看看。

（5）整理分析这些信息时要注意部门、职位、资历等的差别。

在对受训人员的现状与希望培训后达到的程度作比较之后,这之间的差距、需要增加的知识和技能就可以构成一个详细的培训目标。课程目标提供了学习的方向和学习过程中各阶段要达到的标准,他们经常是通过联系课程内容,以行为术语表达出来的,而这些术语通常属于认知范围。在我们熟悉的一般课程的教学大纲中,最常用的有记住、了解、熟悉、掌握等认知指标。至于分析、应用、评价等较高级的认知行为目标,显然也是可以表述出来的。

2.课程对象

在培训课之前,要详细地了解自己的授课对象,包括他们有多少人、从事哪方面工作、他们的素质和经历是怎样的、他们此次的学习目的是什么等。

3.讲师简介

在培训课上,培训师和学员之间的熟悉度是保证课程成功的第一步。因此,讲师简介也是课程简介的一个组成部分。内容主要包括讲师姓名、学历、工作经历、培训经历,详细一点的还可以加上曾经培训过的企业和机构。在这些介绍的内容中,有助于展现培训师专业能力的,如学历、相关工作职位或经历、主讲过的相关课程等内容不妨多写几笔,而与培训课程无关的内容则少提或不提。

4.课程时间

这是在"课程简介"中需要一笔带过的事项,但是又不能不提。因为课程到底是一天还是两天,对于时间紧张的成人学员来说是需要及早告知的,以便他们安排好自己的本职工作。培训的时间还关系着培训课的信息量和培训程度,同时也关系着不菲的培训费用。"科学的工作方法"的课程时间参照如下:

"科学的工作方法"的课程时间

2016 年 2 月 24 日	
上午	09:00—10:30
课间休息	10:30—10:45
	10:45—12:00
午餐时间	
中午	12:00—13:00
下午	13:00—14:30
课间休息	14:30—14:45
	14:45—15:45
课间休息	15:45—16:00
	16:00—17:00

二、"课程大纲"的规划

"课程大纲"是在明确了培训主题和了解培训对象之后,对培训内容和培训方式的初步设想。"课程大纲"给课程制订了一个方向和框架,整个课程将围绕着这个框架一步步充实和延伸。在"课程大纲"里,将给出本课程的主要内容和学习的方向。在编写大纲的时候,要遵循以下步骤和注意事项:

(1)写下你的主题、目的。

(2)为你的提纲搭一个框架。

(3)写下每项你想讲的具体内容。

(4)要修改、重新措辞或调整安排内容。

(5)必须用统一的字母和数字体系。

三、"课程时间表"的合理安排

制订好"课程大纲"之后,要根据大纲,再考虑资料的来源制订出课程的时间表(表8.4),将课程的内容及所需要的时间初步固定下来,以进一步充实"课程大纲"。在制订时间表的过程中,除了要考虑授课方式、素材数量的问题外,还要遵循以下原则:

(1)每天的学习重点最多不能超过5个,以3个为最佳。

(2)上午学员精力充沛,可多安排理论知识的学习;下午学员精神难以集中,要多安排休息和活动。

(3)以从早上9:00到下午5:00为例,每天至少要预留一个多小时的休息时间,其中包括1小时的午饭,3次15分钟的休息。

（4）每天最好留出半小时的时间来答疑或处理突发问题。

表 8.4　"科学的工作方法"的课程时间表

授课流程	主要内容	授课时间
导入课题	讲师自我介绍 开场白	9：00—9：20 （20 分钟）
认识自己	发现您的优势 了解您的职务 系统化您的资源 系统化您的工具 系统化您的文件 系统化您的时间 挑战您的工作	9：20—10：00 （40 分钟）
迈向成功三要素	科学计划 讲究方法 强化意识	10：00—10：30 （30 分钟）
科学工作四步骤	明确目标： A. 为什么要确定目标 B. 如何制订目标 C. 目标类型 D. SMART 原则	10：45—12：00 （75 分钟）
科学工作六步骤	1. 分析信息 A. 信息过滤 B. 信息过滤器 2. 合理决策 A. 4 种创意解决问题的方法 B. VSAFE 快速决策法 C. 头脑风暴法 3. 制订计划 A. 人们不制订计划的"理由" B. 制订计划的潜在危险 C. 计划的层次	13：00—14：30 （90 分钟）
	4. 执行工作 5. 评估提升 A. 工作评估的作用 B. 工作评估的内容 6. 职业发展境界	14：45—15：45 （60 分钟） 16：00—16：45 （45 分钟）
课程回顾与总结	回顾课程与总结	16：45—17：00 （15 分钟）

四、"讲师手册"的设计

在做完"课程大纲"和"课程时间表"之后,就要开始做整个培训课备课过程中最艰巨、最具创造性的工作了,就是制作"讲师手册"。在制作"讲师手册"的过程中,最重要的就是按照课程大纲的思路,依照时间表的时间分配,来进行资料的收集和编排工作。

就像演讲一样,培训也分为三个部分:开场、主体部分和结尾。下面就顺着这个顺序,来看一看如何编写脉络清楚、内容翔实的"讲师手册"。

(一)开场

一个好的开场对于培训师来说是非常重要的。学员是昏昏沉沉地度过这一天还是聚精会神地投入课程的学习中,关键在于开始的时候,培训师是否足够强调了课程的重要性,是否带来了一些趣味性在里面,是否有效地调动了学员的注意力。

不同的开场方式将给学员的学习态度和培训效果带来不同的影响。专业的培训师会用一个好的开场白,化解学员的陌生感,快速调动他们对课程的信任感和参与度。一般情况下,我们会用到以下五种办法:

(1)悬念法:培训师根据自己的课程目标巧设悬念,以悬念开头,再以悬念为主题展开,可使用倒叙、正叙的手法再加以抒情的点缀,引发受训人员的好奇心,激发他们的学习欲望,促使他们产生疑问、关注疑问、破解疑问。

(2)温故法:培训师以故引新,以旧启新,将知识点新旧相连,不断拓宽、加深学习内容,使听众感到新课内容不陌生。

(3)事件法:培训师用一个事件或者一个案例故事引入新课,一开始就吸引住学生。

(4)演示法:培训师通过展示各种实物标本、模型、挂图,放映幻灯片、电影、电视、录像等或进行实验演示,使听众通过观察获得关于事物及其现象的感性认识。通过演示法进行教学可以激发听众的学习兴趣,集中注意力,使听众获得感性知识的同时,加深对事物的印象,并能够把理论知识与实际知识联系起来,从而有利于形成深刻的、正确的概念。

(5)引言法:培训师引用一些听众所熟悉和认同的名言警句,借用这些含义深刻的名言导入课堂,激发听众的兴趣。

(二)主体部分

1. 主题内容

主体部分是培训的核心内容,它占用的时间最长,信息覆盖量也最大。一般来说,主体内容的编排形式是先列出课程的第一个要点,再引出各个分论点,每一个分论点下面都有一些论据(案例、数据、名人名言……)来支撑,逐一讲完了这些分论点,就讲清楚了第一个要点。讲述第二个要点,也是按照同样的方法和顺序。把每一个要点都讲完,就完成了主体部分的讲述和培训,进入结尾的阶段。

下面是主体部分的逻辑框架:

```
第一个要点
论点 1
论据 1
论据 2
……
论点 2
论据 1
论据 2
……
第二个要点
……
第三个要点
……
```

在培训主体部分,资料主要分为五类:理论知识、相关案例、测试题、游戏、故事。作为一个专业的培训师,要养成一个习惯,就是在生活中随时随地留意可能有用的资料且细心保存,以备日后在培训课上派上用场。同时,培训师要注意"厚积薄发",在平时的生活中做个有心人,多积累、多学习,在课堂上就会游刃有余、出口成章。

下面仍然以"时间管理"的培训课程为例,来讲解组成"讲师手册"主体部分的五种资料。

(1)理论知识。理论知识是培训课程的中心内容,培训师在做收集工作时可以围绕培训的主题,从相关书籍、杂志、网络上,去寻找这部分资料。理论知识有大和小之分。所谓大的理论知识是能够统领整个培训架构的,可以将这个理论的每一个部分拆解为培训大纲中的每一章内容,并以此为基础铺设课程的逻辑架构;而小的理论知识是指仅仅可以证明某一个论点或者作为一个简单工具来使用的理论。

在培训课上用好了一个理论,就会给培训增加不少权威性,同时也会给学员带来深刻的印象和丰富的启迪。如果理论知识浅显易懂,结合现实,学员还会自觉地将它应用到实际生活中去。

如在"沟通技巧"中,就有一个经典的"沟通的过程"理论。将沟通从发送者到接收者的过程分为 6 个环节——意图、编码、传递、解码、反馈和再反馈,再一一详细分解。这样的理论把生活中无时无刻在发生的现象给科学化和抽象化了。掌握了这个理论,以后学员们在沟通中出现了问题,就不会再笼统地归结为"我的问题"或"对方的问题",而是追究到底哪个"出了问题"。

知识链接1

"时间管理"课程中的理论知识——
有效委派的模型

如何委派工作给不同的员工,其模型如图8.1所示。

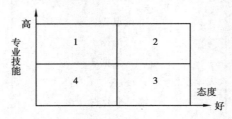

图8.1 有效委派的模型

有效委派的模型将委派的员工从"专业技能"和"态度"两个维度分为四种:

①专业技能高但态度差的员工。

②专业技能高态度也好的员工。

③专业技能低但态度好的员工。

④专业技能低态度也差的员工。

针对这四种员工进行授权有不同的方法:

对第一种员工,授权的同时要注意监督与跟进他们做好事情。但是对工作的消极态度使他们处处懈怠,这就需要管理者在工作的前期不断地提醒和鞭策。

对第二种员工,管理者可以放手赋予他们职责,给他们机会大胆去做。因为这类员工的工作技能和态度都很好,一定能把工作开展好。

对第三种员工,虽然说工作能力不是很强,但工作态度认真、肯干,上级可以给其多点培训和学习的机会,以提高其技能,给予一定授权。

对最后的这一类员工,属于既不能干,也不想干的。他们对工作没有热情也没有责任,甚至在员工中间起着消极的影响,所以上级可以将其列入淘汰的名单。

(2)相关案例。案例以及对案例的评述和分析是培训课上必不可少的内容,它往往会引发比较热烈的讨论场面和学员之间的激烈辩论,从而将培训课程推向高潮。在开始一个新的话题时,用案例来切入是一个好办法;在论述一个论点时,对真实案例的分析与讨论,将会加深学员对知识的印象;在课程的任一部分,符合实际的案例都将会调动学员的思维,引起他们的思考,取得良好的效果。

案例的获得可以通过和相关同事的交流、平时的观察和积累。当然,如果培训师有足够的能力,也可以根据课程开发的需要,自己设计相应的案例。无论是从哪里获得的案例,都要有针对性,即案例的场景确实是学员在日常工作中经常会遇到的;更重要的是,案例的分析要准确而全面,这是整个课程的精华和亮点。

(3)测试题。培训课的精华在于互动,而测试题是一种让学员能够完全投入的好方法。通过测试题对学员该方面状况进行摸底,培训师可以有的放矢地加以指导,学员们也因为了解了自己的不足而主动学习、提高。

比如说,在"演讲技巧"培训课上,可以"测测你的言辞智商"的测试题来衡量学员的语言能力;在"团队精神"的课程上就可以用"看看你的个人魅力有几分?"的题目让学员发掘自己在领导能力上的潜力;在"认识企业"的课程上就可以用"你对工作的了解有多深?"来测试学员对目前工作的认识和热爱程度。当然,这样的测试题市面上有很多,关键是要与培训主题切合,使学员能更清楚地了解自己在该方面的现状和有待发展的空间。

知识链接2

"时间管理"课程中的案例分析
急迫性指数测验

选出你的反应(0 = 从不,2 = 有时候,4 = 常常):

1. 我在压力下表现最好。

2. 我常归咎于外在环境太匆忙或紧张,以致无法作深入的自我反省。

3. 我常因周围的人或事动作太慢而不耐烦,我讨厌等待或排队。

4. 我休息时会觉得不安。

5. 我似乎永远在赶时间。

6. 我常为了完成某项事情而拒人于千里之外。

7. 我只要片刻没和办公室联系就觉得不安。

8. 我在做一件事时常会想到另一件事。

9. 我处理危机时表现最好。

10. 处理突发状况的兴奋感,似乎比慢工出细活更让我觉得有成就。

11. 我常为了处理突发状况,牺牲和亲友的共处时间。

12. 当我为了处理突发状况,必须取消约会或中途离开,我认为别人应该能谅解。

13. 我觉得处理突发状况让一天的生活更有意义。

14. 我常边工作边吃饭。

15. 我一直认为总有一天能做我真正想做的事情。

16. 一天下来办公桌上"已办"文件如果堆得高高的,我会很有成就感。

25 分以下为没有急迫性;26 ~ 45 分是有急迫性;45 分以上有强烈的急迫性,建议去看心理医生。

(4)游戏。在培训中,游戏是必不可少的部分,它是一种很好的活跃课堂气氛、启发深入的思考、加深学员印象的方式。

游戏分为两种：第一种是破冰游戏和暖场游戏。它的作用主要是在培训开始时使学员互相认识、打破隔膜；在课程中调动大家的积极性，活跃课堂气氛。这样的游戏适用于各种各样的培训课程，是培训师随身携带的百宝箱。这类游戏有"数字接龙""戳气球""松鼠搭窝"等。作为培训师要掌握一定数量的游戏，以便在课程中灵活运用。

另一种游戏是与培训主题密切相关的，只适用于特定主题或特定内容，一般会固定在某一类型的课程中应用。如在"人际沟通"中的"传话游戏"，"团队精神"中的"背摔游戏"，"领导艺术"中的"空方阵"等。这些游戏必须根据课程内容事先准备，收集的方法一是可以从各种资料来源获取，二是可以根据课程的需要发挥创造力来设计。

（5）故事。好的故事是能打动学员，给其留下深刻印象的。一些有用的道理通过讲故事的方式，能够长久地留在人们心中，并且还能够使人们自觉地思考，深刻地总结。在选用故事的时候，切记要紧扣主题，有的放矢，对说明和强调培训内容要有帮助；而不是漫无目的地讲一些奇闻轶事和小道消息，使学员群情激昂地听了一场，结果却不知有何意义。

案例故事2

"时间管理"课程中的故事——
单亲妈妈的一封信

有一个单亲妈妈，独自抚养一个10岁大的男孩。她辛苦地工作，以为只有多赚点钱，给儿子和自己提供丰足的物质生活才是幸福。上了"时间管理"课程之后，这位母亲深深地认识到，工作不是她唯一的目的，一味赚钱并不能带给自己和家人快乐、幸福。

上完课程的三个月后，这位单亲妈妈给"时间管理"的课程老师写了一封信。信上这样写道："我上完了您的时间管理课程之后，真的按照课上的内容去做了。我开始追求生活和工作之间的平衡——工作上有成就，生活上快乐和健康。我儿子上个星期刚刚因为车祸而去世。作为母亲，我非常悲痛，您应该可以理解我的这种难过的心情。但是伤心的同时，我却没有遗憾和后悔。因为这三个月来，我刻意花了很多时间和我儿子在一起，关心他、照顾他，陪他玩耍，度过了很多快乐的时光。这段时间里，我和儿子之间的交流甚至超过了以前的10年时间。要是在三个月以前，发生这件不幸的事情，我一定倍感悲伤，无法自拔。但是现在，有了这最后的美好回忆，有了这段时间为了亲子关系而做的种种努力，在悲伤中，我感到宽慰和满足。谢谢您教会了我如何管理时间，平衡工作和家庭生活，让我的孩子在最后的时光拥有了真正的快乐，让我在经历这一重大变故后仍然可以平静、坚强地生活。"

案例讨论：

这个故事说明了什么？

时间是有限的，变化是常有的。如果不在有限的时间里完成应该做的事情，就会给人带来遗憾和后悔,甚至是无法弥补的遗憾。幸好,上面故事中的单亲妈妈因为及时领会了时间管理的精髓,合理地分配时间在工作和生活上,努力给予儿子关爱,因此,在意外失去儿子的时候,没有因为母子关系淡漠而造成终生遗憾。

2.五种组织主体段落的方法

(1)时空法:一是以时间的推移为顺序来构思主题,即按照事件发生的自然顺序来讲,以事件发生、发展的先后顺序为准,发生在前面的先讲,发生在后面的后讲;二是以空间的转移为顺序来构思主题。空间转移就是地点的转移,即根据讲师的立足点或对事物的观察点的变换进行构思。更多的是将两者结合在一起讲,把复杂的时间交代得清楚明白。

(2)因果法:根据事物之间的因果联系,通过分析事理,揭示论点和论据之间的因果关系,来证明论点的一种论证方法。一是由因导果,即我们平常所说的"种瓜得瓜,种豆得豆";二是由果溯因,即用结果作论据证明原因;三是由一种结果推导出另一种结果。不论哪种,一定要阐述清楚它们之间的"因果"关系。

(3)题解法:根据课程目标,提出一个问题,然后一步步分析,以达到教学的目标。

(4)对比法:将一些具有某种联系和区别的教学内容放在一起进行对比分析,找出其相同和不同之处,使学生在明确了一个内容之后能够自然地联想到另一个内容,并能自行理解和掌握,从而达到预期的教学目的。

(5)递进法:围绕一个中心论点,对论题进行层层深入论证的方法。

(三)结尾

一个好的结尾与好的开头同样重要,好的结尾可以达到以下的效果:加强学员的记忆;激起学员的赞同和热情;激励学员按照所学内容去行动。一般培训课结尾的方式有讲师总结、学员作答和以故事结束三种。

1.讲师总结

在数小时的培训行将结束之际,学员已经精神松懈。培训师要通过结束语来调动学员新一轮的注意。最普通的方式就是回顾课程:"课程到这里就要结束了,下面我们来总结一下……"这样,有的学员可以复习一下;有的学员正好可以把漏听的内容补充一下;当然,也会有学员因为即将结束培训而兴奋雀跃。

2.学员作答

一个容易加深学员记忆的方法是提问。不是通过讲师的口来回顾课程内容,而是通过对课程要点的发问,让学员经过思考和总结来回答。在"沟通技巧"课程结束时可以提问:"沟通的六个步骤是什么?"在"团队精神"课程的最后可以提问:"团队模型的四个部分是哪些?"这可以使学员主动回顾课程内容,印象更加深刻。

3.以故事结束

如果课程的内容实在是很多、很杂,难以清楚地总结或提问,或者相反,全部内容简单易理解,无须总结,那么,就可以用一个小故事来结束培训。这个故事可以与培训课程有关,也可以与培训效果有关,最好能够鼓励学员课后行动。

有一个"钓鱼竿的故事",可以在各种培训课上用作结尾。这个故事的最后,对买鱼竿的主人公说:"无论多么好的鱼竿,也不能保证每个人都钓到鱼。"这时候,培训师就可以借此发挥道:"不论在培训中学到多少技巧,在实践中,也是不能够取得成功的。所以,能不能取得成功,关键在于行动。希望每一个学员都能够尽快把在培训课上学到的技能运用到实际当中去。"

又如,在"时间管理"课程中的结尾,可以给大家讲一个"鹅生金蛋"的故事。

农夫养了一只鹅。有一天,这只鹅生了一只金蛋。农夫很高兴地用这只金蛋换了鸡鸭鱼肉等吃的东西。过了一个星期,这只鹅又生了一只金蛋。农夫很高兴地用这只金蛋换了绫罗绸缎等穿的东西。过了一个星期,这只鹅又生了一个金蛋。农夫现在吃穿不愁了,但是还没有自己的房子。于是,他便想盖房。可是,盖一个房子总得有十个八个金蛋才行啊! 怎么办呢? 农夫发愁了。突然,他眼前一亮,既然鹅可以下金蛋,那它的肚子里肯定有很多金蛋了,何不……于是,农夫狠心宰杀了鹅,并迫不及待地剖开了鹅的肚子。让他大吃一惊的是,鹅的肚子里空空如也。没有了会下金蛋的鹅,农夫只好继续过着他的穷日子了。

这个故事里的金蛋指的是效率,而会下金蛋的鹅指的是效能。贪婪的农夫一味追求效率,是什么啊? 对,是金蛋,他想在最短的时间里得到大量的金蛋。农夫为此牺牲了效能,是什么啊? 对,是会下金蛋的鹅,他宰杀了鹅。可是最后呢? 效率和效能都没了。

圆满的人生要兼顾效率和效能两个方面。我们对人生有了明确的目标和具体的规划之后,对人生的规划就要一步一步地去落实,去实现。每一天,每做一件事的时候就要考虑到这样做对实现人生目标有何帮助;同时,在所做的事情中要分清轻重缓急。这样,才能养成良好的时间管理的习惯,为人生的成功打下坚实的基础。

五、PPT 制作

在"讲师手册"的基础上,讲师可以将大纲和主要步骤罗列出来,轻松完成 PPT 的编写,并在课堂中给学员放映演示。PPT,是美国微软公司演示软件 PowerPoint 的缩写,也是目前最普遍使用的一种电脑演示制作软件。PPT 是一种集声音、图像、文字等于一体的电脑演示文稿,它最大的好处是激发学员的学习兴趣,并对培训师的讲课起着提纲挈领的作用。PPT的制作中主要包含下列元素:界面、颜色、文字、图表、声音、动态效果和备注页。

1. 界面

界面的设计要求具有美感,比例恰当,图文均匀分布,整体简洁连贯。界面一般分为标题区、图文区两部分。

标题要求简洁明了,是整页的主旨。

图文区的内容是对标题的说明和讲解,要求紧扣标题。图文安排要疏密有致、赏心悦目。

2. 颜色

在颜色的选用上,主要有红、蓝、黄、白、青、绿、紫、黑8种颜色。背景色宜用低亮度或冷色调的颜色,而文字宜选用高亮度或暖色调的颜色,以形成强烈的对比。例如,可以用黑白色做背景,用蓝色和绿色作为主基调,用黄色和白色来强调某些内容。

3. 文字

不要把所有的内容都搬到演示文稿中,屏幕中满是文字,很难让人产生继续看下去的欲望。把授课的提纲输入到电脑中去,再添加一些辅助说明的文字就足够了。标题和关键文字的大小应该为42~48磅。重点语句应采用粗体、下画线或色彩鲜艳字,以示区别。

4. 图表

在PPT中出现的图表分为两种:一种是作为图形、图案来点缀界面的;另一种是用来对文字内容做辅助说明的,比如说流程图、柱状图等。

点缀的图形、图案,可以通过绘图软件、扫描、拍摄、网络下载等途径获取。在做辅助说明的图表中,引用非数字论据时,可以使用流程图、矩阵等图形;引用数字论据时,可采用表格、柱状图、线形图等图形。

5. 声音

在PPT中加上背景声音,比如在切换幻灯片、提示学员注意时,可以起到渲染气氛、提请注意的作用,要选择轻柔悦耳的声音,不要选择刺耳的噪声。

讲师还可以用软件制作声音文件添加到演示文稿中,比如添加自己朗读的案例、说话的声音,这些"额外"的声音可以使培训变得生动有趣。

6. 动态效果

使用电脑制作演示文稿的好处之一就是能让所有的元素活动起来,讲师可以在PPT中给每一张幻灯片设置切换效果和停留时间,甚至每一行的文字都可以用不同的形式出现。动态效果包括飞入、飞出、扫、闪过、伸展、移离、消失等。

7. 备注页

PPT有一个很有用的"备注"功能,每一张幻灯片都对应一个Word形式的备注。毕竟PPT只是培训内容的一个提纲,究竟该怎么讲,该讲些什么还需要培训师按照逻辑顺序牢记在脑中。这时不妨在备注页中记上一些关键步骤和提醒自己的内容,以防在培训现场突然卡壳。

8. 制作PPT注意事项

(1)简单;

(2)清楚明了;

(3)每一页只表达一个主题;

(4)每一页的讲解应逐渐深入;

(5)用卡通或者其他图片来强调重点;

（6）利用不同的颜色来增加兴趣并活跃气氛；

（7）每一页上不要超过 10 行文字；

（8）每一行不要超过 10 个字；

（9）不要采用模糊不清的文字或图片；

（10）根据投影的距离，合理采用不同字体宽度、线条以及屏幕上的空间位置。

9. 如何做 PPT

（1）启动 PPT，新建一个空白演示文稿。依次单击"插入"菜单中的"图片"，选择"新建相册"命令，弹出"相册"对话框。

（2）相册的图片可以选择磁盘中的图片文件（单击"文件/磁盘"按钮），也可以选择来自扫描仪和数码相机等外设中的图片（单击"扫描仪/照相机"按钮）。通常情况下，我们单击"文件/磁盘"按钮选择磁盘中已有的图片文件。

在弹出的"选择插入图片文件"的对话框中可按住 Shift 键（连续的）或 Ctrl 键（不连续的）选择图片文件，选好后单击"插入"按钮返回相册对话框。如果需要选择其他文件夹中的图片文件可再次单击该按钮加入。

（3）所有被选择插入的图片文件都出现在相册对话框的"相册中的图片"文件列表中，单击图片名称可在预览框中看到相应的效果。单击图片文件列表下方的"↑""↓"按钮可改变图片出现的先后顺序，单击"删除"按钮可删除被加入的图片文件。

通过图片"预览"框下方提供的六个按钮，我们还可以旋转选中的图片，改变图片的亮度和对比度等。

（4）下面我们来看看相册的版式设计。单击"图片版式"右侧的下拉列表，可以指定每张幻灯片中图片的数量和是否显示图片标题。单击"相框形状"右侧的下拉列表可以为相册中的每一个图片指定相框的形状，但功能必须在"图片版式"不使用"适应幻灯片尺寸"选项时才有效，假设我们可以选择"圆角矩形"，这可是需要用专业图像工具才能达到的效果。最后还可以为幻灯片指定一个合适的模板，单击"设计模式"框右侧的"浏览"按钮即可进行相应的设置。

在制作过程中还有一个技巧，如果你的图片文件的文件名能适当地反映图片的内容，可勾选对话框中的"标题在所有图片下面"复选项，相册生成后会看到图片下面会自动加上文字说明（即为该图片的文件名），该功能也只有在"图片版式"不使用"适应幻灯片尺寸"选项时才有效。

以上操作完成之后，单击对话框中的"创建"按钮，PPT 就自动生成了一个电子相册。到此，一个简单的电子相册已经生成了。当然，如果需要进一步对相册效果进行美化，还可以对幻灯片辅以一些文字说明，设置背景音乐、过渡效果和切换效果。

10. 如何在没安装 PPT 的计算机上播放幻灯片

也许你有过这样的经历：辛辛苦苦在 PPT 中制作好了演示文稿，但是拿到别人的计算机上却由于没有安装 PPT 软件或者 PPT 发生故障而无法播放；或者在 PPT 文档中插入了声音，到其他计算机上却找不到；又或者设置了漂亮的字体，到其他计算机上却改变了。遇到这些情况我们应该怎样处理呢？

打包可以将有关演示文稿的所有内容都保存下来，即使链接了文件或者 TrueType 字体也不怕。然后将生成的打包文件 Pngsetup. exe（所有打包后的文件名均为此）复制到其他计算机中进行解包即可。

具体的打包过程如下：

（1）打开欲进行打包的演示文稿，然后执行"文件/打包"命令，系统将弹出"打包向导"对话框。

（2）单击"下一步"按钮，进入"选择打包的文件"对话框，其中有两个选择项，可以通过"浏览"选择其他演示文稿，并且允许一次打包多个文件。

（3）选择文件后，单击"下一步"按钮，进入"选择目标"向导对话框，系统默认的是软盘驱动器，不过建议大家选择硬盘进行存取，这样不但速度快，而且不容易发生故障，在需要时还可以拷贝到软盘上。

（4）单击"下一步"按钮，进入"链接"对话框，在此尤其需要注意的是链接文件一定要打包。对于"嵌入 TrueType 字体"一项最好不要选，因为选中的话会大大增加打包文件的大小。可能有的朋友为了美观会用到一些特殊的字体，这样的话建议大家最好采用图片的形式而不要直接应用字体。

（5）单击"下一步"按钮，进入"播放器"对话框，如果你要在没有安装 PPT 的机器上播放演示文稿，选中"Windows 95 或 NT 的播放器"一项。

（6）单击"下一步"按钮，即进入"完成"对话框，单击"完成"按钮开始打包过程，打包工作结束后，会给出打包成功的提示，单击"确定"即可完成打包工作。

要将打包的演示文稿在其他计算机上播放，必须将生成的打包文件解包到目的计算机上。

具体的解包过程如下：

（1）双击 Pngsetup. exe 程序，程序运行后会显示对话框，要求选择解包后的文件存放的位置。

（2）输入目标文件夹，单击"确定"，系统会提示用户，如果在目标文件夹中存在同名文件，解包的文件将覆盖它，单击"是"。

（3）此时开始解包过程，完成后会给出一个"演示文稿已成功安装，是否现在运行幻灯片放映"，单击"是"即可播放。

11. 如何设置统一的动作按钮

用动画的形式介绍在 PPT 演示文稿中设置动作按钮的方法和技巧。

在 PPT 演示文稿中经常要用到链接功能，可以用"动作按钮"功能来实现。下面建立一个"课堂练习"按钮,链接到第十七张幻灯片上。

（1）执行"幻灯片放映动画按钮自定义"命令。

（2）在幻灯片中拖拉出一个按钮来,此时系统自动弹出"动作设置"对话框。

（3）选中"超链接到"选项,然后单击其右侧的下拉按钮,在随后弹出的下拉列表中,选择"幻灯片"选项,打开"超链接到幻灯片"对话框,选中第十七张幻灯片,确定返回。

（4）右击按钮,在随后弹出的快捷菜单中,选择"添加文本"选项,并输入文本（如"课堂练习"）。

（5）设置好文本的字号、字体等,调整好按钮大小,并将其定位在合适的位置上即可。

12. 如何把多个演示文稿合并

PPT 文档是经常使用的一种演示文稿,公司的很多活动都会使用到,其格式较为特殊。由于其中往往插入很多图形以及添加一些动画效果,因此要比较两篇演示文稿的不同,的确有点麻烦,而利用 PPT 的比较合并演示文稿功能,不仅能够比较出两个文稿文字、图形的改动情况,而且能够将动画的改变情况查找出来,从而能够对自己演示文稿的变化情况了如指掌。在操作上,PPT 的比较合并演示文稿功能与 Word 的操作有较大不同。

启动 PPT,打开演示文稿,比如:VPN 产品介绍. PPT,执行"工具"→比较并合并演示文稿"命令,在弹出的对话框中选择要比较的其他演示文稿,如 VPN 产品介绍(修改). PPT,单击"合并"按钮。随之,往往会弹出一个关于"一个或多个演示文稿未使用'文件'菜单上的'邮件收件人(审阅)'命令发送"提示框,这里直接单击"继续"按钮即可。

在打开的源演示文稿中的右侧会显示一个"修订"任务窗格,在其中将会对每张幻灯片的修改情况列举出来,单击"幻灯片更改"列表框中的某个修改操作,即可在幻灯片中直接看到其更改具体操作,如果需要接受更改操作的某个具体步骤,只要选中相应操作前面的复选框即可,如删除"卡"字。

与 Word 类似,比较合并 PPT 文档时,在工具栏上也会出现一个"修订"工具按钮,从中可以查看审阅人以及进行是否接受修改等操作。PPT 文档是经常使用的一种演示文稿,公司的很多活动都会使用到,其格式较为特别。

13. 设置程序在运行演示文稿时自动打开

用户可以在幻灯片放映的过程中打开任何其他程序,如 Microsoft Excel 或 Internet Explorer。而且程序是在 Microsoft PowerPoint 外部打开的,不会嵌入演示文稿中。具体方法是:在幻灯片中选择用于打开程序的文本或对象,执行"幻灯片放映"菜单中的"动作设置"命令。如果用户想要在幻灯片放映过程中通过单击选定对象的方法来打开程序,请使用"单击鼠标"选项卡;如果希望在鼠标移过对象时打开程序,请单击"鼠标移过"选项卡。在其中单击"运行程序",再键入路径或单击"浏览"查找要打开的程序,完成以后单击"确定"关闭对话框。

14. 如何在排练时估计演讲所需时间

（1）排练时自动设置幻灯片放映时间间隔的方法。

（2）打开要设置时间的演示文稿。

（3）在"幻灯片放映"菜单中单击"放映/排练计时"命令,激活排练方式。此时幻灯片放映开始,同时计时系统启动。

（4）重新计时可以单击快捷按钮,暂停可以单击快捷按钮。

（5）当 PPT 放完最后一张幻灯片,系统会自动弹出一个提示框。如果选择"是",那么上述操作所记录的时间就会保留下来,并在以后播放这一组幻灯片时,以此次记录下来的时间放映,同时弹出如图 8.2 所示的结果,在此图中显示出了每张幻灯片放映的对应时间;单击"否",那么所做的所有时间设置将取消。

图 8.2　幻灯片放映时间设置

15. 演示排练时自动设置幻灯片放映时间间隔的方法

如果已经知道幻灯片放映所需要的时间,那可以直接在"排练"对话框内输入该数值。

（1）在"幻灯片放映"菜单中单击"放映/排练计时"命令,激活排练方式。

（2）将要设置时间间隔的幻灯片选中。

（3）单击"排练"对话框内的时间框,在这个框里按照"小时:分:秒"的格式输入时间,完成后按回车键,则所输入的时间立即生效,自动进入放映下一张幻灯片并继续计时。

（4）同理,只要在其他幻灯片上重复上述步骤,便可以将所有需要设置时间间隔的幻灯片处理完毕,只要在最后弹出的对话框里单击按钮"是"表示确认后,所设置的时间间隔便可以生效。

设置完毕后,可以在幻灯片"浏览视图"下,看到所有设置了时间的幻灯片下方都显示有该幻灯片在屏幕上停留的时间。

16. 如何制作项目符号

一般情况下,用户使用的项目符号都是 1、2、3,a、b、c 之类的,其实,还可以使用图片文件来作为项目符号。

用户首先选择要添加图片项目符号的文本或列表。单击"格式"→"项目符号和编号",在"项目符号项"选项卡中单击"图片",调出剪辑管理器,用户可以选择"图片项目符号"。在"图片项目符号"对话框中,单击一张图片,再单击"确定"。

小提示:若要将自己的图片添加到此对话框中,请单击"导入",再选择所需的文件,然后单击"添加"。如果计算机上没有安装剪辑管理器,则在"项目符号和编号"对话框中单击"图片"后会显示"插入图片"对话框,用户只需要选择自己希望的图片就可以了。

17. 如何运用幻灯片母版

使用母版可以定义每张幻灯片共同具有的一些统一特征。这些特征包括:文字的位置与格式,背景图案,是否在每张幻灯片上显示页码、页脚及日期等。

母版中最常用到的是幻灯片母版。它控制除标题幻灯片以外的所有幻灯片的格式。母版上的更改反映在每张幻灯片上。如果要使个别的幻灯片外观与母版不同,直接修改该幻灯片即可。幻灯片母版的使用操作如下:

(1)打开"视图"菜单上的"母版",单击"幻灯片母版"。

(2)将对象添加到幻灯片母版中。

(3)单击"母版"工具栏上的"关闭"按钮。

18. 如何让图片运动

打开"幻灯片放映"菜单下的"自定义动画"选项,就可以在屏幕右侧出现"自定义动画"任务窗口。动画的整个设置过程就可以在这个窗口中完成,如果选中窗口底部的"自动预览"选项,那么所添加的任何动画效果都能在编辑区内得到实时的预览。

PowerPoint 2003 增加了"强调""退出""动作路径(包括绘制自定义路径)"的效果。特别是"绘制自定义路径"效果可以使对象沿着自定义的路径运动,为老师们制作课件带来了很大的方便,解决了 97/2000 版中实现这种效果既烦琐又不理想的问题。

PowerPoint 2003 的"进入(对象进入画面过程中的动画效果)""强调(对象进入画面后的动画效果)""退出(对象退出画面过程中的动画效果)"效果都提供了"基本型""细微型""温和型"和"华丽型"多种动画。"动作路径"和"绘制自定义路径"设有"基本""直线和曲线""特殊""任意多边形""自由曲线"等动画路径,动画效果可谓名目繁多。并且对于同一对象可以设置多种不同的动画效果,如果再适当地设置各动画的起始时间和过程时间,其最终效果有如 Flash,令人叫绝。

19. 动画控制方式

对于动画方式,PowerPoint 2003 除了提供"单击鼠标"和"之后(从上一项之后开始)"控制功能外,还增加了"之前(从上一项开始)"和"触发器动画"两项控制动画的新功能。利用"之前"动画方式,在一张幻灯片中就可以设置多个对象同时运行动画的效果,并且不同对象动画的开始时间可以自行设定。"触发器动画"可以将画面中的任一对象设置为触发器。单击它,该触发器下的所有对象就能根据预先设定的动画效果开始运动,并且设定好的触发器可以多次重复使用。利用这种动画方式,可以制作出类似在 Authorware、Flash 等软件中用按钮控制动画的效果(将"动作按钮"作为触发器即可)。

20. 动画时间(速度)控制

在 PowerPoint 97/2000 版中,对象动画过程的时间或速度是默认的,无法预先设定,而2003 版的此项功能却是无可挑剔的,完全可以与 Authorware 的动画时间控制相媲美。它设有"非常慢(5 秒)""慢速(3 秒)""中速(2 秒)""快速(1 秒)"和"非常快(0.5 秒)"等各种选择。如果还觉得不够的话,还可直接在"速度"栏中输入所需的时间,多的可以是几小时,最少为 0.01 秒。

另外,用 2003 版制作的滚动字幕动画可以让用户从容地将一大段文字一一读完,动画与音乐(声音)的同步播放也不再是一件难事了。

如果需要重复播放某一段动画,除了用触发器控制外,还可以在"重复"框中选择重复的次数或停止该动画的条件("直到下一次单击"或"直到幻灯片末尾")。

设定动画的起始时间和过程时间还可以通过以下简捷的方法进行:选择图 8.2 中的"显示高级日程表"项,则动画列表中每个动画的右侧将显示蓝色的动画时间矩形块,通过移动或缩放矩形块,可以方便地改变动画的起始时间和过程时间。

当然,PowerPoint 2003 不但在动画功能方面有了很大的改进,其他方面也有了长足的"进步",如在增大剪贴画容量的同时增加了自动搜索整个硬盘图片、声音、视频的功能;允许每一张幻灯片采用不同的模板;扩充了幻灯片切换效果并且切换时间间隔最小可以是 0.1秒等。

21. 如何把 Excel 工作表插入幻灯片中

用动画的形式介绍插入图表的方法和技巧。利用图表,可以更加直观地演示数据的变化情况。

(1)执行"插入图表"命令,进入图表编辑状态。

(2)在数据表中编辑好相应的数据内容,然后在幻灯片空白处单击一下鼠标,即可退出图表编辑状态。

(3)调整好图表的大小,并将其定位在合适位置上即可。

注意:如果发现数据有误,直接双击图表,即可再次进入图表编辑状态,进行修改处理。

22. 如何把 Word 快速转换成 PPT 文稿

我们制作的演示文稿有大量的文本,已经在 Word 中输入,可以用下面两种方法直接调用进来(在使用下面两种调用方法之前,都要在 Word 中对文本进行设置:将需要转换的文本

设置为"标题1、标题2、标题3……"等样式,保存返回):

方法一:插入法。在PPT中,执行"插入→幻灯片(从大纲)"命令,打开"插入大纲"对话框(图8.3),选中需要调用的Word文档,按下"插入"按钮即可。

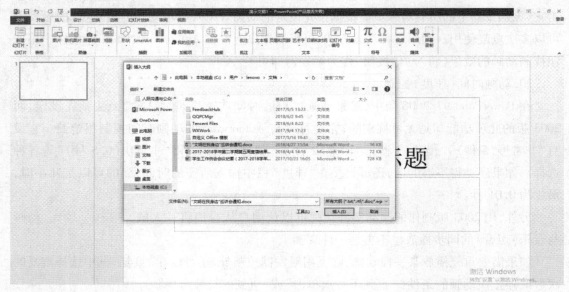

图8.3　插入幻灯片

注意:仿照此法操作,可以将文本文件、金山文字等格式的文档插入幻灯片中。

方法二:发送法。在Word中,打开相应的文档,执行"文件"→"发送"→"Microsoft Office PowerPoint"命令,系统自动启动PPT,并将Word中设置好格式的文档转换到演示文稿中。

23.如何在PPT中制作自动播放的多媒体文件

(1)让幻灯片自动切换。在PPT中,可为每个幻灯片设置相应时间,让它到达预定时间后自动切换而无须手工单击切换:先在普通视图中选中幻灯片,再选择"幻灯片放映"→"幻灯片切换",在"换片方式"下,选择"每隔"复选框,再输入幻灯片在屏幕上显示的秒数即可。

(2)快速启动幻灯片播放。如果已经制作完成了幻灯片,以后再用时只是播放幻灯片,而不用修改它,可以选择"文件"→"另存为",并在打开的窗口中选择保存幻灯片类型为"PowerPoint放映(∗.pps)"。以后在"资源管理器"中双击该文件,PPT就会自动播放该幻灯片,而不是打开它来编辑。

24.怎样替换或套用其他母版

(1)灵活调用模板。PPT提供的模板非常丰富,可以根据需要灵活选用:选择"文件"→"新建",在打开的任务窗格中可以看到它提供了"新建""根据现有演示文稿新建"和"根据模板新建"三种调用模板的方式。

"新建"下又有"根据设计模板"和"根据内容提示向导"等方式。而单击"根据现有演示文稿新建"下的"选择演示文稿",可以将现有演示文稿作为模板建立新文件。"根据模板新建"下则有"通用模板"和"Microsoft. com 上的模板"等多种选择,单击"通用模板"可以打开"模板"对话框,选用系统安装的各种模板。

(2)灵活选用幻灯片模板。PowerPoint XP 之前版本调用模板很死板,演示文稿中的幻灯片只能应用同一种模板。PowerPoint XP 对此作了很大的改进,可以给演示文稿中的幻灯片选用各种模板:首先选中"视图"菜单下的"任务窗格",打开"幻灯片设计"任务窗格,并在"普通"视图下选中要应用模板的幻灯片(如果有多个幻灯片要应用同一模板,可以按住 Ctrl 键逐个选择),最后再将鼠标指向任务窗格中显示的某个模板,单击右侧的下拉按钮打开菜单,选择其中的"应用于选定幻灯片"即可。

(3)快速应用配色方案。PPT 中的"配色方案"其实是一种特殊的模板,如果想将某个配色方案应用于多个幻灯片,可以按住 Ctrl 键选中"幻灯片"窗口中的多个幻灯片,然后单击"幻灯片设计"任务窗格中的"配色方案",最后单击任务窗格中的"配色方案",则所选幻灯片就会使用这个配色方案。如果想将设计模板、动画方案或文字版式快速应用于多个幻灯片,也可以使用这个技巧。

(4)右键新建自己的文件。先进入 C:\Documents and Settings\名\Templates 文件夹下,右击,选择"新建"→"PowerPoint 演示文稿"新建一个 PowerPoint 文件,再双击此文件,然后对其中的颜色、字体等进行自行定义。最后,选中它,把它改名为 pwrpnt10. pot 文件。

以后在"资源管理器"中右击鼠标,选择"新建"→"PowerPoint 演示文稿",再双击新建的演示文稿,就会发现,它已经套用了在 pwrpnt10. pot 文件中的设置,从而可以制作出自己的个性 PPT 演示文件。

(5)将演示文稿另存为模板。如果得到了一个制作精美的演示文稿,希望在以后自己制作演示文稿时也能用到这样的设计,这时就可以将它另存为模板:单击"文件"→"新建",在"新建演示文稿"任务窗格的"根据现有演示文稿新建"之下,单击"选择演示文稿",再选择所需的演示文稿,然后单击"创建"。接着,删除新模板中不需要的文本、幻灯片或设计对象,然后确认更改。完成修改以后执行"文件"菜单中的"另存为"。在"文件名"框中,键入模板的名称。在"保存类型"框中,单击"演示文稿设计模板",单击"保存"。

在新建模板以后,新模板就会在下次打开 PPT 时按字母顺序显示在"幻灯片设计"任务窗格的"可供使用"之下,供使用。

(6)更改新演示文稿的默认设计。当单击"常用"工具栏上的"新建"按钮时,PPT 将会显示一个使用默认的设计幻灯片。其实,完全可以更改此设计以使它总是包括一些常用元素,这样就不需要每次创建演示文稿都去更改这些内容,带来很多方便。单击"常用"工具栏上的"新建"按钮,然后选择"视图"→"母版"→"幻灯片母版";接着,就能在幻灯片母版上进行更改;做完更改后,在"幻灯片母版视图"工具栏上,单击"关闭母版视图";最后,选择"文件"→"另存为"。在"保存类型"框中,选择"演示文稿设计模板";在"文件名"框中,键入"blank",再单击"保存",关闭模板。

（7）应用多个模板版式。PPT 完全支持在一个演示文稿中使用多个模板。这样,就不用为版面单调而发愁:先打开想要更改模板的幻灯片,选择"格式"→"幻灯片设计",这时在主窗口的右边会出现一个"幻灯片设计"任务窗格。只要将鼠标移到希望应用的模板上(请不要着急单击模板),此时在模板右边会出现一个向下的箭头,单击此箭头,在弹出菜单中执行"应用于选定幻灯片"。这样,这个幻灯片就具有了一个和其他页面不同的模板了。

（8）在 PPT 中替换或者添加幻灯片模板。如果想要替换或添加幻灯片母版,可以选择"视图"→"母版"→"幻灯片母版"。然后单击"幻灯片母版视图"工具栏中的"设计"按钮。如果要替换演示文稿中的选定母版,而不是所有的母版,则在左侧的缩略图选择母版;接着在"幻灯片设计"任务窗格中,指向所需要的模版,单击箭头。如果要使用新设计模版的母版替换所选定的母版,请单击"替换所选设计";如果想要使用新设计模版的母版替换所有的当前母版,请单击"替换所有设计";要在演示文稿中添加新的设计模版和母版,请单击"添加设计方案"。

本章小结

本章内容包括培训的理论知识、成人的学习特点、培训师的素质要求与角色定位、培训教案的编写和培训的技巧,以及 PPT 的制作等内容,在有一个良好公众表达和人际沟通技巧的前提下,在了解 TTT 培训的同时帮助自己开启充满阳光的职业培训师之旅。

问题讨论

1. 怎样做到"科学地工作"?
2. 如何让课程设置取得更大的成效?

作 业

每五人为一组进行组合,自选主题,设计一个五分钟左右的 Mini 课堂,进行展示。

参考文献

［1］冯忠良,伍新春,姚梅林,等. 教育心理学［M］. 北京:人民教育出版社,2000.

［2］连山. 心理学一本通［M］. 北京:北京联合出版公司,2015.

［3］马斯洛,等. 人的潜能与价值［M］. 林方,译. 北京:华夏出版社,1987.

［4］马斯洛. 动机与人格［M］. 许金声,程朝翔,译. 北京:华夏出版社,1987.

［5］卡尔·考夫卡. 格式塔心理学原理［M］. 黎炜,译. 杭州:浙江教育出版社,1997.

［6］彼得·圣吉. 第五项修炼［M］. 郭进隆,译. 上海:上海三联书店,1998.

［7］阿德勒. 自卑与超越［M］. 李章勇,译. 北京:中国华侨出版社,2015.

［8］赵炬明. 论新三中心:概念与历史——美国 SC 本科教学改革研究之一［J］. 高等工程教育研究,2016(3):35-36.

［9］贾启艾. 人际沟通［M］. 3 版. 南京:东南大学出版社,2010.

［10］杨睿宇,崔永鸿,毛媛媛. 当代大学生人际关系学［M］. 重庆:重庆大学出版社,2014.

［11］黄华新,朱法贞. 现代人际关系学［M］. 杭州:浙江大学出版社,1995.

［12］江光荣,吴才智. 大学生心理健康教育［M］. 武汉:华中师范大学出版社,2012.

［13］王舜清. 45 度角的沟通［M］. 北京:当代中国出版社,2002.

［14］谈志兴. 谈谈"沟通"［J］. 军队政工理论研究,1997(3).

［15］马丽. 沟通的艺术［M］. 北京:中国协和医科大学出版社,2004.

［16］P. B. 邓斯,E. N. 平森. 语言链——说和听的科学［M］. 北京:中国社会科学出版社,1983.

［17］威尔·鲍温. 不抱怨的世界［M］. 陈敬旻,译. 西安:陕西师范大学出版社,2009.

［18］李峥. 人际沟通［M］. 北京:中国协和医科大学出版社,2004.

［19］谭昆智,杨力. 人际关系学［M］. 北京:首都经济贸易大学出版社,2010.

［20］张宏亮,王君艳. 演讲与口才［M］. 北京:北京交通大学出版社,2007.

［21］瑟勒,贝尔,梅泽. 沟通力［M］. 丁郡瑜,赵宇,杨亚杰,译. 北京:机械工业出版社,2014.

［22］熊文华,周静. 人际交往与沟通［M］. 苏州:苏州大学出版社,2010.

［23］卡耐基. 人性的弱点［M］. 亦言,译. 北京:中国友谊出版公司,2013.

［24］刘子仲. 沟通的魔力［M］. 北京:中国华侨出版社,2009.

［25］马修·麦凯,玛莎·戴维斯,帕特里克·范宁. 人际沟通技巧［M］. 郑乐平,刘汶蓉,译. 上海:上海社会科学出版社,2005.

［26］吴娟瑜. 商务沟通与人际关系拓展［M］. 北京:北京大学出版社,2007.

[27] 刘良友.善交际,巧沟通:青少年人际交往能力训练[M].合肥:安徽文艺出版社,2013.

[28] 董珊.寝室人际关系对大学新生的影响[J].西南民族大学学报:人文社科版,2006,27(10):240-242.

[29] 包昌火,谢新洲.企业竞争情报系统[M].北京:华夏出版社,2002.

[30] 郭玉锦,王欢.网络社会学[M].北京:中国人民大学出版社,2005.

[31] 吴晓伟,李丹.企业人际竞争情报网络的复杂性研究[J].图书情报工作,2007,51(9):75-78.

[32] 边燕杰,邱海雄.企业的社会资本及其功效[J].中国社会科学,2002(2):87-99.

[33] S. Milgram, The Small World Problem[J]. Psychology Today,1967(1):60-67.

[34] 李晶.大学生基础性就业能力培养的研究[D].成都:西南财经大学,2011.

[35] 王馨.大学生人际沟通能力与就业面试能力关系研究[D].昆明:云南师范大学,2014.

[36] 宋艳杰.利用网络学习资源提高口头成段表达能力的研究[D].上海:华东师范大学,2010.

[37] 陈红梅.网络传播与公众表达[D].上海:复旦大学,2005.

[38] 史迪芬·E.卢卡斯.演讲的艺术[M].俞振伟,译.上海:复旦大学出版社,2007.

[39] 田福春,马刚玉.决胜高考:语言表达[M].北京:外语教学与研究出版社,2008.

[40] 刘晖,张彩霞.完美表达训练教程[M].北京:中国广播电视出版社,2004.

[41] 罗贯中.三国演义[M].北京:人民文学出版社,2010.

[42] 张岩松,孟顺英,樊桂林.人际沟通与语言艺术[M].北京:清华大学出版社,2010.

[43] 邢邦志.心理素质的养成与训练[M].上海:复旦大学出版社,2002.

[44] 张春兴.现代心理学[M].上海:上海人民出版社,2001.

[45] 宫辉.论辩阶梯:实用智辩致胜入门[M].北京:西苑出版社,2002.

[46] 王沪宁,俞吾金.狮城舌战[M].上海:复旦大学出版社,2003.

[47] 柏淘.论辩演讲能力提升训练[M].西安:太白文艺出版社,2007.

[48] 董业明.先哲的论辩术:苏辩与孟辩[M].济南:山东人民出版社,2009.

[49] 赵传栋.论辩史话.[M].上海:复旦大学出版社,1999.

[50] 林语堂.怎样说话与演讲[M].北京:文化艺术出版社,2004.

[51] 刘永中,金才兵.培训培训师TTT全案[M].广州:南方日报出版社,2005.

[52] 华文科技.新编PPT制作应用大全[M].北京:机械工业出版社,2017.

[53] 神龙工作室.Office 2016办公应用从入门到精通[M].北京:人民邮电出版社,2017.

[54] 熊亚柱.手把手教你做顶尖企业内训师:TTT培训师宝典[M].北京:中华工商联合出版社,2016.